会社四季報 公式ガイドブック

改訂版

会社四季報編集部［編］

東洋経済新報社

はじめに

▼『会社四季報』は〝投資家のバイブル〟

新ＮＩＳＡ（少額投資非課税制度）が２０２４年からいよいよ始まりました。生涯にわたり１８００万円まで非課税となる大盤振る舞いで、「貯蓄から投資へ」の潮流が生まれるか注目されています。本書を手に取っていただいた皆さんの多くは株式投資をすでに始められているか、これから本格的に始められる方で、『会社四季報』を活用しながら投資成果を上げようとお考えのことだと思います。

株式投資で最も重要でありながら、最も難しいといえるのが、有望銘柄の探し方です。しかし、心配することはありません。『会社四季報』を読みこなしていただければ、これからの成長が期待される上場会社が見つかるはずです。

『会社四季報』は１９３６年に創刊して以来、企業情報収集の定番として、証券会社など金融機関のプロの投資家や個人投資家の皆さんにご愛読いただいている〝投資家のバイブル〟です。長年にわたって支持されてきた主な理由に、**「網羅性」と「継続性」**があります。

『会社四季報』は**国内の証券取引所に上場しているすべての会社を掲載**しています。それぞれの上場会社について、所在地、従業員数などのほか、株式投資に不可欠な財務や株価、株主などの各種データを可能なかぎり盛り込んでおり、投資家が必要としている上場会社に関する基本情報を網羅しています。

さらに『会社四季報』は、その名のとおり、**新春号**（**1集・12月発売**）、**春号**（**2集・3月発売**）、**夏号**（**3集・6月発売**）、**秋号**（**4集・9月発売**）**と3カ月ごとに継続的に刊行**している季刊誌です。このように全上場会社の情報を掲載し、定期的に刊行し続けている類似誌は国内、海外ともに見当たらず、株式投資の情報源としては唯一無二の存在といえます。

▼今期・来期の独自2期予想が強み

上場会社のデータブックとしてご活用いただいている『会社四季報』の大きな特徴として、業績予想があります。**すべての上場会社に担当記者を配置しており、取材に基づく独自分析の業績予想を今期、来期の2期分掲載**しています。

会社四季報記者が会社計画とは異なる独自予想をした場合、最終的に会社側が会社四季報予想に近い水準の決算数値で着地するケースがよくみられます。また、会社側が計画を発表していない来期についても、今期よりどれだけ業績が伸びそうか、また悪化しそうかなど会社四季報記者が独自に分析した予想を掲載しています。

株価はさまざまな要因で日々変動しますが、最も大きなインパクトを与えるのは業績の変化やそれに対する予測ではないでしょうか。業績好調で利益が増え続けていく会社であれば株価も上昇しやすく、逆に業績が低迷している会社では長期的な値上がりは期待できません。また、これまでの取り組みが実って業績が急に上向く会社がありますが、こうした会社の株価はその兆しが現れた段階で上昇を始める傾向があります。

一方、何年も好業績が続いてきた会社でも、悪化の兆しが現れれば株価の上昇はストップしてしまいます。

株式投資では、購入時の株価より上昇したタイミングで売却する値上がり益（キャピタルゲイン）とともに、配当収入（インカムゲイン）を得ることができます。好業績を続けている会社は配当を増やす「増配」の可能性も高まりますが、業績が悪化する会社は配当を減らす「減配」や、配当を出さない「無配」の恐れが出てきます。

▼全社カバーの『会社四季報』で変化を先取り

株価には、これから起こることを先取りして動く習性があります。投資家の間では「噂で買って事実で売れ」という格言がよく知られていますが、情報が広く知れ渡って株価が大きく上昇してしまう前に買っておきたいという心理を表したものです。

先取り情報の中でも特に注目されるのが業績の行方です。証券会社などでもアナリストが業績予想を立てていますが、定期的にカバーしている会社は、多くて５００社程度といわれています。**『会社四季報』の業績予想は2期分で、しかも約３９００社に及ぶ全上場企業について独自予想を立てていますので、業績の変化を事前に察知することができます。**

銘柄選びでは、その会社の業績がこれから上向くのか、下向くのかの方向感を見極めることがとても重要となります。『会社四季報』は発売するたびに、直近の事業環境を考慮しながら3カ月前に発売した会社四季報予想の見直しを行っています。こうした業績の変化を先取りできることが、『会社四季報』ならではの読みどころです。ページの欄外には、掲載会社の業績変化が一目でわかるマークを付けています。前の号から営業利益予想を大きく引き上げた場合は上向き矢印2本の「⬆⬆」、大きく引き下げたなら下向き矢印2本の「⬇⬇」、会社予想を大幅に上回る独自予想は「笑顔マーク『😊😊』」、大幅に下回る独自予想は「泣き顔マーク『😣😣』」などです。ページをパラパラめくるだけでも、業績の変化が大きい会社がすぐに見つかります。

▼記事には大きなヒントが隠れている

『会社四季報』では業績予想について記事の中で解説しています。**その会社の業績が前の期よりもよくなる、または悪くなる理由は、記事前半の業績欄の中で、主に営業利益の動向に焦点を当てて説明しています。**記事の冒頭の見出しには、【絶好調】【急回復】【最高益】など業績動向を端的に示したり、【増　額】【上振れ】など前号予想からの変化がわかるキーワードを入れたりしています。ぜひ銘柄探しの参考にしてください。

記事の後半部分の材料欄は、その会社の中期的なトピックを取り上げています。設備投資の予定や店舗展開の状況など、その会社の数年先の収益力に影響する内容や、会社が抱えている課題などについて書かれています。足元の業績がよくなくても、材料欄に書かれている取り組みや戦略が奏功して急成長するかもしれません。材料欄は業績予想とともに、先読みを基本とする投資家から注目度が高い『会社四季報』ならではの記事です。

▼『会社四季報オンライン』と併用で投資力アップ

紙版の『会社四季報』だけでなく、Ｗｅｂ版の『会社四季報オンライン』も利用すれば、さらに有望銘柄探しや売買タイミングの判断に役立てていただけます。『会社四季報オンライン』では充実した会社情報のほか、株価分析ツールなども充実していますので、ご自身の売買タイミングが短期、中期、長期のいずれであってもご活用いただけます。

細かいデータや文字が凝縮されている『会社四季報』は、一見すると少し難しい印象を受けるかもしれません。しかし、**その会社に投資してよいのか、今は投資すべきではないのかを判断するために知っておいていただきたい大切な情報をコンパクトにまとめて掲載しています**。財務関連や投資指標などで見慣れない用語があるかもしれませんが、本書を通じて読み方、使い方を身につけていただき、投資力アップにつなげていただくことを願っております。

２０２４年９月

会社四季報編集部

目次

第1章
『会社四季報』で会社の基本を知る

第2章 『会社四季報』予想はこうして作られる

第3章

将来性のある会社の見つけ方

第4章

安全な会社はどう探す？

第5章
売買チャンスはこうつかむ！

第6章

お宝株を見つけるウラ技

第7章

『米国会社四季報』活用術

＊本書は投資勧誘を目的としたものではありません。銘柄の選択など、投資の最終決定はご自身の判断で行ってください。
＊特に断りがない場合、本文中の誌面は『会社四季報』２０２４年新春号（１集）からの抜粋です。また、『会社四季報オンライン』の画面構成は２０２４年４月時点の内容です。

【チャート】
過去３年強（41カ月）分の月足チャートを掲載。下部の折れ線は信用売り残と買い残

トヨタ

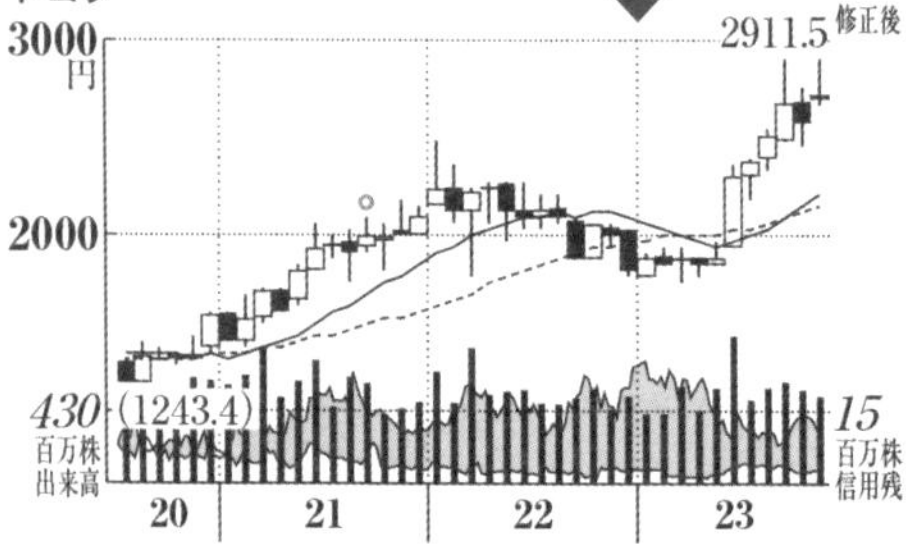

株価指標

予想PER	(倍)
〈24.3〉	9.2
〈25.3〉	9.1
実績PER	
高値平均	11.9
安値平均	8.5
PBR	1.17
株価(11/27)	2770円
最低購入額	27万7000円

【株価指標】
予想PERは株価÷会社四季報予想１株利益。高値平均、安値平均は過去３年PERの平均値

【輸送用機器】

7203 トヨタ自動《じ》動《どう》車《しゃ》

【決算】3月 【設立】1937.8 【上場】1949.5

【特色】4輪世界首位。国内シェア3割超。傘下に日野、ダイハツ。SUBARU、マツダ、スズキと提携【連結事業】自動車91(6)、金融8(16)、他2(8)【海外】82 〈23・3〉

⬆前号比増額 😊会社比強気

【再増額】世界販売は過去最高1138万台(前期比7%増)。高単価SUV伸長。中国苦戦も台数増の日米欧が高水準。円安効果や販価改定が想定超。増益幅拡大。増配。25年3月期は好採算のHV続伸で上昇。

【北米EV】米国初の電池工場に1・2兆円追加投資、25年稼働。韓国LG系とは電池供給契約締結。電磁鋼板訴訟は日鉄側が請

本社】471-8571愛知県豊田市トヨタ町1 ☎0565-28-2121
東京本社】☎03-3817-7111
名古屋オフィス】☎052-552-2111
工場】本社,元町,上郷,高岡,三好,堤,他
業員】〈23.9〉連381,576名 単‥名(40.6歳)年895万円
証券】上東京P,名古屋P,NY,LON 幹(主)野村,日興,三菱Uモル,大和,みずほ 名三菱U信
PwCJapan【銀行】三菱U,三井住友
入先】—
売先】—

【業績記事】
『会社四季報』の今期予想営業利益を中心に業績動向を解説

【材料記事】
この会社の中長期での成長力や課題を業界担当記者が評価・分析

【特色】
この会社の事業概要

【前号比修正矢印】
前号掲載数字に対して今号の今期予想営業利益の増減を表す

【会社比マーク】
会社が開示した今期予想営業利益と会社四季報予想との差を表す

【本社】など
本社、支社、工場、営業所、店舗数、従業員数、幹事証券、メインバンクなどを掲載

【配当】
１株配（左）は株式分割や株式併合を反映した通期配当、配当金（右）は分割や併合を反映しない各月の配当額

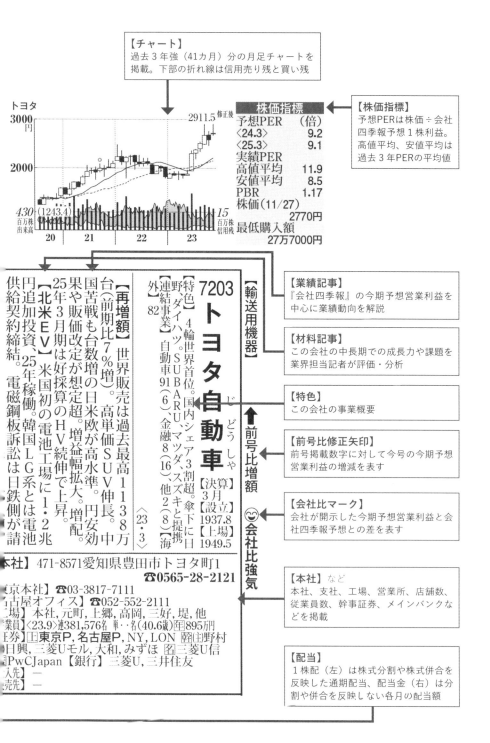

『会社四季報』ってこんな雑誌

東洋経済
新春号 2024年1集
会社四季報
日本企業が飛躍する2024年へ
3935社の業績を独自2期予想
DOEで株主還元調査!
増減配回数、四半期進捗率を全社掲載

『会社四季報』は年４回発刊する企業情報誌。創刊は1936年（昭和11年）で80年以上、上場全企業の業績動向を業界担当記者が分析・執筆しています。記者が業績動向を独自に予想していることから、株式投資では必携の１冊とされています

【財務】

この会社の資産、負債など貸借対照表の重要数値を掲載。最高純益は過去最高の純利益を掲載

【株主】

大株主上位10名を掲載。なお、【業績】の予想１株益では自社（自己株口）の株数を控除して算出

【株価】

上場来の株価（高値、安値）を掲載

【特集】

過去３期と比較した四半期進捗率や就職関連など毎号メニューを変えて掲載

【業種】

東証33業種よりも詳しい東洋経済独自の60分類を掲載。順位は業界内の時価総額順

【業績】

上から順に
①過去の実績
②今来期の会社四季報予想
③四半期決算
④会社の今期予想

年月【資本異動】		万株
16. 8	交換	338,509
20. 1	交換	331,009
21. 4	消却	326,299
21.10	分1→5	1,631,498

東証P	高値	安値
49~21	**10460**(21)	**21**(50)
22	2475(1)	1791(12)
23.1~11	2911.5(9)	1764(3)

	高値	安値	出来万株
23. 9	**2911.5**	2483	60,341
10	2746.5	**2471**	55,530
#11	2900	2678.5	57,015

【DOE】2.9%(3期平均2.8%)
【増減配回数】増7 減0 据3 無0
【四半期進捗率】3期平均41.3%
今期56.9%(+15.6pt)
【業種】自動車
時価総額順位 1／8社
【比較会社】7201 日産自動車,7267 ホンダ,7269 スズキ

【株式】10/31 16,314,987千株
単位 100株 貸借
時価総額 45.1兆円 225
【財務】<◊23.9> 百万円
総資産 83,661,391
自己資本 31,893,112
自己資本比率 38.1%
資本金 397,050
利益剰余金 30,747,689
有利子負債 33,398,992
【指標等】 <◊23.3>
ROE 9.0% 予12.8%
ROA 3.3% 予 4.9%
調整1株益 一円
最高純益(22.3) 2,850,110
設備投資 16,058億 予19,700億
減価償却 11,850億 予12,600億
研究開発 12,416億 予12,400億
【キャッシュフロー】 億円
営業CF 29,550(37,226)
投資CF ▲15,988(▲5,774)
財務CF ▲561(▲24,665)
現金同等物 75,169(61,136)

【株主】㊫‥名<23.9>
自社(自己株口) 280,113(1
日本マスター信託
186,453(1
豊田自動織機 119,233(
日本カストディ銀行
90,294(
日本生命保険 63,324(
JPモルガン・チェース・バンク 55,332(
デンソー 44,957(
ステート・ストリート・バンク・トラスト 35,074(
BNYMデポジタリRH
31,210(
三井住友海上火災 28,407(
<外国> ‥% <浮動株>
<投信> ‥% <特定株>
【役員】(会)豊田章男 (副会)早
茂 (社)佐藤恒治 (取)中嶋裕
宮崎洋一 ⇨巻末
【連結】ダイハツ工業, 日野自動車, 米国トヨタ自動車販売

【業績】(百万円)	営業収益	営業利益	税前利益	純利益	1株益(円)	1株配(円)
◎19. 3*	30,225,681	2,467,545	2,285,465	1,882,873	130.1	44
◎20. 3*	29,929,992	2,442,869	2,554,607	2,076,183	147.1	44
◊21. 3*	27,214,594	2,197,748	2,932,354	2,245,261	160.6	48特
◊22. 3*	31,379,507	2,995,697	3,990,532	2,850,110	205.2	52
◊23. 3	37,154,298	2,725,025	3,668,733	2,451,318	179.5	60
◊24. 3予	44,000,000	4,650,000	5,750,000	4,075,000	301.8	65~70
◊25. 3予	45,500,000	4,800,000	5,850,000	4,095,000	303.3	66~72
◊23.4~9	21,981,617	2,559,294	3,521,525	2,589,428	191.3	30
◊24.4~9予	23,000,000	2,650,000	3,150,000	2,200,000	162.9	30~35
会24. 3予	43,000,000	4,500,000	5,550,000	3,950,000	(23.11.1発表)	

【配当】	配当
22. 3	
22. 9	
23. 3	
23. 9	
24. 3予	35
24. 9予	30
25. 3予	36

予想配当利回り 2.
1株純資産(円)<◊23.
2,360 (2,0

第1章

『会社四季報』で会社の基本を知る

❶『会社四季報』を12のブロックで読み解こう
❷全上場企業をカバーしているのは『会社四季報』だけ
❸上場会社の背番号「証券コード」を理解しよう！
❹会社の特徴や強みを【特色】で瞬時に理解！

会社四季報ONLINEコラム
『会社四季報オンライン』の紙にない特徴とは？

❺【連結事業】で収益の柱を把握しよう
❻上場する市場や本社所在地も大事な判断材料
❼【従業員】から優良企業を見つける
❽「誰が大株主か」を知っておくとためになる
❾企業の成長は「社長」で決まる
❿販売先や仕入先の把握も忘れずに

会社四季報ONLINEコラム
「会社プロフィール」で全体像をつかもう

1 『会社四季報』を12のブロックで読み解こう

日本には約3900社の上場企業があります。ひとくちに上場企業といっても、トヨタ自動車（7203）のように誰もが知るグローバル企業から、国内の地方を中心に小売業を営む時価総額10億円前後の小さな会社まで存在します。業績が絶好調の会社もあれば、不振にあえいでいる会社もあります。こうした多種多様な上場企業の中から今後の成長が期待できる企業を見つけるためには、どうすればいいのでしょうか。その答えが『会社四季報』の中にあります。

『会社四季報』は、業界担当記者が日本国内の全上場企業の今期・来期の業績を独自予想し、記事をまとめた企業情報誌です。業績予想だけではなく、会社の取り組みや中長期的な課題、財務状況、株主や役員の構成、従業員数など、企業分析に必要な情報が網羅されています。これだけの情報が2分の1ページという小さなスペースに詰め込まれているので、最初はとっつきにくいところもあるかもしれません。しかし、『会社四季報』を活用すれば、玉石混淆の上場企業の中から、知られていない成長企業を見つけることができるのです。

『会社四季報』はブロックごとに、以下のようなさまざまな情報が収められています。

- **どんな特徴の会社で（①業種、②社名・事業内容・本社所在地・仕入先、販売先など）、誰が所有し（⑦株主）、誰が経営を任されているのか（⑧役員・連結会社）**
- **過去の業績や今期・来期業績はどうか（③記事、④業績数字）、前号（3カ月前に刊行された号）予想比や会社予想比の利益修正率はどうか（⑤前号比修正矢印・会社比マーク）**
- **配当はいくらか（⑥配当）、安全性や収益性はどうか（⑨財務・ROE［Return On Equity：自己資本利益率］などの指標・キャッシュフロー）、株式市場はどう見ているか（⑩資本異動・株価推移・時価総額の同一業種内ランキング・比較会社、⑪株価チャート）、株価は割安か割高か（⑫株価指標）**

『会社四季報』は企業情報をコンパクトに凝縮！

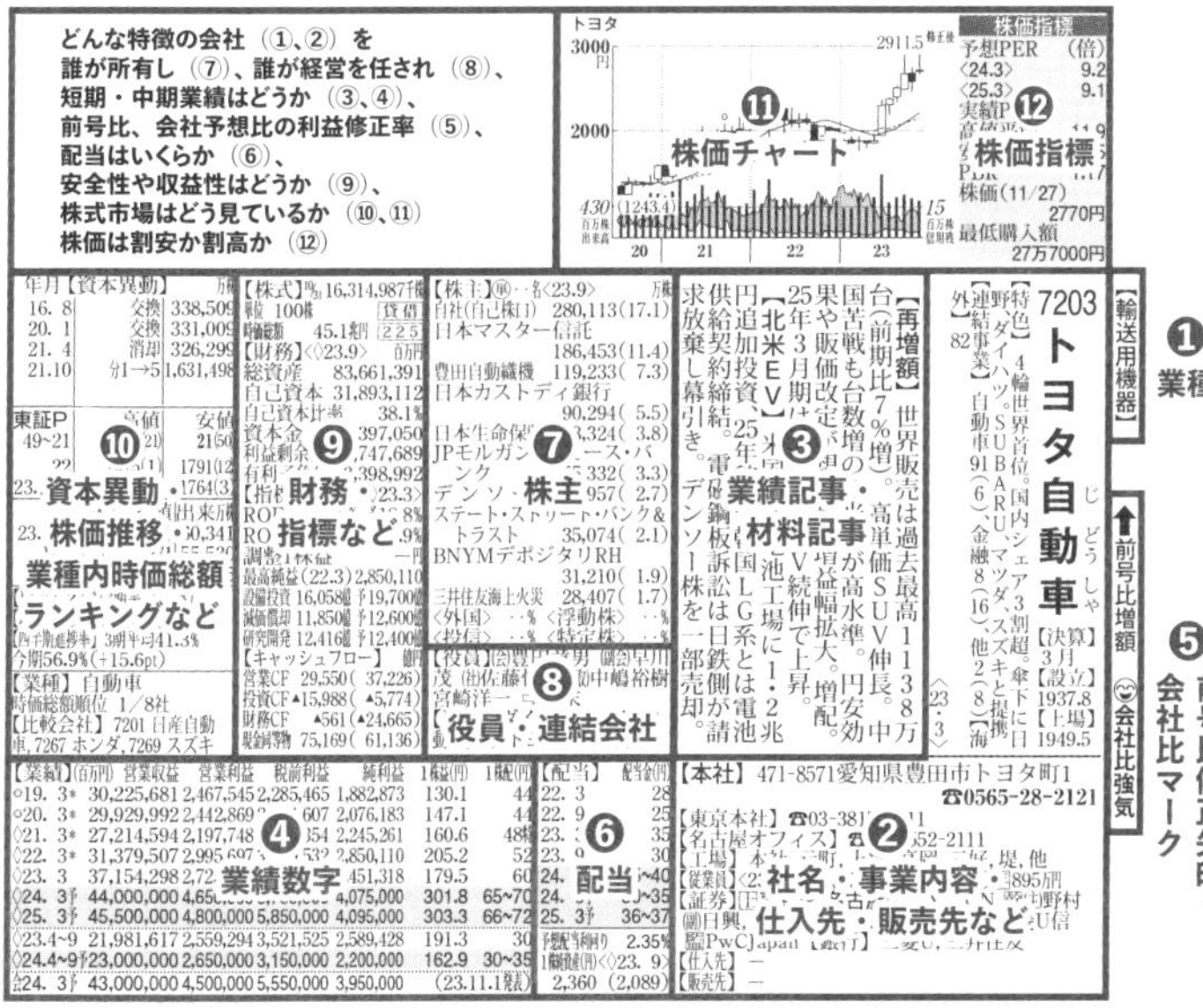

（注）特に断りがない場合、本文中の誌面は『会社四季報』2024年新春号（1集）からの抜粋。また、『会社四季報オンライン』の画面構成は2024年4月時点の内容

2 全上場企業をカバーしているのは『会社四季報』だけ

『会社四季報』では**150人ほどの業界担当記者**が、3カ月に一度、年4回の発売に合わせて**上場企業の予想数字や記事を執筆**しています。記事では業績予想の解説や最新のトピックスがわずか9行にまとめられています。財務、役員構成、株主などのデータも直近のものへ更新します。こうした情報が、株式投資や会社分析の際には強力な武器になります。

企業情報誌として国内の全上場企業をカバーしているのは『会社四季報』だけです。以前は日本経済新聞社から『日経会社情報』が刊行されていましたが、当時も『会社四季報』のシェアは約8割と圧倒的でした。その後、『日経会社情報』は2017年に休刊となり、デジタルサービスのみとなりました。

多くの投資家が参考にしている『会社四季報』の業績予想をチェックしておくのは、とても有益です。証券会社のアナリストも、多くの上場会社の業績予想をしていますが、カバーしているのは規模の大きな会社が中心で、約3900社のうち多くても500程度。

それ以外の**中・小規模の会社は会社四季報予想しかなく、事実上のコンセンサス**となっています。また、『会社四季報』の予想データは、海外の機関投資家などにも配信されています。日本の株式市場に大きな影響力を持つ外国人投資家も、日本株の投資で『会社四季報』の予想を参考にしているのです。

『会社四季報』が誕生したのは1936年。2024年で刊行から88年を数えます。この間、業績の2期予想（今期と来期の予想）を始めたり、株価指標欄や会社比マークを新設したりするなど、読者のニーズに合わせて誌面を刷新してきました。コンパクトな作り、データの正確さ、業績予想の信頼性、全上場企業の網羅性。これらが、『会社四季報』が重視されている理由なのです。

『会社四季報』が株式投資で重視される3つの理由

1. 全上場企業をカバーする雑誌は『会社四季報』だけ

- 紙の雑誌で全上場企業の会社データ、業績予想を掲載するのは『会社四季報』だけ
- 誰もが知る大企業から時価総額10億円未満の会社まで1社ずつ個別に取材している

2. 外国人投資家を含め多くの投資家が参考に

- 『会社四季報』の記事や業績予想などのデータは証券会社や外国人投資家などにも販売
- 発売から数日で全2000ページ超を読破する個人投資家もいる

3. 創刊から80年余り、時代に合わせて誌面をリニューアル

- 創刊は1936年、80年以上にわたり企業の変化を追い続けてきた
- 会社比マークの新設など、利便性向上を継続している

3 上場会社の背番号「証券コード」を理解しよう！

『会社四季報』の社名の上にある４ケタの英数字は証券コードと呼ばれ、上場会社の背番号のようなものです。上場する際に、証券コード協議会によって決められます。**証券コードは、業務内容に基づいて番号が定められています。**水産・農林が１３００番台、建設１７００～１９００番台、食料品２０００番台、化学・医薬品４０００番台、機械６０００番台、自動車など輸送用機器７０００番台、銀行・その他金融業８３００～８５００番台、不動産８８００番台、情報・通信９４００番台、電気・ガス９５００番台など、かつては業種ごとにまとまっていました。

１０００の位で業種が細分化されている場合もあります。代表的なのは３０００番台の繊維製品です。下３ケタが０００番台は絹紡績、１００番台は綿紡績、２００番台は毛紡績、３００番台は麻製品、４００番台は化学繊維、といった具合に振り分けられています。

証券コードの下２ケタが01の会社は、業界の代表的な会社や老舗企業が多く、「01《ゼロイチ》銘柄」と呼ばれます。例えば、２００１は製粉会社最古参のニッポン、５４０１は鉄鋼最大手の

証券コード協議会

証券コードや業種を公共性の観点から統一的な基準で設定するため、全国の証券取引所（東京証券取引所、大阪取引所、名古屋証券取引所、福岡証券取引所、札幌証券取引所）と証券保管振替機構から組織され運営されている協議会

日本製鉄、6501は総合電機大手の日立製作所です。

ただ、**近年は該当する業種とは異なる番号が振られるケースが増えています**。なぜかというと、IT（情報通信）関連など特定の成長分野から上場する会社が増えたことで、該当する業種のコードが不足したうえ、M&A（合併・買収）などで業態が変わる会社が出てきているからです。流通業界でライバル関係にあるセブン&アイ・ホールディングスとイオンを見てみましょう。イオンは8267と商業（卸売業・小売業）の番号ですが、セブン&アイは3382と繊維製品の番号が付いています。セブン&アイの前身であるセブン-イレブン・ジャパンは8183、イトーヨーカ堂は8264で、共に商業に属していました。経営統合で番号が変わってしまったケースです。

証券コードと業種の関係

証券コード	業種
1300～	水産・農林業
1500～1699	鉱業
1700～1999	建設業
2000～2999	食料品
3000～3599	繊維製品
3700～3999	パルプ・紙
4000～4999	化学・医薬品
5000～	石油・石炭製品
5100～	ゴム製品
5200～5399	ガラス・土石製品
5400～5699	鉄鋼
5700～5800	非鉄金属
5900～	金属製品
6000～6499	機械
6500～6999	電気機器

証券コード	業種
7000～7499	輸送用機器
7700～7799	精密機器
7800～7999	その他製品
8000～8299	卸売業・小売業
8300～8599	銀行・その他金融業
8600～	証券・先物取引業
8700～	保険業
8800～	不動産業
9000～	陸運業
9100～	海運業
9200～	空運業
9300～	倉庫・運輸関連業
9400～	情報・通信業
9500～	電気・ガス業
9600～9999	サービス業

空きがなかったり、上場後の業態転換などで、該当業種とは異なる番号を持つ会社も。2024年1月からはアルファベットと数字の混合コードが登場

さらに、2024年1月からは、「130A」のように、証券コードにアルファベットが組み入れられるようになりました。従来の数字4桁だけでは、使用可能なコード数が減少してきたため、**今後はアルファベットと数字混合の証券コードが増えていく**ことになります。気になる会社の証券コードは覚えておくと便利です。証券コードがわかれば、目次や索引を使うことなく、知りたい会社のページを開けます。『会社四季報オンライン』でも、証券コードを入力するだけで該当企業の情報に素早くアクセスできます。

▼収益源に着目した東洋経済の業種分類

株式会社には、会社名の前に「株式会社」が付く前株、後ろに付く後株の2つがあります。『会社四季報』では、**前株の場合は（株）を付けて表記し、後株は省略**しています。歴史のある大企業が多い東証プライム（東証＝東京証券取引所）では後株の企業が、新進気鋭の会社が多い新興市場では前株が多めです。

証券コード協議会が定めている業種には10種の大分類と、33種の中分類がありますが、中でも中分類は東証33業種と呼ばれ、『会社四季報』以外でも幅広く利用されています。『会社四季報』欄外に表示されている「建設」「食料品」「電気機器」「小売業」などは、東証33業種のうち、その会社が属する業種を表しています。一方、【業種】に記載している業種は、東洋経済が独自に設定していて、その**会社の利益がどのような事業から生まれているかを基準**に、60の業種を定めています。東証33業種とは異なる場合もあります。

社名の下にある【決算】は、各社の本決算月を表しています。かつてはトヨタ自動車（7203）が6月、松下電器産業（現・パナソニック ホールディングス［6752］）が11月など決算月はさまざまでしたが、今では3月決算が上場会社の約6割を占めます。

経済のグローバル化が進む中、欧米など海外で主流の12月決算を選択する企業も増えています。一方で、小売業のように、冬物シーズンが終わる2月、夏物シーズンが終わる8月などの棚卸しに合わせて決算月を設定している業界もあります。なお、決算が月末でない場合は、「2・20」「3・20」などのように決算期末日を掲載しています。

会社の基本情報はここを見る

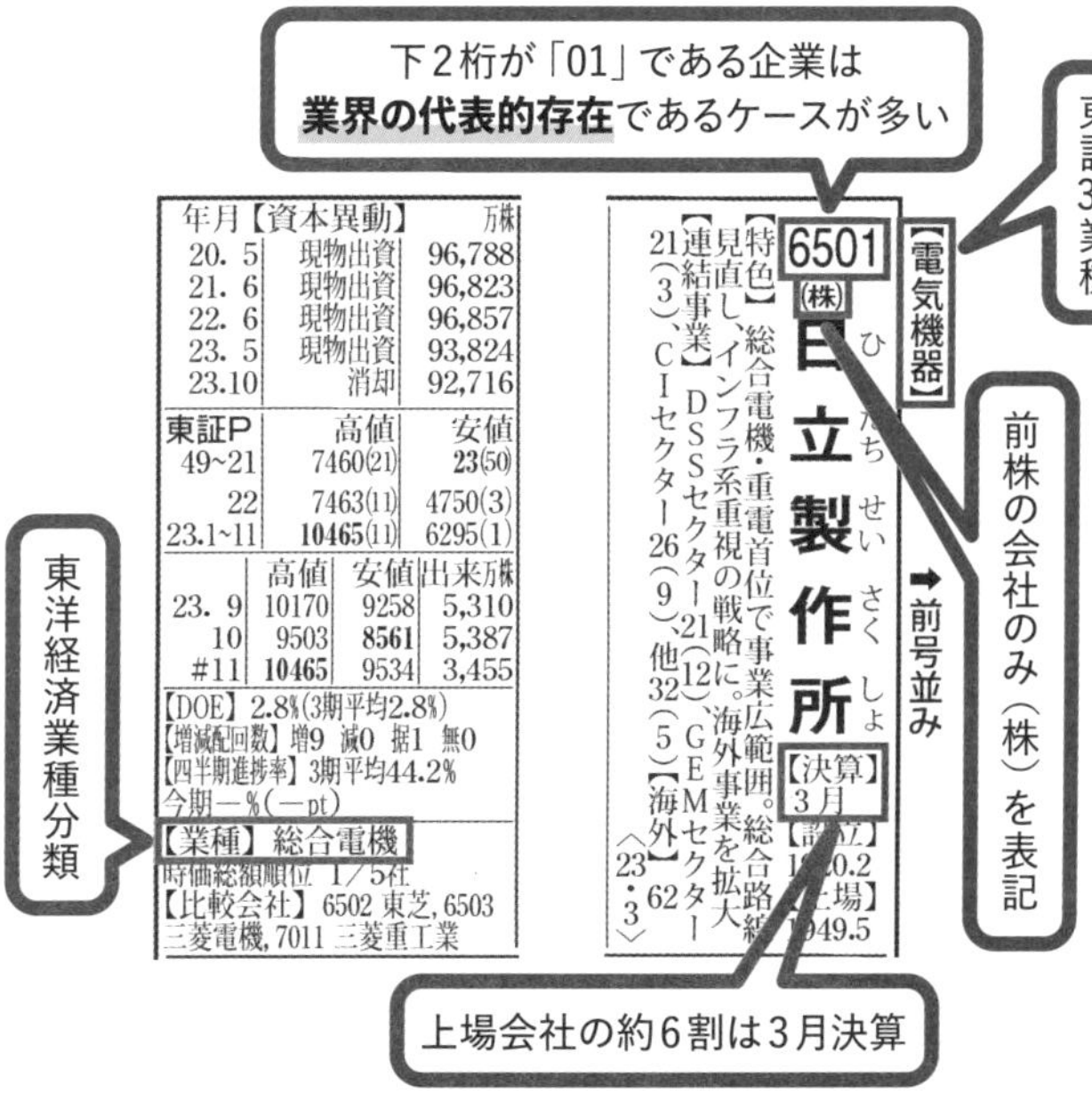

4 会社の特徴や強みを【特色】で瞬時に理解！

株式投資やビジネス、就職活動などのために会社の研究をするには、どんな会社かという大枠を把握することから始めるとよさそうです。大成建設（1801）や武田薬品工業（4502）のように、社名で事業内容がすぐに想像できる会社なら問題ないでしょう。ところが最近では、IT業界を中心にカタカナやアルファベットの社名が増え、社名を見ただけでは、どのような事業を行っているかわかりにくくなっています。

その際に便利なのが『会社四季報』の【特色】です。**わずか2行の文章で、その会社の特徴、主な事業、業界内での地位やシェア、系列、企業グループなどをコンパクトに解説**しています。

例えばゼンショーホールディングス（7550）。社名から事業内容を推測することはできませんが、『会社四季報』2024年新春号の【特色】を見ると、牛丼店やファミリーレストランなどを手がける外食企業最大手であることがわかります。「M&Aに積極的」という記述からも、買収による成長戦略に強みを持っていることが伝わってきます。

旧財閥

三菱、三井、住友が3大財閥系企業グループ、これに安田を加えて4大財閥系企業グループといわれるその会社が**どのような系列やグループに入っているかも重要な情報**です。【特色】では、「○○系」「○○グループの一員」など、企業グループとの関係も記載しています。例えば三菱商事（８０５８）には「総合商社大手。三菱グループ中核」と、三菱グループの中心であることが記載されています。三菱以外にも、三井や住友など旧財閥に属する会社については、系列やグループ名、その中での位置づけを記載しています。旧財閥系ではなくても、親会社・子会社など他社との資本関係についてコメントしていることもあります。

こうした、グループ関係の把握が投資に役立つ場合もあります。近年、親会社と子会社の両方が上場していることについて、ガバナンスの観点から問題視されることが増えています。実際、日立製作所（６５０１）などが、こうした「親子上場」の解消に動きました。親子上場は、子会社株のＴＯＢ（株式公開買い付け）によって解消されることが一般的です。ＴＯＢ価格は市場価格より高く設定されることが多いため、

会社の特徴をコンパクトに解説！

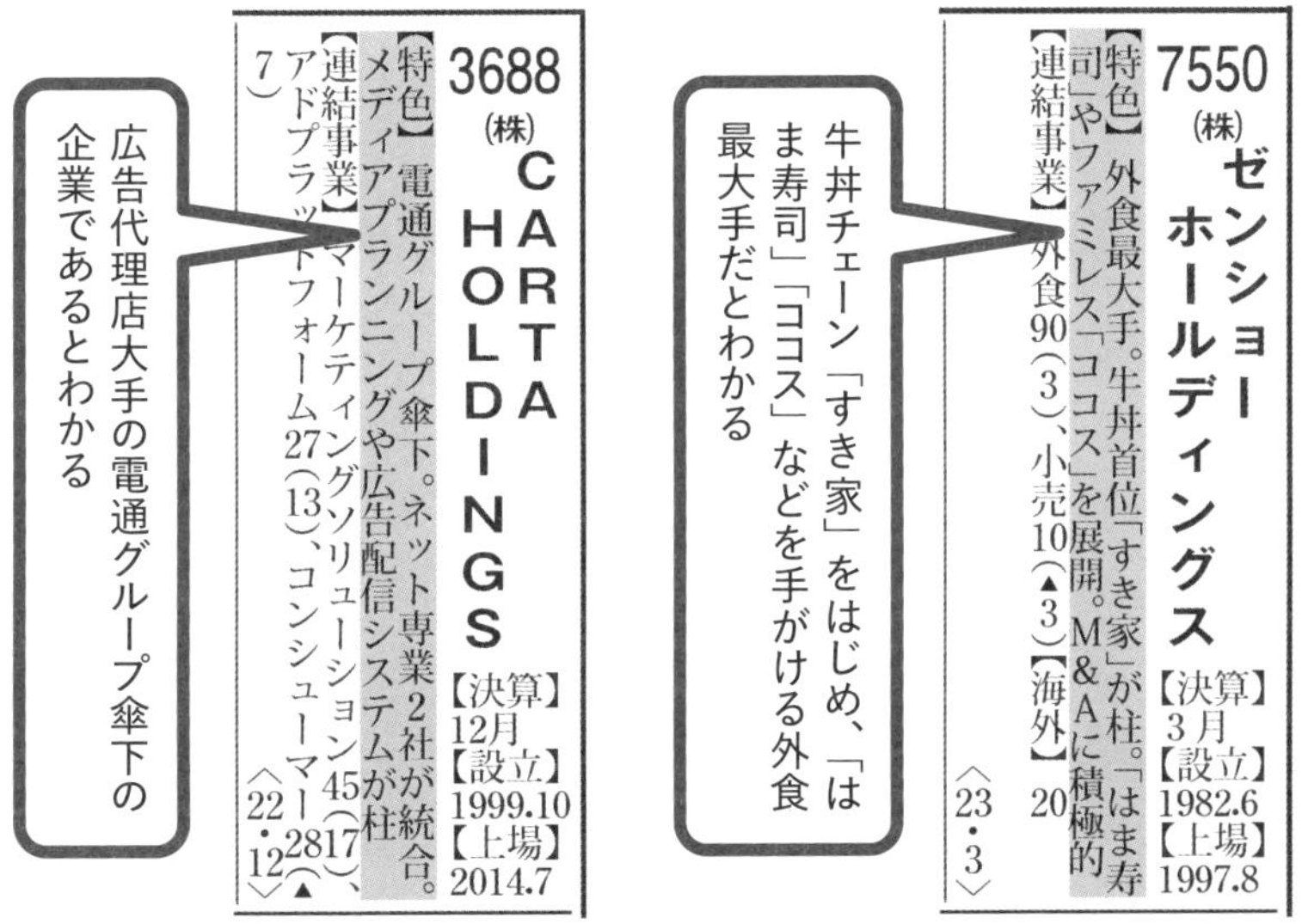

7550 (株)ゼンショーホールディングス
【決算】3月【設立】1982.6【上場】1997.8
【特色】外食最大手。牛丼首位「すき家」が柱。「はま寿司」やファミレス「ココス」を展開。M&Aに積極的
【連結事業】外食90(3)、小売10(▲3)【海外】20〈23・3〉
牛丼チェーン「すき家」をはじめ、「はま寿司」「ココス」などを手がける外食最大手だとわかる

3688 (株)CARTA HOLDINGS
【決算】12月【設立】1999.10【上場】2014.7
【特色】電通グループ傘下。ネット専業2社が統合。メディアプランニングや広告配信システムが柱
【連結事業】マーケティングソリューション45(17)、アドプラットフォーム27(13)、コンシューマー28(▲7)〈22・12〉
広告代理店大手の電通グループ傘下の企業であるとわかる

株価上昇に期待が持てます。『会社四季報』の特色欄などを活用すれば、こうした親子上場銘柄を探せるでしょう。

親会社や企業グループ向けの売上高を記載している場合もあります。テイ・エス テック（7313）には「ホンダ系の4輪シート部品メーカー。2輪車用も手がける。約9割がホンダグループ向け」とあります。社名からは想像しづらいですが、ホンダ系列であること、そしてホンダグループ向けの売上高が全体の9割前後に達していることがわかります。

▼事業内容の移り変わりもわかる

事業環境が変化する速度は年々増しており、企業の合従連衡が進んでいます。例えば、ドラッグストア業界では、2021年にココカラファインとマツモトキヨシホールディングス（3088、現在はマツキヨココカラ&カンパニーに社名変更）が経営統合しました。老舗企業が新しい事業に取り組み、事業構造を大きく変えるようなケースもあります。

【特色】は『会社四季報』発売に合わせて3カ月ごとに見直しの必要を検討し、こうした企業の変化をいち早く取り込むよう工夫しています。例えば関西スーパーを手がける関西フードマーケット（9919）。【特色】を見ると、2022年新春号では「H2Oとオーケーから買収提案」とありましたが、次の号である2022年春号以降は「H2Oの子会社」とあります。買収交渉を経て、最終的にはエイチ・ツー・オー リテイリング（８２４２）の傘下になったことがわかります。

ここ1〜2年で【特色】が大きく変化している例には、クックパッド（２１９３）が挙げられます。２０２３年新春号時点では、「料理レシピサイト最大手。個人向け有料会員、広告収入が柱。ピックアップ型生鮮ＥＣを育成」でした。ただ、不振事業を廃止したことで、２０２３年春号では「広告収入」への言及が割愛されました。さらに、２０２３年秋号には「育成中」と記載されていた生鮮食品ＥＣは「再建中」となりました。同社のビジネスが厳しい状況にあることが伝わってきます。このように、『会社四季報』のバックナンバーを比較すると、事業内容の変化がよくわかります。

バックナンバーを比較すると事業内容や状況の変化がよくわかる

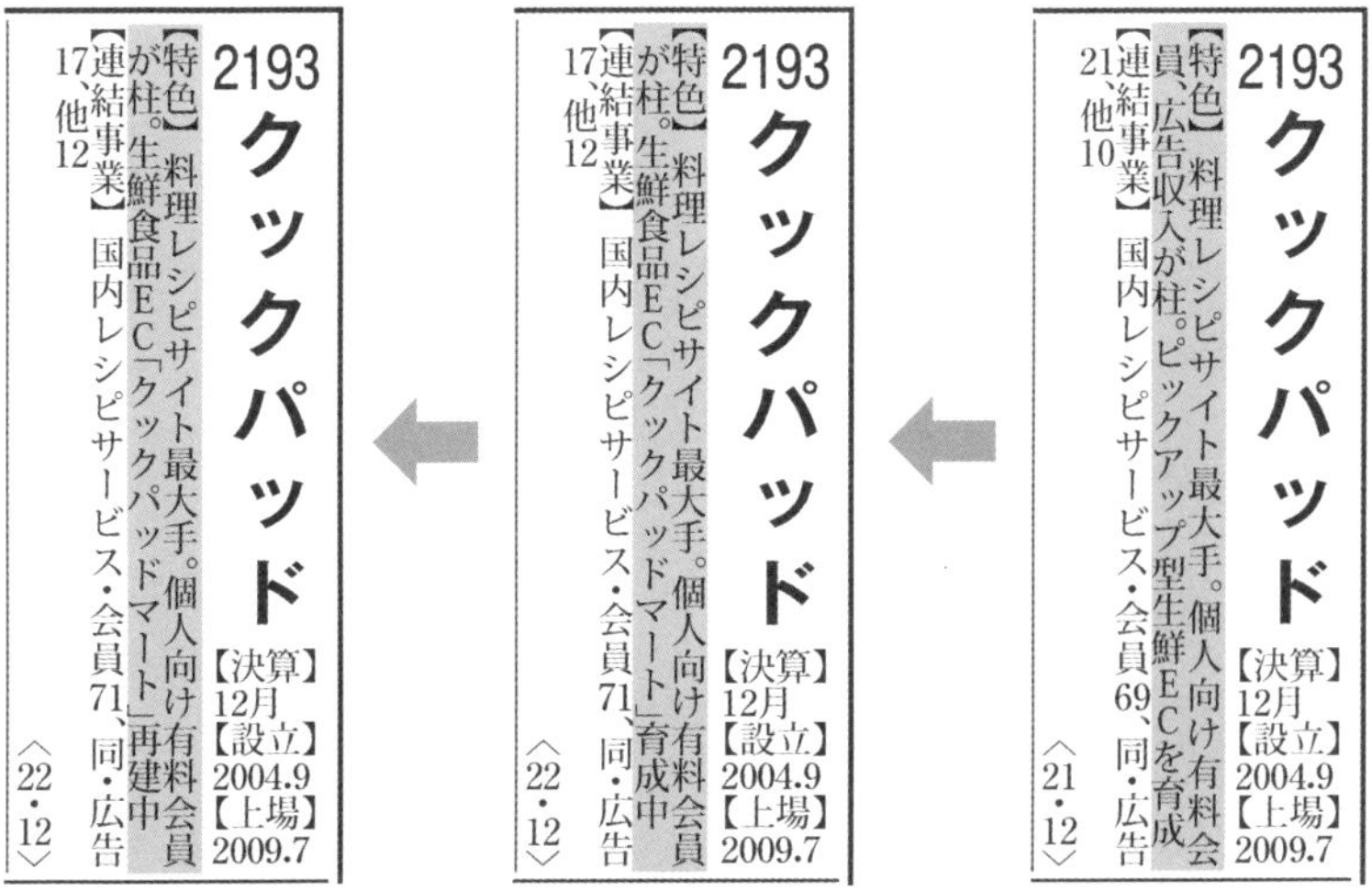
●2023年 新春号
2193 クックパッド
【特色】料理レシピサイト最大手。個人向け有料会員、広告収入が柱。ピックアップ型生鮮ＥＣを育成
【連結事業】国内レシピサービス・会員69、同・広告21、他10〈21・12〉
【決算】12月【設立】2004.9【上場】2009.7

●2023年 春号
2193 クックパッド
【特色】料理レシピサイト最大手。個人向け有料会員が柱。生鮮食品ＥＣ「クックパッドマート」育成中
【連結事業】国内レシピサービス・会員71、同・広告17、他12〈22・12〉
【決算】12月【設立】2004.9【上場】2009.7

●2023年 秋号
2193 クックパッド
【特色】料理レシピサイト最大手。個人向け有料会員が柱。生鮮食品ＥＣ「クックパッドマート」再建中
【連結事業】国内レシピサービス・会員71、同・広告17、他12〈22・12〉
【決算】12月【設立】2004.9【上場】2009.7

「クックパッドマート」は「育成中」から「再建中」へ。過去号を見ることで、事業内容の変遷をたどることができる

『会社四季報オンライン』の紙にない特徴とは？

『会社四季報オンライン』は「投資の『コワイ』をなくす」をミッションとして、『会社四季報』の情報をベースに、**インターネットならではの検索機能、リアルタイムでの情報更新、ウォッチしたい銘柄の登録などの機能**を付加しています。ユーザーの要望を基に、高い頻度でデータや機能の拡充も行っています。

初級者向けのエントリープランは月額330円（年額3300円）、簡易版のベーシックプランは月額1100円（年額1万2500円）、すべての機能が使える上級者・プロ向け仕様のプレミアムプランは月額5500円（年額5万8000円）（いずれも税込）となっています。前日のアクセス数がトップだった銘柄の個別ページなど、一部のページや機能はゲストの方にも無料開放しています。

トップページは株式投資に関するニュースや記事、マーケット情報、ランキング、決算発表カレンダーなどで構成されています。上部の検索窓に会社名もしくは証券コードを入力すると、その銘柄の個別ページに飛びます（左図）。個別ページの上段には『会社四季報』の誌面に掲載されている記事、株価指標、業績表などが掲載されています。

「四季報スコア」は成長性、収益性、安全性、規模、割安度、値上がり（それぞれ売上高成長率、売上高経常利益率、自己資本比率、時価総額、予想PER［Price Earnings Ratio：株価収益率］、過去1年の株価騰落率で評価）の6項目を5段階評価したものです。

過去30年の長期業績も

中段には、**財務情報やセグメントごとの売上高と**

『会社四季報オンライン』の個別銘柄ページ

7203 東証プライム　　直近決算発表日: 2024/02/06

トヨタ自動車

増額

貸借　225　輸送用機器　自動車　自動車　　会社HP

特　色　4輪世界首位。国内シェア3割超。傘下に日野、ダイハツ。SUBARU、マツダ、スズキと提携

連結事業　自動車91(6)、金融8(16)、他2(8)【海外】82 <23.3>　　セグメント収益

四季報スコア ★★★★ 4

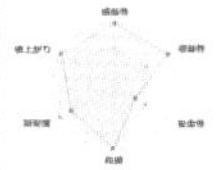

成長性	5	規模	5
収益性	5	割安度	4
安全性	2	値上がり	5

業種:自動車　□は業種中央値

比較会社　　比較する

7201 日産自動車　7267 ホンダ　7269 スズキ

市場テーマ　　一覧を見る(31)

ESG

3,639.0円　-153.0円 (-4.04%)

2024/04/01 15:00 リアルタイム

始値	3,801 (09:00)	前日終値	3,792 (03/29)
高値	3,824 (09:00)	安値	3,616 (11:01)

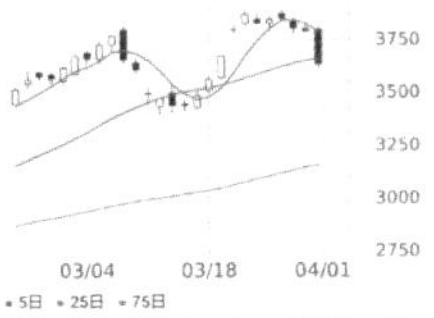

簡易チャート　詳細チャート

最新の四季報　プロフィール　業績予想　長期業績　株主優待　株価推移　誌面アーカイブ

【高水準】世界販売1123万台(前期比6%増)。日米軸に高単価SUV好調。円安効果や販価是正が想定超。増配。25年3月期は中国停滞だが好採算HV伸長の日米欧が好調。生産台数増も押し上げ営業益高水準。

【岐　路】ダイハツの認証不正受けアジア軸に展開する小型車戦略の見直しを検討。TSMCの熊本工場運営会社に2.0%出資、需要増す先端半導体の安定調達へ布石。

2024年2集春号(2024年3月18日発売)

業績　2024年2集春号 時点

	売上高	営業利益	税前利益	純利益	1株益(円)	1株配(円)
◇21.3*	27,214,594	2,197,748	2,932,354	2,245,261	160.6	48特
◇22.3*	31,379,507	2,995,697	3,990,532	2,850,110	205.2	52
◇23.3	37,154,298	2,725,025	3,668,733	2,451,318	179.5	60
◇24.3予	**44,500,000**	**5,000,000**	**6,300,000**	**4,550,000**	**337.4**	**65～70**
◇25.3予	**46,000,000**	**5,150,000**	**6,350,000**	**4,570,000**	**338.9**	**66～72**
◇23.4～9	21,981,617	2,559,294	3,521,525	2,589,428	191.3	30
◇24.4～9予	22,000,000	2,600,000	3,550,000	2,550,000	189.1	30～35
◇22.4～12	27,464,033	2,098,095	2,869,274	1,899,026	138.8	
◇23.4～12	34,022,720	4,240,238	5,357,065	3,947,242	291.9	
会24.3予	**43,500,000**	**4,900,000**	**6,200,000**	**4,500,000**	**—**	**(24.2.6)**

単位は百万円,1株当たりは円　　業績財務の詳細を見る　配当を見る

営業増益率	最新号比修正率	会社予想乖離率
+83.48%	—	+2.04%

業績予想更新

最新の四季報作成後に通期業績予想の変更はありません。

株価指標　　もっと見る

時価総額	**593,702億円**
最低購入金額	36.39万円
売買単位	100株
売買代金	142,743百万円
└22日平均	122,151百万円
出来高	38,828,100株
予想PER	◇24.3 13.04倍　◇25.3 12.99倍
実績PER	高値平均 11.9倍　安値平均 8.5倍
実績PBR	1.74倍
予想配当利回り	◇24.3 1.78%　◇25.3 1.81%
1株純資産	◇23.12 2,415円 (2,089円)
自己株保有率	17.1% (2023/09/30)
年初来高値	3,891.0円 (2024/03/27)
年初来安値	2,572.0円 (2024/01/04)
年初来株価上昇率	+40.4%
200日移動平均乖離率	+31.5%

適時開示情報

社外役員の役割・期待の明確化と独立性判断に関する基準の見直しおよび役員人事に関する…
2024/03/21 13:30

自己株式の取得状況に関するお知らせ
2024/03/05 15:00

2024年3月期 第3四半期決算短信〔IFRS〕(連結)
2024/02/06 13:25

営業利益のグラフ、大量保有速報、『会社四季報オンライン』の過去記事などが掲載されています。大量保有速報の欄では、その銘柄の大口投資家の株式売買動向を知ることができます（詳細や活用法は150ページ「大株主の動きを見て投資の参考にする」を参照）。

プロフィール、長期業績などのタブをクリックすると、その銘柄に関するより詳細な情報を見ることができます。例えば「長期業績」では、その銘柄の**過去30期分の業績などのデータを一覧できる**ページに移動します（詳細は120ページ「過去30年のデータを一発でチェック」を参照）。

株価推移や競合他社との比較も

「株価推移」には、株価情報や投資指標、チャートが掲載されています。「詳細チャートを見る」をクリックすると、**各種テクニカル指標を表示できるチャート**が表示されます。テクニカル分析をする際は、併せてこちらをご覧いただくとよいでしょう。

ライバル比較の欄では、事業内容や時価総額などが近い銘柄を東洋経済で複数選定したうえで、**時価総額や投資指標などを比較できる**ようになっています。PERやPBR（株価純資産倍率）などの投資指標は競合他社同士で比べることが基本です。その差を見ることで、市場からの評価の違いがわかります。もし、市場の評価が過度に開きすぎていると思えば、いずれ是正されることを期待して、低く評価されている側の銘柄に投資するといった手法もあります。「ほかの銘柄と比べる」では比較する銘柄や比較する指標を変えることもできます。

また、大手の有名企業であれば競合他社はすぐに思い浮かびますが、中小銘柄ではそうはいかないことがあります。ライバル比較の欄で意外な有望競合他社を発見できることもあります。

ライバル比較も簡単

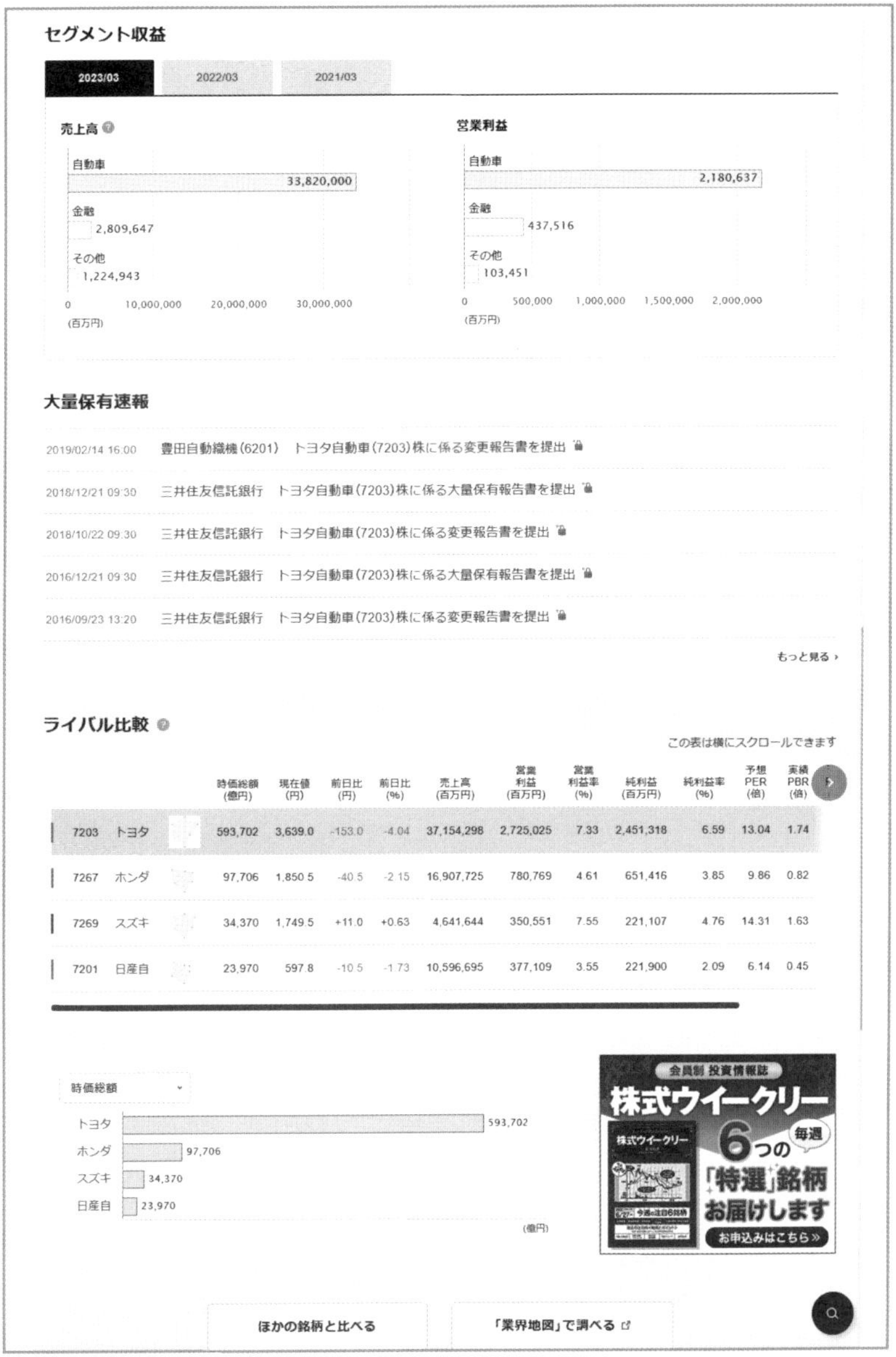

セグメント収益

2023/03　2022/03　2021/03

大量保有速報

2019/02/14 16:00　豊田自動織機(6201)　トヨタ自動車(7203)株に係る変更報告書を提出

2018/12/21 09:30　三井住友信託銀行　トヨタ自動車(7203)株に係る大量保有報告書を提出

2018/10/22 09:30　三井住友信託銀行　トヨタ自動車(7203)株に係る変更報告書を提出

2016/12/21 09:30　三井住友信託銀行　トヨタ自動車(7203)株に係る大量保有報告書を提出

2016/09/23 13:20　三井住友信託銀行　トヨタ自動車(7203)株に係る変更報告書を提出

もっと見る ›

ライバル比較

この表は横にスクロールできます

		時価総額(億円)	現在値(円)	前日比(円)	前日比(%)	売上高(百万円)	営業利益(百万円)	営業利益率(%)	純利益(百万円)	純利益率(%)	予想PER(倍)	実績PBR(倍)
7203	トヨタ	593,702	3,639.0	-153.0	-4.04	37,154,298	2,725,025	7.33	2,451,318	6.59	13.04	1.74
7267	ホンダ	97,706	1,850.5	-40.5	-2.15	16,907,725	780,769	4.61	651,416	3.85	9.86	0.82
7269	スズキ	34,370	1,749.5	+11.0	+0.63	4,641,644	350,551	7.55	221,107	4.76	14.31	1.63
7201	日産自	23,970	597.8	-10.5	-1.73	10,596,695	377,109	3.55	221,900	2.09	6.14	0.45

ほかの銘柄と比べる　「業界地図」で調べる

5

【連結事業】で収益の柱を把握しよう

会社の経営を支える利益の源はどの事業なのか。株式投資で上場企業を研究する場合、まずはそこをしっかり把握することが肝心です。そのとき便利なのが、【特色】のすぐ横に記載されている【連結事業】の欄（単独決算企業の場合は【単独事業】）です。

この欄には、直近の通期決算における主要事業の売上高構成比（全売上高に占める各事業の割合、単位％）が記載されています。構成比の下のカッコ内の数値は、それぞれの事業の収益性を示す売上高営業利益率（各事業の営業利益÷各事業の売上高、単位％）です。▲はその事業が赤字であることを示しています。**この欄を見れば、どんな事業があって、その中のどれが収益柱なのかを把握することができる**のです。

では、さっそく、『会社四季報』を使って実際に企業の【連結事業】欄を見てみましょう。まずは大手重工系メーカーの川崎重工業（7012）を取り上げます（図表33ページ）。

同社は国や企業を取引先としてさまざまな事業を手がけています。自衛隊が使用する輸送機の開発・製造をはじめ、ボーイング旅客機の胴体、鉄道車両、ガス運搬船、発電用ガスタービン、産業・医療用ロボットなど幅広く、また、同社で唯一のBtoC（消費者向け）領域として、大型スポーツバイクなども手がけています。

【連結事業】欄を確認すると、売上高構成比で最大なのは意外にも大型スポーツバイクを柱とする「モーターサイクル」の34％で、「航空宇宙」が20％、「エネルギーマリン」が18％、「精密・ロボット」が15％と続きます。カッコ内の売上高営業利益率を見ても「モーターサイクル」は12％で、ほかの事業に比べて収益性でも群を抜いて高いことがわかります。このように、川崎重工業の稼ぎ頭が大型2輪などのモーターサイクル事業であることがはっきりと読み取れるのです。同社は欧米や東南アジアなど海外で多くの台数を販売し、過去最高益となった2023年3月期決算は同事業が利益の過半を稼ぎ出しました。

【連結事業】欄を見ておけば、稼ぎ頭の事業だけでなく、赤字または利益がほとんど出せずに経営の足かせになっている事業の有無もわかります。企業をより深く知るには、そうした事業にも目を配りましょう。その企業が不振事業の撤退や大がかりなリストラに踏み切れば、

【連結事業】欄を見れば企業の強みがわかる

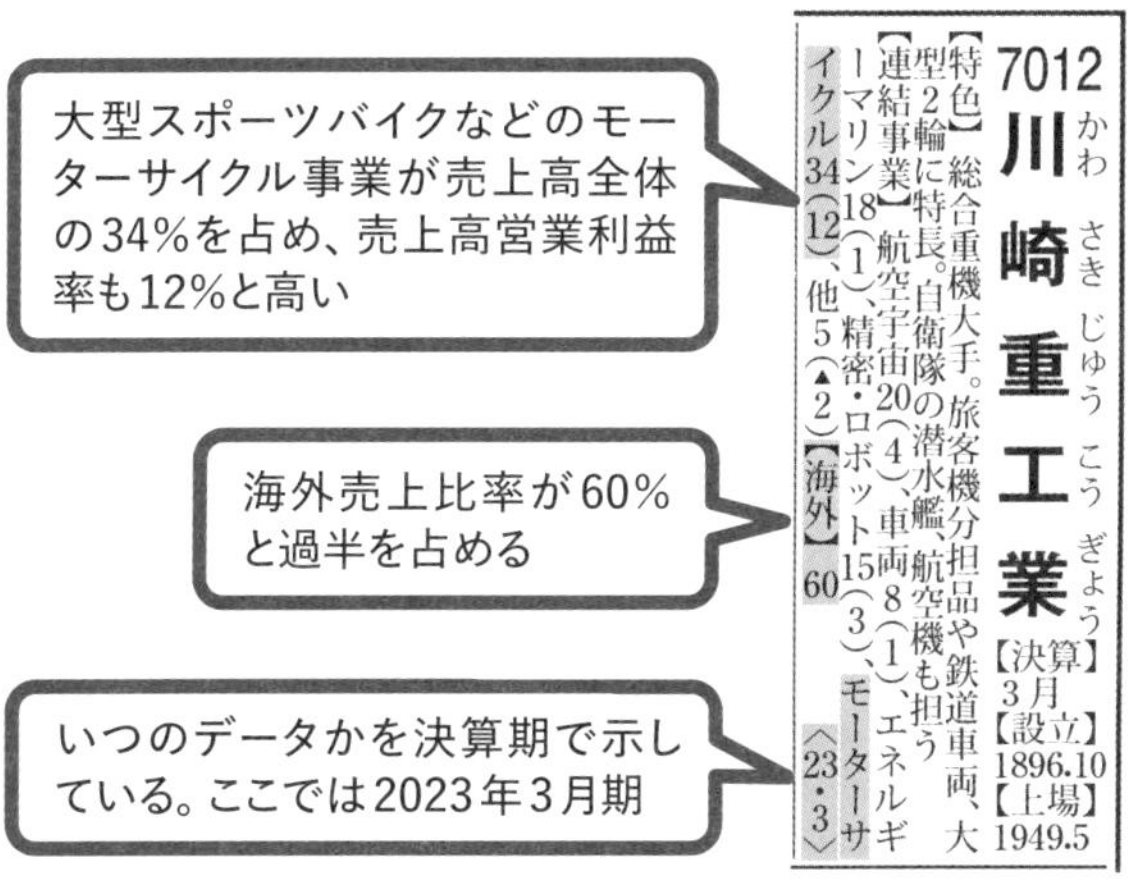
大型スポーツバイクなどのモーターサイクル事業が売上高全体の34%を占め、売上高営業利益率も12%と高い
海外売上比率が60%と過半を占める
いつのデータかを決算期で示している。ここでは2023年3月期
7012
川崎重工業《かわさきじゅうこうぎょう》
【決算】3月
【設立】1896.10
【上場】1949.5
【特色】総合重機大手。旅客機分担品や鉄道車両、大型2輪に特長。自衛隊の潜水艦、航空機も担う
【連結事業】航空宇宙20(4)、車両8(1)、エネルギーマリン18(1)、精密・ロボット15(3)、モーターサイクル34(12)、他5(▲2)【海外】60〈23・3〉

業績や収益性の改善が見込め、株価には大きな好材料となります。

セブン＆アイ・ホールディングス（３３８２）を見てみましょう（図表35ページ）。同社の【連結事業】欄を見ると、国内・海外の「コンビニ」事業が利益のほとんどを稼ぎ出していることが読み取れます。また、売上の構成比自体は小さいものの、「金融（ＡＴＭ）」事業は2割近い利益率を誇る安定した高収益事業です。

一方、祖業の「スーパー」事業は売上で12％を占めますが、その利益率はわずか１％。２００６年に買収したそごう・西武を中心とする「百貨店・専門店」事業も利益率は１％しかなく、いずれも連結業績にほとんど寄与していないことが一目瞭然です。こうした不振事業に関して「物言う株主」の海外投資ファンドからの圧力が増し、結局、セブン＆アイは２０２３年秋に百貨店のそごう・西武を売却。祖業のスーパーも全国で多くの店舗を閉鎖することになりました。同社の収益構造の課題点を早くから把握していれば、こうした展開もある程度予測できたのです。

▼海外売上比率でグローバル化を診断

【連結事業】の後ろにある【海外】の欄も重要です。日本からの輸出や、海外の子会社が生産・販売した金額など、海外の売上高が全体の売上高に占める比率（海外売上比率）

を表しています。ここを見れば、どの程度グローバル化が進んでいる会社かがわかります。

例えば、トヨタ自動車（7203）をはじめとする自動車メーカーは海外売上比率が80％超、ソニーグループ（6758）や任天堂（7974）もそれに近く、世界で戦っていることがはっきりわかります。多くの企業が成長を求めて海外事業を拡大しており、ランニングシューズのアシックス（7936）も海外比率71％に上ります。意外な企業では低価格イタリアンのサイゼリヤ（7581）は中国事業が大成功しており、海外比率が34％と外食業界では突出しています。**海外売り上げが大きい会社の場合、為替が変動すると輸出の採算や海外事業の円換算が変わって業績への影響が出るため、為替の動きにも目を配りましょう**。また、主戦場とする地域の経済動向にも注意を払いましょう。

このように【連結事業】、【海外】欄には企業を理解するうえで有益な情報が詰まっています。こうした情報を押さえたうえで、業績欄の記事を読むと、より理解しやすくなるでしょう。

苦戦している事業の存在も浮き彫りに

3382
(株)セブン＆アイ・ホールディングス
【決算】2月【設立】2005.9【上場】2005.9
【特色】国内首位の流通グループ。日米コンビニを核に総合スーパー、外食、銀行など展開。百貨店は売却
【連結事業】国内コンビニ8(26)、海外コンビニ75(3)、スーパー12(1)、百貨店・専門店4(1)、金融1(19)、他0(2)【海外】75〈23・2〉

スーパーと百貨店・専門店は収益貢献が乏しく、2023年秋に百貨店のそごう・西武を売却。スーパーも全国で店舗閉鎖を進めた

スーパー、百貨店・専門店の（1）から、売上高営業利益率が1％にとどまることが把握できる

6

上場する市場や本社所在地も大事な判断材料

設立や上場した時期、上場市場、本社所在地なども、会社のことを知るうえで重要です。『会社四季報』では、【社名】欄の中に【設立】【上場】として、株式会社としての設立年月と上場年月を、【社名】欄の下に【本社】として本社所在地を記載しています。

【設立】は**原則として、株式会社として登記した年月**を示しています。設立年の古い会社は、**戦後やバブル崩壊など経済の荒波の中でも生き残ってきた魅力ある会社**といえるかもしれません。株式会社として登記する前に事業を始めていた場合、創業年が用いられることがありますが、『会社四季報』では設立年を基準に掲載しています。

【上場】はその会社が株式を初めて公開した年月を示しています。東京証券取引所の場合、1部、2部、JASDAQ、マザーズの4つの市場がありましたが、**2022年にプライム市場、スタンダード市場、グロース市場の3つに再編**されました。

上場の条件は市場ごとに定められています。プライムは新規上場時や上場を維持するために求められる株主数、流通株式比率、流通株式時価総額などの基準が厳しく、新興市場

3つに再編

最上位区分のプライム市場はグローバルな機関投資家の投資対象にふさわしい規模の大きい企業向け、グロース市場は高成長が期待されるスタートアップなどの新興企業向け、スタンダード市場はその中間に位置する

であるグロースは緩めに設定されています。そのため、**プライムに上場している会社は、発行済み株式数も多く、株価の動きは比較的緩やか**です。逆に、グロースに上場している会社は、株価の値動きが荒くなることが多いので、株式投資などの際は注意が必要です。

なお、設立や上場の周年記念で定期的に記念配当を実施する会社があります。その場合、【設立】【上場】を確認することで、次の記念配がいつになるかを推測できます。

▼店舗数や工場数も掲載

【本社】では、本社所在地や電話番号を記載しています。注意深く見ると、カレー専門店の壱番屋（7630）のようにアクセスの不便な住宅街に本社を置く会社もあることがわかります。愛知県の消費生活産業では「実際にビジネスをするのは店舗。本社にお金をかけない」という考え方が根づいているといわれます。

【本社】の下には【工場】【支店】などを記載しています。メーカーの場合は主に工場や支店、小売業や銀行では店舗数、鉄道では路線距離キロ数、海運では支配船舶数などを記載し、主要拠点や規模がわかるようにしています。小売業などは過去の『会社四季報』と比べて店舗数の増減を知ることで、会社が拡大路線にあるのか、縮小過程にあるのかを確認できます。拠点の場所や数から、どのエリアに強い会社かを知ることも可能です。

7 【従業員】から優良企業を見つける

『会社四季報』の【従業員】は、役員やパートなどを含まない、いわゆる正社員の従業員数です。連結決算会社は子会社を含めたグループ全体の従業員数と、その会社単独の従業員数の両方を記載。非連結決算の会社は単独の従業員数となります。平均年齢と平均年収は単独ベースの数値です。

【従業員】は、有効活用すると優良企業を見つけるのに役立ちます。まず『会社四季報』に記載されている**売上高や営業利益を従業員数で割ってみる**ことをおすすめします。1人当たりの売上高や利益を算出できるので、人員の効率性を測る手がかりになります。同じ業種の企業同士を比較すれば、どの企業の経営効率が優れているかが見えてきます。

▼業績数値と従業員数から会社の効率性を探る

試しに『会社四季報』の【業種】がともに「民生用エレクトロニクス」のソニーグループ（6758）と、パナソニック ホールディングス（6752）の2023年3月期の1

人当たりの売上高と営業利益を比較してみましょう。『会社四季報』2024年新春号でソニーグループの1人当たり売上高は約1億0212万円、営業利益は1069万円、一方のパナソニック ホールディングスは3603万円、営業利益は124万円。人員の効率性ではソニーグループが大きく上回っていることがわかります。

過去の『会社四季報』と比べた**従業員数の増減もヒント**になります。売上高や営業利益が成長し、従業員数も増えていれば、事業が順調に拡大していて、それに伴って従業員を増やしている企業という推測ができるでしょう。従業員数が減少傾向にある場合でも、従来と同じ業容を維持していれば、効率化を進めている企業という可能性もあります。

平均年齢もチェックしてみましょう。**従業員の平均年齢はその会社の活力や成長性を見る指標**として有用です。伸び盛りの会社では、新入社員を大量に採用しているため、平均年齢が若くなる傾向があります。一方、成熟段階にある会社や、成長が一服して踊り場にある会社では、全従業員に占める新卒採用の比率が少なく、平均年齢は高くなりがちです。

従業員数や平均年齢に続き年と表示しているのが、平均年収です。平均年収は、残業代やさまざまな手当て、賞与を含めた年収です。同じ業界の会社同士を比較してみた場合、平均年齢が同程度なのに平均年収が高い企業では、待遇がよいことが採用力につながり、競争を勝ち抜くための人材獲得において有利に働くことが想像できます。

8「誰が大株主か」を知っておくとためになる

『会社四季報』では、【株主】欄に本決算期末または第2四半期末における大株主上位10人と、その持株数、持株比率を掲載しています。【株主】の横に記載しているのが株主数、〈 〉の中の数値は年月で、いつ時点の株主であるかを示しています。

原則として年2回、本決算期末と第2四半期末の株主を掲載していますが、第三者割当増資などで大幅な変更があった場合は、判明している範囲で最新の株主を掲載することもあります。

株主は会社におカネを出す代わりに株式を受け取った出資者で、その会社の持ち主です。**上位の株主を見れば、誰がその会社を所有、すなわち支配しているのか**がわかります。どの企業グループに属しているのか、どの会社の子会社なのか、あるいはオーナー企業なのかを知ることができます。

実際に『会社四季報』の株主欄を見てみましょう。すると証券管理業務に特化した金融機関である「カストディアン」が、多くの会社で上位株主として名を連ねていることがわ

日本カストディ銀行や日本マスタートラスト信託銀行
『会社四季報』の誌面ではそれぞれ「日本カストディ信託口」「日本マスター信託口」と表記している

かるはずです。具体例を挙げると、日本カストディ銀行や日本マスタートラスト信託銀行、海外勢ではバンク・オブ・ニューヨーク・メロンやステート・ストリート、JPモルガン・チェースなどです。

ただ、カストディアンは真の株主から証券の保管や配当の受け取りなどの業務を委託されているにすぎず、本当の株主は別にいます。**多くの場合、真の株主は年金基金や投資信託などの機関投資家**です。機関投資家は企業価値の向上による株価上昇や、配当などによる積極的な株主還元を強く求めます。**カストディアンが大株主に登場している会社は、株価上昇や配当に対する株主からのプレッシャーが強い**と考えてよいでしょう。

オーナー企業かどうかも非常に重要なポイントです。創業者やその資産管理会社が筆頭株主の場合、トップダウンで迅速に経営や投資の判断をすることが可能になります。例えばソフトバンクグループ（9984）では、創業者の孫正義会長兼社長が29％の株式を保有し、筆頭株主になっています。オーナー企業の場合、こうした強みがある一方、独善的なワンマン経営に陥るリスクもはらんでいる

大株主を確認しよう

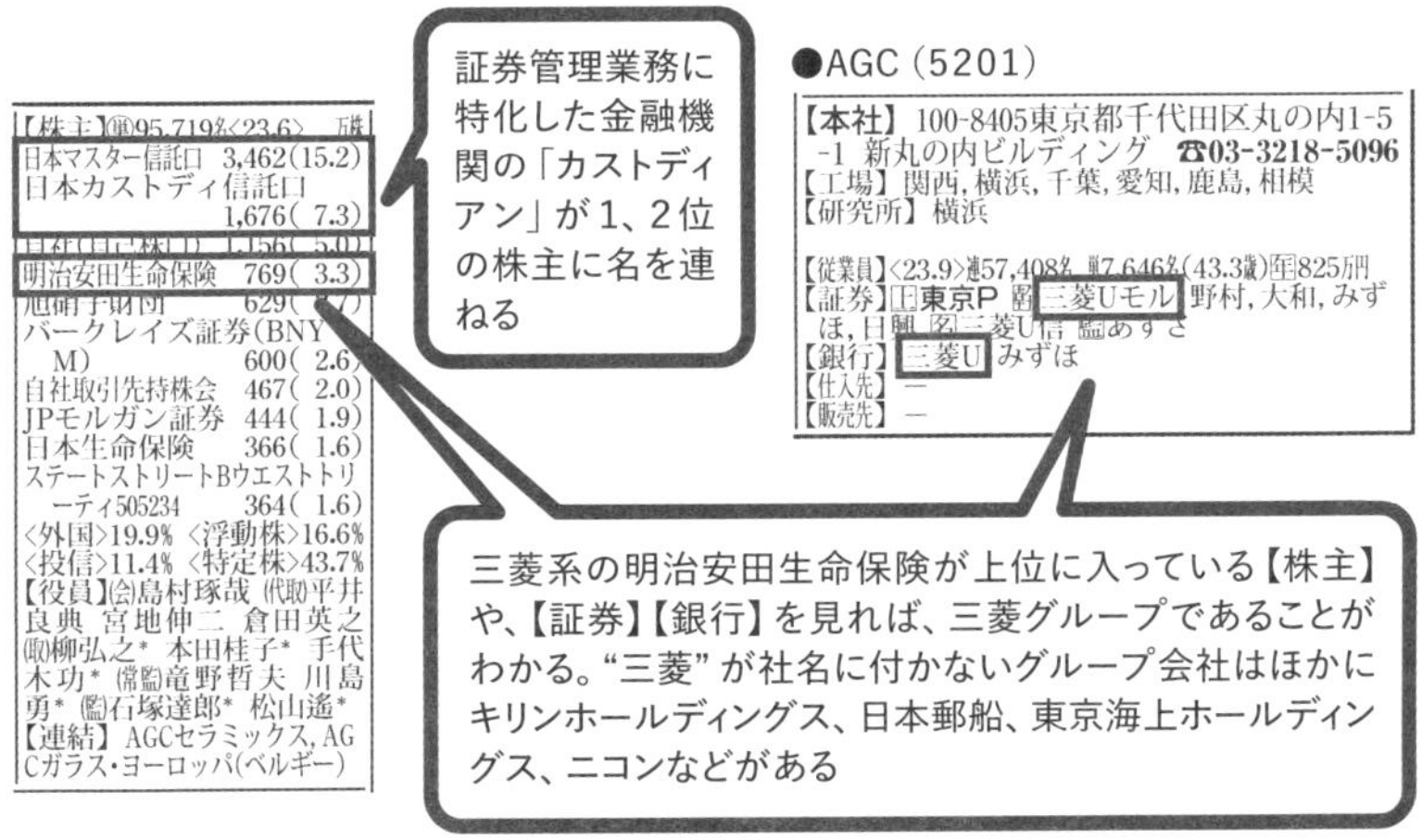

点に注意しましょう。

【本社】の下にある【銀行】には取引銀行を載せています。上場会社でも必要資金のすべてを株式市場から調達しているわけではなく、多くの会社が銀行からの借り入れを活用しています。新たに仕入先を獲得したり、販売先を広げたりする際に、取引銀行が役立つこともあります。**取引銀行がどこかは、その会社を知るうえで重要な情報の1つ**といえます。

取引銀行が複数ある場合、どの銀行が最初に記載されているかも重要なポイントです。一般的に、いちばん最初に名前が出てくる銀行がメインバンクであることが多いでしょう。また、取引銀行をチェックすることで、その会社がどのような企業グループに属しているかを知ることもできます。

▼取引銀行は企業グループを知る手がかり

取引銀行に三菱ＵＦＪ銀行、三菱ＵＦＪ信託銀行など三菱系の銀行が多く出てくる場合は、その会社は三菱グループの一員であるか、そうでなくても関係が深いと推測できます。社名に「三菱」が入っていないものの、三菱グループであるＡＧＣ（５２０１）やニコン（７７３１）は、その例です。そのほか三井グループでは、三井物産（８０３１）が大株主であるゴールドウイン（８１１１）は、三井グループの一角を占める東レ（３４０２）の子会社が【仕入先】になっているという例もあります。

【本社】の下にある【証券】には幹事証券を掲載しています。**幹事証券とは、会社が株式を公開するときや、上場した後に新株や社債などを発行するときの引受業務を行う証券会社**です。(主)は幹事の中心となる主幹事、(副)は副幹事を示しています。会社の新規上場に際しては、上場への準備作業、上場審査のアドバイス、株式公開価格の決定など、主幹事証券会社は最も大きい責任を担います。

幹事証券は、上場後も重要な役割が求められます。新株発行や社債発行など会社の根本に関わる資本政策をどうしたらよいか、他企業から買収提案があったときの対応はどうすべきかなど、会社が抱える課題に対して助言を行います。

【証券】の中に監として掲載している監査法人にも要注目です。株式を公開している会社は公認会計士によって決算内容が適正であるかどうか、監査を受ける義務があります。ただ、過去には粉飾決算に監査法人の会計士が関与したこともあり、監査法人に対する信頼は時に揺らぐことも。どの監査法人が監査しているのか、株式市場も厳しい目で見ています。監査法人と会社との間で意見が食い違うケースも発生しています。頻繁に監査法人が替わるような会社は、意見の食い違いを回避することを目的にしている場合もあり、注意したほうがよいでしょう。

9 企業の成長は「社長」で決まる

「企業が成長するかどうかは社長で決まる」――ある日本株投信のファンドマネジャーは投資先の銘柄を選別する際に、業績やビジネスモデルの分析に加えて、会社を率いる社長の資質を見極めることを重視しているそうです。『会社四季報』では、【株主】欄の下にある【役員】欄に、会長、社長を筆頭に役員の名前を掲載しています。社長の名前を見ただけでは経営手腕を判断することはできませんが、『会社四季報』に掲載している情報を活用すれば、ヒントを得ることができます。

まず、**【株主】欄を見ることで、その社長が大株主かどうかがわかります**。株式の過半を握るオーナー経営者や、大株主の社長であれば、強力なリーダーシップで大胆な経営を推進することができる一方、コーポレートガバナンス（企業統治）がきちんと機能しているのかもチェックしたいところです。**社長と同じ名字が【株主】欄に並んでいれば、いわゆる同族経営の会社**だということもわかります。

社長交代のような重要人事は就任の1カ月ほど前に発表されることが一般的です。『会

役員

『会社四季報』では会社法上の役員である取締役および監査役について、その会社における社長や会長、専務といった役職と併せて掲載している。なお、執行役員は会社法上の役員ではなく、社長などと同じ会社内の役職を指す

社四季報』では、発表された社長交代人事をいち早く取り込んで掲載しています。【役員】の下に（6・27予）などと書かれている場合は、6月27日の株主総会で承認されればこのような役員体制になるという意味です。このような場合は**前号の【役員】欄と比べて、新体制の変化をチェック**しましょう。

内部昇格した社長の場合、就任前の経歴も確認しておきたいところです。副社長や専務などからの昇格なのか、取締役以外から十数人抜きでの抜擢なのかなど、背景を調べるとその会社が従来の路線を踏襲しようとしているのか、あるいは路線を大きく変えようとしているのかなど経営戦略が見えてきます。重要な社長交代の場合には【材料記事】欄で解説することもあります。

また、最近は決算説明会を個人投資家が視聴できるように、動画配信する企業が増えています。**決算説明会に登壇した社長の表情や声のトーン、質疑応答での受け答えの仕方などに注目することで、事業に対する熱意や人となりを知る手がかりにもなります。**

トップ交代の記述、大株主かどうかをチェック

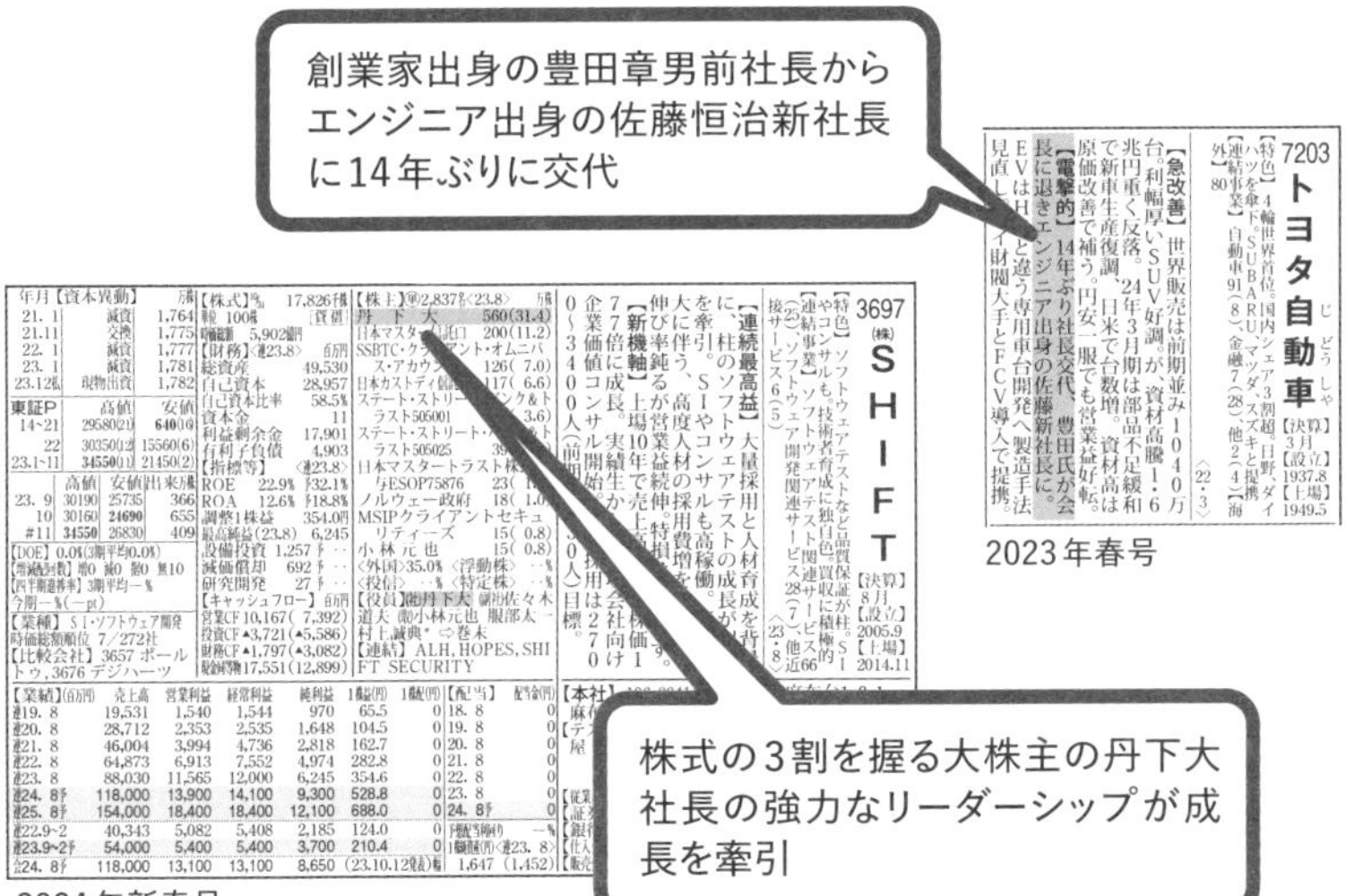
創業家出身の豊田章男前社長から
エンジニア出身の佐藤恒治新社長
に14年ぶりに交代
株式の3割を握る大株主の丹下大
社長の強力なリーダーシップが成
長を牽引

2023年春号

2024年新春号

10 販売先や仕入先の把握も忘れずに

風が吹けば桶屋が儲かる――ある動きが巡り巡って意外なところに影響を与えるという意味のことわざです。株式市場にも似たような面があって、**関連する会社の動きからの連想によって、別の会社の株価が上昇したり、下落したりといったことがよくあります。**この ような**連想買いや連想売りの有力な手がかりとなるのが、その会社の販売先や仕入先にどのような会社が名を連ねているか**です。

例えば、任天堂（7974）のゲーム機が大ヒットしているのであれば、任天堂自体の売り上げが増えるのは当然ですが、そのゲーム機向けに主要部品を供給している会社や、製品の組み立てを受託している会社の売り上げも増えることが予想されます。この場合、部品メーカーや組み立て受託の会社の株にも〝連想買い〟の矛先が向かうことが考えられます。

『会社四季報』では、【仕入先】【販売先】の欄にその会社の主要な取引先を掲載しています。業績が好調な会社のページを読む際に仕入先や販売先にも目を配ることで、思いもしなかった有望な会社の発見につながることがあります。**仕入先や販売先が日本の上場会**

有価証券報告書

会社の沿革や概況、事業や財務の状況などについて記載された企業情報の書類。略して有報と呼ばれることもある。上場会社や一部の非上場会社に対して、金融商品取引法に基づいて各事業年度終了から3カ月以内の提出が義務づけられている

社であれば、『会社四季報』でその会社の業績動向もチェックしてみましょう。その会社の仕入先や販売先を探していけば、連想の幅はさらに広がっていきます。

主要な取引先についてさらに詳しく調べたい場合には、有価証券報告書の「生産、受注および販売の状況」の項目に、全体売上高の10%以上を占める取引先の社名や直近2期の売上高、全体に占める割合が記載されています。特定の取引先に売上の大半が集中している会社については、その取引先の動向によって業績が大きく左右されるリスクがありますので、その点にも注意が必要です。

仕入先や販売先にどのような会社が名を連ねているかは、銀行など金融機関が融資を実行するかどうかの判断でも重要な材料となるそうです。販売先に優良会社の名前が並んでいれば、販売代金の回収を心配する必要は少ないでしょう。しかし、あまり多くないとは思いますが、仕入先や販売先に先行きが不安視される会社があった場合は、販売代金の回収の遅れや、最悪の場合には回収できなくなってしまうリスクに注意したいところです。

主要取引先を知ることで連想買いに先回り

（注）1　主な相手先別の販売実績及び総販売実績に対する割合は次のとおりであります。

相手先	前連結会計年度		当連結会計年度	
	金額(百万円)	割合（%）	金額(百万円)	割合（%）
任天堂㈱	118,013	56.8	185,639	67.0

2　金額は販売価格により表示しております。

3　当該割合が100分の10未満の金額及び割合については、記載を省略しております。

（ホシデンの2023年3月期有価証券報告書）

6804 ホシデン

【決算】3月【設立】1950.9【上場】1963.8

【特色】コネクター、スイッチ、マイク部品等情報通信部品大手。ゲーム機関連は任天堂向けの比率高い

【連結事業】機構部品89(5)、音響部品6(7)、表示部品1(▲16)、複合部品他3(19)【海外】27 〈23・3〉

【大幅減益】スマホ向けは高性能品堅調。だが、ゲーム機向けが前期高水準から反落。車載向けも表示部品が減少。前期の円安効果も薄れ営業益大幅減。営業外に為替差益。25年3月期もゲーム機向けが落ち込む。

【新商品】自動運転に活用可能な2DSケーブル対応コネクトを25年販売予定。ペロブスカイト太陽電池は半導体不足などで開発に遅れ。24年後半～25年の量産目指す。

【本社】581-0071大阪府八尾市北久宝寺1-4-33 ☎072-993-1010

【営業本部】本社，東京☎045-423-2201

【工場】本社，群馬

【従業員】〈23.9〉連8,525名 単586名(48.0歳)年685万円

【証券】上東京P 幹(主)大和(副)みずほ，野村 名み…信 監トーマツ

【銀行】みずほ，三菱U，三井住友

【仕入先】

【販売先】任天堂

任天堂のゲーム機向けに機構部品や製品組み立てを展開するホシデンの任天堂向け売上高は、全体の7割弱を占める

「会社プロフィール」で全体像をつかもう

『会社四季報』では上場企業の事業内容を【特色】にまとめていますが、『会社四季報オンライン』の会社プロフィールでは、さらに詳細な情報を得ることができます。

事業内容、沿革、ビジネスモデルがわかる

会社プロフィールを見るには、個別銘柄ページの「プロフィール」のタブをクリックします。200～250字程度で、事業内容やビジネスモデル、沿革、業界内での地位、他社との資本関係、投資対象としてのテーマなどが書かれています。事業構造が変わるなど会社に大きな動きがあった場合には、会社プロフィールの内容も適宜アップデートしています。

左図は近年、注目されている2社の事例です。

工場用間接資材と工事用品のネット通販会社**MonotaRO（3064）**の強さは、「工具界のアマゾン」とも称されるほどです。同社は2023年12月期まで22期連続増収で、事業拡大に伴い能力増強にも積極的です。会社プロフィールでは、同社の株価が企業の設備投資動向に反応しやすい特性を持つことにも触れています。

丸井グループ（8252）は、青井氏一族の経営で、日本で初めてクレジットカードを発行しました。同社の収益柱が今もカードショッピングやキャッシングなどのフィンテック事業であるのは、こうした経緯があるからです。小売り事業もオーナー経営のリーダーシップが発揮され、百貨店型から店舗スペースを貸し出すショッピングセンター型へと変革が進んでいます。

会社四季報記者が会社プロフィールで企業を評価

MonotaRO（3064）

間接資材ネット通販企業、兵庫に本社。住友商事の社内ベンチャーで、住商と米国資材通販大手グレンジャー社が共同出資で設立。2009年9月にグレンジャーが住友商事の保有全株を取得し筆頭株主に。**工具界のアマゾンとも呼ばれる。主顧客は中小製造業者や工事業者など**。自社サイト「MonotaRO.com」と、年2回刊の紙カタログ掲載商品をネット、ファクシミリで受注するが9割超がネット経由。**関西、関東の大型物流センターから全国配送、機械化やシステム化による能力増強に積極的。株価は企業の設備投資に敏感**。

丸井グループ（8252）

1931年に月賦販売商に勤めていた青井忠治氏がのれん分けで創業、**青井一族色**。60年に月賦をクレジットに呼称変更して**日本初のクレジットカードを発行**、カード事業が収益の柱。小売事業は80年代のDCブランドブームで成長し、若年層向けファッションに強かったが、現在は非物販の体験型店舗が主軸へと切り替え。**収益構造としても百貨店型から店舗スペースを貸し出し賃料収入を得るショッピングセンター型へと転換中**。モノを売らないテナントも積極誘致しており、「売らない店」を標榜。浮動株比率低い。キャッシュレス関連。

第2章

『会社四季報』予想は こうして作られる

1 業績予想の根拠は業績欄を要チェック！

『会社四季報』の特徴は、記者が取材を基に立てた独自の業績予想にあります。**業績の過去実績と会社四季報予想は業績欄に掲載**されています。

【業績】は、損益計算書（PL：Profit and Loss Statement）の中核項目である売上高、営業利益、経常利益、純利益に、1株益（1株当たり純利益）と1株配（1株当たり配当金額）を加えた6つの項目から成り立っています。上段から順に、本決算の実績（過去に実際に出した業績数値）と会社四季報予想、第2四半期累計（中間決算）の実績と会社四季報予想が並び、第1、3四半期決算が発表された後の号では、各四半期累計の実績も掲載されています。

決算期を示す「24・3」などの数字の前には、決算方式の区別である「連」「◎」「◇」「単」「□」マークが付いています。決算期の後ろに「変」とあるのは決算期間が12カ月以外の変則決算を表しています。また、決算期の後ろに「予」と付いているのが、会社四季報予想です。なお、決算方式については本章8節で説明します。ここでは基本的に日本会計基

変則決算

決算期を3月期から12月期に変更する場合などに、移行のため決算期間が9カ月間（4～12月）になったり、あるいは12月期から3月期に変更する場合に15カ月間（1月～翌年3月）になったりするが、そのように決算期間が12カ月でない場合の決算

決算方式

「連」「単」は日本基準の連結決算と単独決算、「◎」は米国SEC基準の連結決算、「◇」はIFRS基準の連結決算、「□」はIFRS基準の単独決算を示す

準を採用している会社を念頭に解説しています。会社が業績計画を発表している場合は、最下段に会社業績計画を掲載し、決算期の前に「会」を付けています。（24・2・14発表）などとあるのは、会社が直近の業績計画を発表した日付です。

会社計画と会社四季報予想を比較することで、記者がその会社の業績を強気にみているか、弱気にみているかがわかります。会社計画と会社四季報予想との乖離率が大きい場合には、欄外に独自予想マークも出ます。また、前号（例えば12月発売の新春号の場合は9月発売の秋号を指します）から会社四季報予想が大きく変更されている場合には、欄外に上向きか下向きかの前号比修正矢印が出ます（原則として営業利益予想が対象）。

【業績】に掲載されている会社四季報予想の根拠を説明しているのが、19文字×9行でまとめられた記事欄前半にある**業績欄**です。予想数字と業績欄を併せてチェックすることで、その会社の業績動向がより詳しくわかります。

業績欄は原則として、進行中であるその期の業績（1期目）の動向

会社四季報予想を見る

●ヒューリック（3003）

【業績】(百万円)	売上高	営業利益	経常利益	純利益	1株益(円)	1株配(円)
連20.12	339,645	100,596	95,627	63,619	95.2	36
連21.12	447,077	114,507	109,581	69,564	101.1	39
連22.12	523,424	126,147	123,222	79,150	104.0	42
連23.12予	470,000	143,000	134,000	90,000	118.3	48
連24.12予	500,000	153,000	144,000	97,000	127.5	48~50
連23.1~6	183,950	66,650	62,200	44,117	58.0	23
連24.1~6予	195,000	73,000	69,000	49,000	64.4	23~24
連22.1~9	399,208	77,257	76,078	48,667	63.9	
連23.1~9	278,529	90,950	83,588	58,697	77.1	
会23.12予	470,000	143,000	134,000	90,000	(23.10.27発表)	

本決算の実績

本決算の会社四季報予想

第2四半期決算の実績と会社四季報予想

第1～3四半期決算の実績

本決算の**会社業績計画**

について書かれています。ただ、今期の決算期末が近い場合には「○年○月期は」という断り書きをして、来期の業績動向（2期目）について言及します。例えば、3月期決算会社の場合、3月に発売する『会社四季報』春号では、業績欄の半分以上が来期の記述になり、見出しも来期の業績予想を説明する形で付けています。

先ほど述べた変則決算についてでは、業績欄の冒頭で「9カ月変則決算」などとその期が変則決算期であることを明示するルールになっています。これは9カ月間の変則決算となっている期の業績を、それより3カ月長い12カ月間の事業の結果である通常の決算期と単純に比較することができないためです。同じ理由から、この場合は利益についても「営業増益」「営業減益」など、過去実績との増減を明示する表現は使わず、「営業益堅調」「利益高水準」などと記述することにしています。

▼業績欄は営業利益ベースで書かれている

ここで注意してほしいのは、**『会社四季報』の業績欄で記述される事業や業績の動向については営業利益の増減についての予想をベースにしている**ことです。営業利益は本業の稼ぐ力を端的に表します。そこで『会社四季報』では、主要セグメントごとの顧客数増減や販売の状況、原価、販売管理費などコスト要因の変化を踏まえて、この営業利益が前期、

最高益

『会社四季報』では、これまでの決算で利益が最も多い「最高益」と評価するかどうかについて純益を基準にしている。そのため、業績欄の見出しで【最高益】【連続最高益】とある場合は、純益が過去最高になると予想していることを示す内容の見出しになる

あるいは前号に比べて増えるのか減るのかをまとめています。業績欄で「利益続伸」「利益反落」などと、「営業（利）益」と明記されていない場合でも、基本的には営業利益予想についての説明をしています。

もちろん、営業外損益や特別損益、読者の関心が高い配当についても、動きがある場合には触れるようにしています。なお、『会社四季報』では、何をもって最高益と評価するかについては純利益を基準にしています。業績欄の本文では「最高純益」「最高純益連続更新」などと純益であることを示し、営業利益に関する記述と区別がつくように工夫しています。

会社を分析するうえでは、業績予想数値で利益の増減を見るだけでなく、その予想の背景を知ることが重要です。同じ増益でも、どの事業、どの商品が牽引役であるかによって今後の成長性が違ってくるからです。また、売上高が停滞していても、広告宣伝費や将来に

記者予想の裏付けを業績欄で解説

4307
(株)野《の》村《むら》総《そう》合《ごう》研《けん》究《きゅう》所《しょ》
【決算】3月
【設立】1966.1
【上場】2001.12

【特色】野村証券系SI。コンサル、システム開発・運用の一貫体制。顧客は金融機関と流通業が中心
【連結事業】コンサルティング7(26)、金融ITソリューション47(15)、産業ITソリューション39リ(9)、IT基盤サービス7(14)【海外】18 〈23・3〉

【好　調】柱の国内ITは金融向けが好採算の共通システム軸に好伸。製造業などのDX投資活発化も寄与。景況感悪い海外の低迷をかわし、連続営業増益。25年3月期は国内ITが牽引し好調続く。連続増配も。

【新社長】24年4月に柳沢常務執行役員が当社初の女性社長に就任、人的資本経営推進に意欲。DXの疑問に答える生成AIを提供へ。北米子会社2社は一体化進め改善。

【株主】㊥24,768名〈23.9〉 万株
野村ホールディング 11,090(18.6)
日本マスター信託口 7,055(11.8)
日本カストディ信託口 2,779(4.6)
日本生命保険 2,472(4.1)
自社グループ社員持株会 2,443(4.1)
野村プロパティーズ 2,093(3.5)
ステート・ストリート・バンク&トラスト505223 2,051(3.4)
全国共済農業協同連 1,343(2.2)
自社(自己株口) 877(1.4)
SSBTC・クライアント・オムニバス・アカウント 791(1.3)
〈外国〉36.4% 〈浮動株〉 2.6%
〈投信〉 7.4% 〈特定株〉55.7%
【役員】(会・社)此本臣吾 (副会)深美泰男 赤塚庸 (副社)江波戸謙 (取)安齋豪格 ⇨巻末
【連結】NRIネットコム, NRIセキュアテクノロジーズ

【株式】10/31 594,167千株
単位 100株 貸借
時価総額 24,628億円
【財務】〈◊23.9〉 百万円
総資産 861,482
自己資本 386,535
自己資本比率 44.9%
資本金 24,701
利益剰余金 345,423
有利子負債 232,622
【指標等】〈◊23.3〉
ROE 20.7% 予20.9%
ROA 9.1% 予 9.4%
調整1株益 128.9円
最高純益(23.3) 76,307
設備投資 585億 予580億
減価償却 450億 予520億
研究開発 49億 予 50億
【キャッシュフロー】 億円
営業CF 1,188(981)
投資CF ▲611(▲1,305)
財務CF ▲449(▲79)
現金同等物 1,292(1,156)

年月	【資本異動】	万株
20. 7	現物出資	64,078
21. 7	現物出資	61,069
22. 7	現物出資	61,135
23. 3	消却	59,365
23. 7	現物出資	59,416

東証P	高値	安値
01~21	**19580**(07)	**1295**(11)
22	5030(1)	2992(11)
23.1~11	4363(9)	2908(3)

	高値	安値	出来万株
23. 9	**4363**	3884	3,022
10	4007	**3620**	4,261
#11	4260	3959	2,116

【DOE】6.7%(3期平均6.8%)
【増減配回数】増9 減0 据1 無0
【四半期進捗率】3期平均48.5%
今期49.1%(+0.6pt)
【業種】SI・ソフトウェア開発
時価総額順位 2／272社
【比較会社】9613 NTTデG, 9719 SCSK, 3626 TIS

【業績】(百万円)	売上高	営業利益	税前利益	純利益	1株益(円)	1株配(円)
連19. 3*	501,243	71,442	72,409	50,931	72.1	30
連20. 3	528,873	83,178	84,528	69,276	109.4	32
連21. 3	550,490	86,502	86,022	68,120	113.8	36
◊22. 3	611,634	106,218	104,671	71,445	120.6	40
◊23. 3	692,165	111,832	108,499	76,307	128.9	45
◊24. 3予	740,000	121,000	119,000	80,700	140.3	50~54
◊25. 3予	780,000	130,000	128,000	87,000	151.3	54~60
◊23.4~9	362,065	58,865	57,539	37,662	64.1	24
◊24.4~9予	380,000	62,000	61,000	40,000	69.6	24~30
会24. 3予	735,000	120,000	118,000	80,000	(23.10.26発表)	

【配当】	配当金(円)
22. 3	21
22. 9	22
23. 3	23
23. 9	24
24. 3予	26~30
24. 9予	24~30
25. 3予	30
予想配当利回り	1.21%
1株純資産(円)〈◊23. 9〉	665.4 (674.4)

【本社】100-0004東京都千代田区大手町1-9-2 ☎03-5533-2111
【総合センター】木場, 横浜, 大阪
【データセンター】東京第一, 横浜第二, 大阪第二
【従業員】〈23.3〉連17,394名 単6,782名(40.6歳)[年]1,242万円
【証券】[上]東京P [幹](主)野村(副)三菱Uモル [名]三菱U信 [監]EY新日本
【銀行】みずほ, 三井住友, 三菱U, Wファーゴ
【仕入先】—
【販売先】野村ホールディングス

【業績】は、過去の実績と、今期と来期の2期の業績予想と、配当予想の数字を掲載。**下段には会社が公表する業績計画も併記している**

記事の前半（**業績欄**）では、業績予想の根拠となる、事業セグメントごとの販売動向や費用を解説

向けた投資といった経費の削減を通じて、何とか増益を確保しているケースもあります。

逆にいえば、減益であってもユーザーを増やすために先行投資として広告費を積極的に投入していたり、事業の成長加速を狙って人員の採用を前倒しで進めていたりと、将来に期待ができる前向きなものもあります。もちろん、単純に経営が不振に陥っての減益もありますので、会社業績の方向性を業績記事から読み取ってください。

『会社四季報』の記事では、限られた文字数で会社の業績・業容を言い表すため、重複を避けて冗長な表現を削り、やや見慣れない用語や言い回しを使うこともあります。慣れない読者にとっては一見、難しそうに見えるかもしれませんが、コツをつかめば判断材料のヒントを豊富に得ることができます。

また、**業績欄の記事を一目で把握するのに便利なのが、業績の勢いを一言に凝縮した見出しです。業績欄の見出し**には大きく分けると過去実績との比較、『会社四季報』前号に掲載した業績予想との比較、会社計画との比較という3つの評価軸があります。

▼業績欄の見出しは何を比較し、評価しているか

1つめの、会社の**過去実績との比較**には【大幅増益】や【反　発】【反　落】といった見出しがあります。【大幅増益】は、文字どおり前期と比べて営業利益が大幅に伸びるこ

と、【反　発】は前期がその前の期に比べて減益となったものの、今期は増益となることを示します。【反　落】は逆に、前期がその前の期（前々期）に比べて増益となったものの、今期は減益となることを示します。単なる増益、減益という表現だけでなく、どのような状況から増益、あるいは減益になるのかという、**過去と比較しての業績の推移を見出しでコンパクトに表現できるよう工夫**しています。

　2つめの**『会社四季報』前号との比較には、【増益幅拡大】や【下振れ】などがあります。今号の会社四季報予想の営業利益が、3カ月前に発売した前号の予想に対し増えたのか、減ったのか**を表しています。会社計画との比較ではなく、あくまで『会社四季報』の独自予想の前号比増減であることに注意してください。

　3つめの**会社計画との比較**には【独自増額】が挙げられます。記者が独自の予想をしていて、なおかつ会社計画との差が大きい場合に使っているため、予想にサプライズがあった場合には、株価へのプラス影響も期待できるでしょう。

業績欄の本文と見出しから事業や業績の見通しが把握できる

●ZOZO（3092）
2024年春号

【連続最高益】暖冬で重衣料の動き鈍いが、ヤフー経由順調。広告事業伸び営業増益。25年3月期もブランドからの商品供給増。休眠会員への販促強化効く。ヤフー経由も堅調。倉庫の賃料増こなし、最高純益。

純利益が過去最高になる予想であることを「最高純益」と説明し、見出しでも【連続最高益】と触れている

●キーコーヒー（2594）
2024年春号

【続　伸】家庭用は値上げ響き数量減。だが業務用は数量増え値上げも効く。営業増益。25年3月期は業務用増勢で家庭用底堅い。赤字の外食子会社売却も寄与。原材料高や光熱費高かわし利益続伸。連続増配か。

24年3月期の「営業増益」に続き、25年3月期も営業利益が勢いよく伸びることを「利益続伸」と表現している

●ライオン（4912）
2024年春号

【反転増】国内でハンドソープやや軟調。が、稼ぎ頭の口腔ケアが新製品効き販売拡大。海外はタイやマレーシアが牽引。原料高緩和や値上げ浸透効き採算改善。本社移転費もなく、4期ぶり営業増益。連続増配。

4期ぶりに営業増益の見込みで、前期の減益から今期は増益に転じることを【反転増】と見出しでも説明している

2

『会社四季報』の独自予想はこうして作られる

上場会社の多くは、年4回出す決算短信で、その期の業績計画を開示しています。この業績計画は、為替や景気動向などのマクロ経済環境に加え、予想される客数や客単価、納入先からの受注動向などを勘案して、合理的に立てられているはずです。

しかし、**実際の売り上げや利益は必ずしも会社計画の通りになるとは限りません**。会社が計画を作成してから事業環境が大きく変化することもありますし、そもそも計画が実際の状況に対して楽観的、あるいは悲観的すぎるというケースもあります。そこで『会社四季報』では、業界担当記者が定期的に社長や経理・財務担当役員といった経営幹部やIR（投資家向け広報）担当者に取材を行うなどして、その結果を踏まえて、**独自に今期、来期の業績予想数字を作成しています**。

▼会社四季報予想を作成するうえでの重要ポイント

『会社四季報』の記者はまず、決算短信や決算説明会資料、取材などによって、商品の販売単価や数量、受注状況、原材料価格や販促費、為替レートといった会社計画の前提条件を確認。同じ業界の競合他社への取材、マクロの経済環境なども含めて分析します。飲食や小売りの業界であれば月次の売上状況推移なども参考にしています。

また、期の途中であれば、直近の業績の通期計画に対する進捗率も予想を立てるのに重要な情報です。進捗率とは、通期計画の業績数値を100％とした場合に上期（第2四半期）や第3四半期時点で何％の進み具合かを示す数値です。

例えば通期計画で売上高が1000億円、営業利益は100億円と見通しを示している場合、上期実績が売上高500億円とすると進捗率50％、営業利益30億円で進捗率30％となります。このケースでは売上高の進捗率に対して営業利益の進捗率が低くなっているため、通期の営業利益計画を達成できるかどうかについて、第3四半期の状況がとても重要になってきます。

あるいは、上期の売上高が500億円で進捗率50％、営業利益は70億円で進捗率70％になった場合はどうでしょうか。先ほどの例とは逆に、通期計画の100億円よりも、実際には営業利益が多く出る可能性を考えておいてもよいでしょう。

ただ、忘れてならない点は、業態によって季節的な変動要因が存在するということです。建設業であれば、官公庁や多くの企業で年度末となる3月にビルなどの建築物が竣工する

進捗率

『会社四季報』は【業績】に本決算と第2四半期決算に加え、直近で第1・3四半期決算が発表されている際は、前年同期の四半期決算と合わせて2期分の実績を掲載しており、そこから計算することができる。また、「特集企画」として個別銘柄ページの左で四半期進捗率の数値を掲載することもある

ことが多く、3月期決算の企業では第3四半期（4〜12月）までの進捗は低い水準となることがあります。また、企業向け（ＢｔｏＢ）の業界では大型案件の計上、一般消費者向けの業界でも猛暑や降雪による特需などで進捗率が大きく変化するケースもあります。そのため、進捗率は過去の決算期および、その当時の状況と比較してみるのも重要なポイントといえるでしょう。会社四季報記者は業界特有の商慣習や突発的な数値の変化について取材を重ねたうえで、業績予想数値を立てています。

国内上場企業は発表している計画に対して、売上高が10％以上、営業利益・経常利益・純利益が30％以上変動する（上振れする、あるいは下振れする）見通しとなったときは、速やかに業績修正を発表するルールになっています。ただ、取材や分析を通じて、『会社四季報』の独自予想が会社による業績修正に先んじることは珍しくありません。投資家にとって先を読むための大きな武器となります。

なお、**会社計画には、その会社特有のクセ（傾向）があります**。毎号ではありませんが、『会社四季報』では定期的に、過去2期において会社が上方修正や下方修正を行った回数を集計しています。会社が発表した期初計画に対して、最終的に利益が上振れしたのか下振れしたのかを掲載しています。中には毎年のように上方修正している会社もあれば、下方修正を繰り返している会社もあります。

例えば電子部品メーカーA社をイメージしてみましょう。A社は納入先の電機メーカーが新発売したゲーム機が大ヒットしているので、今期は大幅な増収増益になる見込みです。しかし、A社自身が大儲けするという業績計画を開示してしまうと、納入先の電機メーカーから電子部品の仕入れ値について値下げを要求できる余地があると思われてしまうかもしれません。そこで値引きを恐れるA社は、期初時点であえて慎重な計画を発表するというケースがあります。

逆の例として競合と激しいシェア争いをしている食品会社B社をイメージしてください。B社は今期中に新商品の発売を計画しています。そこでB社の経営陣は、新商品が大ヒットすることを前提にした強気な会社計画を開示することで、話題づくりを仕掛け、社内を鼓舞しようとするかもしれません。また、経営危機に直面している一部の会社もあえて実情よりも楽観的な会社計画を開示し、対外的に「当社は大丈夫」とアピールしてくることもあります。

弱気な会社、強気な会社。それぞれの特徴とは？

弱気な計画を出す会社 （上方修正しやすい）	強気な計画を出す会社 （下方修正しやすい）
・原材料や部品などを作っている会社で、儲けすぎると納入先の目が気になる ・経営トップが経理畑出身で、下方修正の発表を避けたい ・為替変動が大きく先が読めないため、実勢より慎重にレートを設定している	・最終消費財を作っていて、強気の販売目標を設定することで社内の士気を高めたい ・経営トップが営業畑出身で、強気な計画を出したがる ・業績が悪化している会社が、裏付けなく利益急回復の計画を出すケースも

▼「独自予想マーク」の見方と活用法

こうしたことから、『会社四季報』の記者は、会社発表をそのまま鵜呑みにして誌面に掲載することはしません。会社への取材を通じて、会社側の計画に対する根拠や説明に十分合理性があると考えた場合は、会社四季報予想として会社計画の数字を採用します。この場合、会社の業績計画と会社四季報予想は一致します。しかし、**会社側の業績計画の前提条件やその説明が実際の事業の進捗や市場環境と食い違っていると判断した場合などは、『会社四季報』は会社計画と異なる独自予想を掲載します。**

ここで注目してほしいのが欄外の会社比マークです。これは会社の業績計画に対して、会社四季報予想が強気か、弱気かを表すもので、2014年の秋号から掲載しています。直近の営業利益予想を対象に、『会社四季報』が会社計画より強気で30%以上乖離しているときは「😊😊大幅強気」、3%以上30%未満の乖離や、営業損益ゼロの会社に対して黒字予想としているケースなどは「😊会社比強気」と表しています。逆に『会社四季報』が会社計画より弱気で、30%以上乖離しているときは「😣😣大幅弱気」、3%以上30%未満の乖離や、営業損益ゼロの会社計画に対して赤字予想としている場合は「😣会社比弱気」を表しています。

材料出尽くしや利益確定の売り

材料出尽くしの売りは、株の値上がり要因となる好材料がいったん出尽くしたと見られて、株が売られること。利益確定売りは、買った株が値上がりした際に売却することで含み益を実現化し、利益を確定させること。利食い売りとも言われる

『会社四季報』2024年春号では掲載会社3935社のうち110社に😊😊大幅強気、653社に😊会社比強気、217社に😣会社比弱気、108社に😣😣大幅弱気マークが付きました（合計1088社）。会社計画を発表している会社のうち、およそ3割の会社で会社四季報予想と会社計画に3％以上の乖離があったことになります。

投資家の目線でいえば、『会社四季報』で独自増額している「😊😊大幅強気」「😊会社比強気」はお宝銘柄の候補といえるでしょう。ただし、好業績の見通しが株価にすでに織り込まれている場合は、上方修正の発表で材料出尽くしや利益確定の売りが出て、株価が下落するケースもあるので注意が必要です。

会社四季報予想の強気度を示す😊マーク
—会社四季報営業利益予想と会社営業利益予想の乖離率—

＋30％	**大幅強気** 😊😊	・乖離率が30％以上
＋3％	**会社比強気** 😊	・乖離率が3％以上30％未満 ・会社予想がゼロで会社四季報予想が黒字 ・会社予想が赤字で会社四季報予想がゼロ
▲3％	**会社比弱気** 😣	・乖離率が▲3％以上▲30％未満 ・会社予想がゼロで会社四季報予想が赤字 ・会社予想が黒字で会社四季報予想がゼロ
▲30％	**大幅弱気** 😣😣	・乖離率が▲30％以上

（注）銀行・保険や、会社四季報営業利益予想または会社営業利益予想のない会社は経常利益もしくは税引前利益で算出している

3 発売は年に4回！　各号の賢い使い方

『会社四季報』は3月、6月、9月、12月の年4回発売され、毎号で活用すべきポイントが変わります。上場会社の約6割を占める3月期決算企業を例に見ていきましょう。

6月発売の「夏号」は、5月までに出そろった前期の本決算の実績を基に、今期決算の見通しを解説する号です。前期の本決算発表日に今期の会社業績計画も発表されるため、記者は取材を通じてその計画が楽観的なのか、慎重な見通しなのかなどを吟味して、前期実績との比較を中心に記事をまとめます。

9月発売の「秋号」では、第1四半期（4〜6月）決算の実績を踏まえ、為替や市況などの前提条件に変化はないか、会社計画に狂いが生じていないかを確認。期初からのスタートダッシュに成功して想定以上に勢いがある会社、逆に出だしでつまずいて挽回が難しい会社などがあれば、**独自予想に反映**します。

12月発売の「新春号」は第2四半期（7〜9月）決算までの実績がベースとなる号です。事業年度の折り返し地点を過ぎて、通期計画に対する達成見通しがはっきりとしてきます。記者の腕の見せ所で、独自の増額、減額予想が目立ちます。こうしたことから新春号は、**サプライズが最も多い号**といえます。

3月発売の「春号」は、第3四半期（10〜12月）決算までの実績を踏まえた号です。今期の終わりが近づき、来期の動向に関心が高まるタイミングです。記者の視点も来期に移り、業績欄のコメントは半分以上が来期に関するものとなります。**見出しも来期の業績についての内容となりますので、次の1年を先取りするには打ってつけ**です。

こうした各号の注目ポイントを理解することが、有望企業やサプライズ銘柄を探し出す近道になります。

『会社四季報』の注目ポイントは毎号変わる！

3月期決算企業の例

春号（3月発売）

今3月期の着地が見えてきたこともあり、**記者の視点は来3月期に移ります**。業績記事の半分以上は来期、見出しも来期が対象となります

【業績】

連22.3	前期実績
連23.3予	『会社四季報』の今期予想
連24.3予	『会社四季報』の来期予想
連22.4-12	
会23.3予	会社の今期予想

ここの増減に注目

夏号（6月発売）

前3月期実績が出そろったタイミングの最初の号。前期までの実績と比較した今期予想の増減、勢いについて記事で解説しています

【業績】

連23.3	前期実績
連24.3予	『会社四季報』の今期予想
連25.3予	
会24.3予	会社の今期予想

ここの増減に注目

秋号（9月発売）

発表された4〜6月期の第1四半期実績や為替や市況などの前提条件を踏まえて、記者が**前号の期初予想を見直します**

【業績】

連23.3	前期実績
連24.3予	『会社四季報』の今期予想
連25.3予	
連23.4-6	
会24.3予	会社の今期予想

ここの差に注目

新春号（12月発売）

発表された4〜9月期の第2四半期実績を記者が精査し、『会社四季報』独自の「増額」「減額」が目立ちます。**年間で最もサプライズ銘柄が多い号**です

【業績】

連23.3	前期実績
連24.3予	『会社四季報』の今期予想
連25.3予	
連22.4-9中	
会24.3予	会社の今期予想

ここの差に注目

4 損益計算書のツボを押さえよう

【業績】欄の売上高、営業利益、経常利益、純利益、1株益、1株配の6つの項目は、企業の経営成績を示す財務諸表である損益計算書の記載に沿って見ていくと理解しやすいでしょう。

まず、会社の1年間の収益状況を示す損益計算書で、いちばん上に位置するのが売上高です。**売上高は企業が商品やサービスを提供して稼いだ金額の合計額です。会社が儲かっているかどうかを示すのは利益ですが、まず売上高がなければ利益は生み出せません。**売上高の減少が続く中で、人件費などのコスト削減を進めて何とか利益を確保していたとしても、いずれ限界が来てしまいます。売上高を伸ばすことこそが、成長の原動力なのです。

ただ、経営状況の説明に売上高以外の用語を使う会社や業種もあります。例えば、フランチャイズ（FC）の加盟店舗からの収入が多いコンビニエンスストア運営会社などは**自社の売上高と加盟店舗から得る収入を合算して「営業総収入」**としています。

また、一般の事業会社と収益構造が異なる金融業界でも、証券、消費者金融、信販、リ

営業総収入
『会社四季報』の【業績】欄では「営業収入」と表記

ース、商品先物などの業種は「営業収益」、銀行や生命保険会社、損害保険会社などは「経常収益」を売上高に相当する項目として使用しています。

なお、生保の【業績】にある「保険料等」は契約者から払い込まれた保険料や再保険料で、生保の収益の大半を占めています。損保の「正味保険料」は損保が自社で引き受けた危険に対する保険料で、損保事業の最終的な売上高を示しています。いずれも業績を見るうえで重要な項目なので、経常収益とともに掲載しています。

そのほか、ホームセンター運営会社では本業であるホームセンター事業の商品販売などで得られた金額を売上高、所有する不動産の賃料収入を営業収入と呼び、その合計額を営業収益としているケースもあります。

もちろん、売上高を懸命に伸ばしても、事業の採

損益計算書の仕組み

売上高　**売上数量×販売単価が基本**

－ 売上原価

売上総利益（粗利益）　**製品やサービスの販売そのものからの儲け**

－ 販売費および一般管理費

営業利益　**本業の儲けを示す、基本ともいえる利益**

＋ 営業外収益＝受取利息・配当金、持分法投資利益、為替差益等
－ 営業外費用＝支払利息、持分法投資損失、為替差損等

経常利益　**本業以外の損益も含めた企業グループ全体の利益**

＋ 特別利益＝土地・投資有価証券売却益、関係会社株式売却益等
－ 特別損失＝土地・投資有価証券売却損、減損損失、子会社関連損失等
－ 法人税等

純利益　**「当期利益」「最終利益」とも呼ぶ**

算が悪ければ儲からないばかりか、赤字に陥ってしまう危険性さえあります。**会社の業績を判断する際は、売上高の伸びと同時に、利益の動きを見る**必要があります。

『会社四季報』の【業績】を見ると、売上高の後に、3つの利益が並んでいます。次節から詳しく見ていきますが、簡単にそれぞれの利益の持つ意味と関係を説明します。

売上高から売上原価を引いたものが売上総利益で、粗利益ともいわれます。売上総利益は【業績】には掲載していませんが、重要な項目の1つですので、業績欄の記事で、その動向について言及しているケースもあります。

売上原価は材料費や仕入れ費用など販売した製品やサービスを生み出すために直接かかった費用のことで、売上総利益は粗利益の別称からもわかるように、企業の大雑把な収益の状況をつかむことができる利益です。製品の原価が高いなどの理由で売上総利益をしっかり確保できていないと、そのほかのコストを抑えても収益性を高めることが難しくなってしまいます。

▼本業の儲けである営業利益を最も重視

『会社四季報』の【業績】で売上高の次に記載されている営業利益は、売上総利益から販管費（営業スタッフの人件費や広告宣伝費などの販売費および、管理部門の人件費などの一般管理費）を引いたものです。**営業利益は本業での儲けを示す利益で、会社の軸となる部分の実力がどのようなものかを端的に示すものとして『会社四季報』では各利益の中で最も重視**しています。

業績欄の記事や見出しは原則として、営業利益がどうなるかの予想や、営業利益に影響を与える事象に焦点を当てて記述しています。多くの会社は事業部門（セグメント）ごとに売上高や営業利益を開示していますので、どの事業が会社の儲けの柱になっているのか、あるいは足を引っ張っているのかがわかります。

経常利益は、営業利益に営業外収支を加えたものです。営業外収支には受取利息や支払利息などの金融収支、為替差損益、持分法投資損益などが含まれます。このため、経常利益は持分法会社を含めた企業グループ全体の儲けを表しているといえます。

経常利益に、臨時的な損益である特別損益を加えて、法人税や税効果相当額などを調整したものが**純利益**です。当期利益や最終利益とも呼ばれます。**業績欄の見出しで【最高益】【最高益更新】などとあるのは、この純利益が過去最高**になることを意味しています。これまでの最高純益は【指標等】欄に掲載されています。前述したように、『会社四季報』では営業利益を最も重視していますが、純利益も重要度が高い利益項目です。

▼純利益は損益計算書と貸借対照表をつなぐ

損益計算書は期初から期末までの1年間の経営成績を表します。それに対して、もう一つの重要な財務諸表である貸借対照表（ＢＳ：Balance Sheet）は、期末時点の財産の状態を表します。純利益は、前期末の貸借対照表と当期末の貸借対照表をつなぐ役割を担っています。**当期の純利益は利益剰余金として前期末の自己資本にプラスされ、株主価値を増加**させます。反対に、純利益が赤字に陥ると自己資本が減り、株主価値が毀損してしまいます。

当期純利益が大きければ、それだけ通常の配当において原資となる利益剰余金が膨らみ、増配への期待も高まるため、投資家にとっても非常に重要な利益といえます。

例えば、ある会社で主力事業が振るわず、営業利益が前期比減益になったとしましょう。それでも保有株の売却などで多額の特別利益が計上され、純利益が大幅増益となった場合には、配当原資が増えるため増配期待もあり得る、という投資家からの期待が一定程度、寄せられることになります。

会社の資本効率を表す代表的な指標としてＲＯＥも非常に重視されています。ＲＯＥ（Return On Equity：自己資本利益率）は純利益を自己資本で割って算出します。ＲＯＥが

１株益

１株当たり利益や１株当たり純利益、EPS（Earnings Per Share）と表記されることも多い

低い会社は、株主から集めた資本を効率的に運用できていないことになるので、収益向上策や積極的な株主還元策が求められます。

また、【業績】には、純利益を発行済み株式数で割った1株益も掲載されています。1株益は投資指標として重要なPER（Price Earnings Ratio：株価収益率）や、その年度の配当水準の目安となる配当性向の計算に用いられます。

そのため、営業利益が増益なのに純利益が減益になるなど、営業利益と純利益で業績の方向が異なる場合には、業績記事を掲載する業績欄の記述の中で、特別損益の有無や増減とその理由について言及している場合があります。

貸借対照表（BS）と損益計算書（PL）の関係

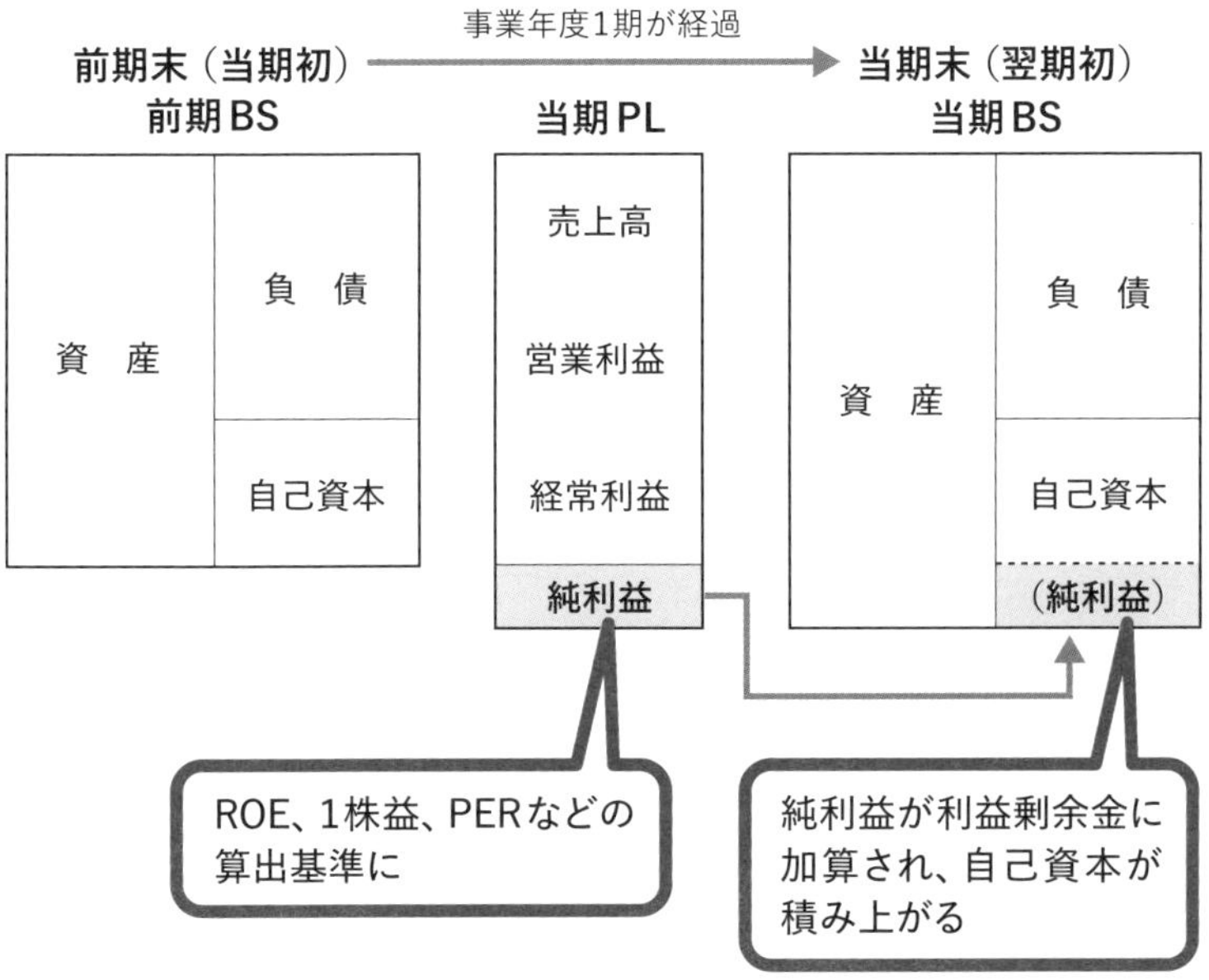

5 業績欄をもう一歩深く読み込もう

第4節で述べたように、『会社四季報』では営業利益を最も重視しています。なぜかというと、営業利益は会社が本業で稼ぐ力を示していて、会社の実力を端的に表すものだからです。そうした考えの下、業績欄の見出しや記事は基本的に今期あるいは来期の営業利益の増減予想や、その要因となる事業の状況について分析し、説明しています。

業績欄では事業の状況について解説した後、通常は営業利益ベースで「……営業増益」などと利益の増減について結論を示しています。時には「……利益伸長」と、利益の種類を省略することもありますが、その場合も基本的には営業利益についてです。

▼営業利益の重要ポイントは伸び率と営業利益率

営業利益を見るうえで重要なポイントが2つあります。1つは前期からの伸び率、もう1つは売上高に対する営業利益の比率です。

前期からの営業利益の伸び率を営業増益率といいます。【業績】には前期実績も掲載されていますので、今期の予想営業利益が前期からどれくらい伸びるのか、あるいは減少するのかを見てみましょう。営業増益率が高い会社ほど、本業の儲けが増えていることになります。もっとも、営業利益の額が1億円など利益水準の小さい会社の場合は、利益額がそれほど変動しなくても増減率としては大きくなることがあります。

営業利益を売上高で割った数値を売上高営業利益率、または単に営業利益率といいます。**営業利益率が高い会社は、製品やサービスの競争力が高いなどの理由で、本業で儲ける力に優れている**ということになります。例えば、システム開発・運営などを手がけるシステムインテグレーター（ＳＩｅｒ）大手の野村総合研究所（４３０７）の営業利益率は16％程度と業界内で高水準ですし、さらにオービック（４６８４）の約60％には驚かされます。

営業利益率が過去に比べて改善しているのかは、その会社の収益力や競争力を測るうえで重要なポイントです。業種によって営業利益率の平均的な水準は違ってきますので、同業他社と比較してみるのがおすすめです。

【業績】はまず営業利益を基本に考えよう

●オービック（4684）

【業績】(百万円)	売上高	営業利益	経常利益	純利益	1株益(円)	1株配(円)	【配当】	配当金(円)
連19. 3	74,163	37,939	41,927	32,223	362.3	135	22. 3	122.5
連20. 3	80,488	43,238	46,012					110
連21. 3	83,862	48,077	52,600					140
連22. 3	89,476	54,135	60,17					130
連23. 3	100,167	62,490	[illegible]					130~150
連24. 3予	112,000	71,500	79,000					130~140
連25. 3予	124,000	80,000	86,500					140~150
連23.4~9	55,334	35,381	40,062				[illegible]	1.17%
連24.4~9予	61,000	[illegible]	43,000	31,000	349.6	130~140	1株純資産(円)<連23. 9>	
会24. 3予	111						4,144	(3,697)

営業利益を売上高で割って求める**売上高営業利益率**は競争力の高さを示す

オービックの営業利益率は**約60%**と、システムインテグレーター業界の中でひときわ高い

▼営業利益とは、売上高から各種コストを引いたもの

営業利益は、売上高から売上原価および販売費・一般管理費という費用（コスト）を差し引いて算出します。

少し詳しくいうと、製品・サービスの単価×販売数量で求められる売上高から売上原価を引いたものが売上総利益（粗利益）で、売上総利益から販売費・一般管理費を引いたものが営業利益となります。売上高が伸びていて、費用が横ばい、または減っていれば営業利益は増えていきます。

売上原価には、製品やサービスを製造・提供するための原材料費、人件費（労務費、外注費）、減価償却費などが含まれます。工場の建物や機械などへの設備投資は、減価償却費という形で、その耐用年数に応じて毎期、費用として計上されます。大型の設備投資を行って減価償却費が膨らむ一方、それに見合う売り上げがなければ利益が悪化しやすくなります。

売上原価を見るうえでは、在庫にも注意してください。売上原価として計上されるのは、その期に売り上げた製品やサービス、商品に対応する分だけです。そのため、製造した製品や仕入れた商品が在庫として積み上がると、その分売上原価が減り、売上総利益が膨ら

【指標等】

設備投資等の予定額は会社からの回答に基づくため、無回答の場合は「‥」

みます。貸借対照表で、在庫が過去に比べて膨らんでいないか確認するとよいでしょう。

　売上総利益から差し引く**販売費**には、広告宣伝費や販売促進費、営業店舗の運営コスト、製品や商品の輸送費などが含まれます。広告宣伝費や販促費を削ると一時的に営業利益は高まりますが、顧客獲得のペースが落ちてその後伸び悩むこともあります。**一般管理費**は主に管理部門の人件費などです。本社の建物などの減価償却費や、新製品の研究開発費も一般管理費として計上されます（研究開発費は製造原価として計上されることもあります）。

　製造原価や一般管理費に影響する減価償却費、研究開発費の実績と予定額や、将来の減価償却費の増減に関係する設備投資の実績と予定額については、【指標等】に記載しています。ただ、予定額については会社からの回答に基づくので、無回答の場合は「‥」となっています。

　経常利益は、営業利益に営業外収支を加えて算出します。営業外収支は、営業外収益と営業外費用の差です。

売上高から差し引く費用は多種多様

売上高
−
原価
＝
売上総利益
−
一般管理費
販売費
＝
営業利益

原価：原材料費、商品の仕入れ原価、製品の製造原価、労務費、光熱費、外注費、減価償却費…

一般管理費：間接部門（総務など）の人件費、家賃、光熱費、外注費、減価償却費、研究開発費（研究部門の人件費、研究設備の減価償却費など）…

販売費：営業所の家賃、販売・営業スタッフの人件費、販売手数料、広告宣伝費、発送・運送費…

●東京都競馬（9672）

【上向く】柱のネット投票は会員数増で好調。だが減価償却費や委託費負担増で営業益軟調。増配。24年12月期はネット投票順調。サマーランド高水準を維持。委託費増が一巡し、営業益反発。耐震工事特損ない。

減価償却費や委託費の増減が営業利益に影響。減価償却費の実績と予定は【指標等】に掲載

▼経常利益は本業＋本業以外の儲け

営業外収益には預貯金などから得られる受取利息や受取配当金、為替差益（為替の変動によって発生する差益）などが含まれます。営業外費用には借入金の支払利息や為替差損などが入ります。いずれも、本業以外に関わる収益や費用です。例えば会社が自社ビルを保有し、空きスペースを賃貸するような場合、受取賃貸料は営業外収益に計上されます。つまり**経常利益は、営業利益が示す本業の儲けに、財務活動などその他の事業活動から得られる儲けを加えて、その会社が通常行っている事業で稼ぐ利益を表します**。

経常利益には、**持分法適用の関連会社の損益も反映**されます。

企業グループには子会社と関連会社の2種類があります。**子会社**は、親会社が議決権のある株式の50%超を保有している会社、もしくは50%以下であっても役員を派遣するなどして実質的に支配している会社です。連結決算では、子会社は原則としてすべて連結され、売上高や営業利益から決算に反映されます。**持分法適用の関連会社**は議決権のある株式の20%以上を保有している会社、もしくは20%未満でも実質的に影響力を及ぼしている会社です。関連会社については、「持分法による投資損益」として、関連会社の当期純利益のうち出資比率分だけ営業外に計上します。

為替差益や為替差損

前期や今期に発生した為替差益や為替差損が来期は計上されない前提で予想数字を算出している場合、『会社四季報』では「為替差益（差損）見込まず」と業績欄で説明している例えば、**京成電鉄（9009）はディズニーリゾートを運営するオリエンタルランド（4661）を持分法適用会社**にしています。**京成電鉄の経常利益が営業利益に比べて大きく膨らんでいるのはそのため**です。

『会社四季報』の業績欄の記事では、持分法による投資損益について、必要に応じて「営業増益続く。持分益拡大」「営業益反発。持分益減」などと、営業利益の増減に続いて経常利益への影響について説明を加えることがあります。

同じように、外貨建て債権債務の取引時と決済時とで円と外貨の為替レートが変動したり、外貨建ての資産・負債を円換算した際に営業外に計上される為替差益や為替差損についても、業績への影響度が大きければ「（営業外に）為替差益」「為替差益縮小」などと記事で説明を加えています。このように、経常利益を見ることで、グループの損益状況を把握することができます。

純利益は、その決算期に会社の手元に残った利益です。**当期利益、最終利益とも**いいます。本章4節で述べたように、純利益は貸借対照表と損益計算書をつなぐ仲介役であり、自己資本（＝株主価値）を増減させ

経常利益でグループの損益状況を確認

●京成電鉄（9009）

【業績】(百万円)	売上高	営業利益	経常利益	純利益	1株益(円)	1株配(円)
連19. 3	261,553	31,608	50,720	38,6	[illegible]	[illegible]
連20. 3	274,796	28,320	41,705	30,1	[illegible]	[illegible]
連21. 3	207,761	▲18,056	▲32,165	▲30	[illegible]	[illegible]
連22. 3	214,157	▲5,201	▲3,191	[illegible]	[illegible]	[illegible]
連23. 3	252,338	10,228	26,764	26,9	[illegible]	[illegible]
連24. 3予	300,000	25,000	47,200	37,8	[illegible]	[illegible]
連25. 3予	316,000	28,000	[illegible]	41,000	244.8	26~30
連23.4~9	147,949	15,250	[illegible]	21,092	125.9	13
連24.4~9予	160,000	15,50	[illegible]	[illegible]	[illegible]	[illegible]
会24. 3予	300,000	25,00	[illegible]	[illegible]	[illegible]	[illegible]

持分法適用関連会社の業績は持分法投資損益として営業外に反映される

京成電鉄はディズニーリゾートを運営するオリエンタルランドを持分法適用会社にしている

るので、会社を分析するためには重要な利益項目です。

経常利益に特別損益（特別利益と特別損失）を加減したものが税金等調整前当期純利益（税引前当期純利益、税前利益）です。ここから「法人税、住民税および事業税」と税効果会計により生じる「法人税等調整額」を差し引くと当期純利益となります。連結決算の場合、この当期純利益から、連結子会社の少数株主に帰属する利益を控除して「親会社株主に帰属する当期純利益」を算出します。

▼純利益に影響を与える特別損益をチェック

『会社四季報』では臨時（＝特別）に発生した損益である特別損益について、「特益」「特損」と略して、営業損益や営業外収支に関する説明の後に「土地売却特益」「固定資産廃棄特損」などと記述します。最近では資本効率改善などの目的でグループ内や取引先の会社との持ち合い株（政策保有株）を売却する動きが盛んです。保有株売却による特別利益を計上する会社も多く、業績欄で「投資有価証券売却特益」や「有証売却特益」と説明します。

特別損失には減損損失も含まれます。会社が貸借対照表に計上する資産は将来生み出す収益を反映して資産価値を算出します。もし何らかの要因で、将来の収益力が減退してし

「特益」「特損」

前期や今期に発生した特別利益や特別損失がその後の期に計上されず、業績に影響を与える場合は業績欄に「特益剥落」「特損消滅」などと記述している

親会社株主に帰属する当期純利益

『会社四季報』では純利益というとき、この当期純利益を指す

まったら、その**価値の下落相当分を損失として認識すると同時に、貸借対照表上の資産価格を減額しなければならないと考えるのが減損処理**です。

企業買収に伴って発生する、のれんも同様です。のれんは会社のブランド力など見えない資産の対価で、会計上は買収額のうち相手企業の純資産額を上回る部分を指します。買収会社の収益力が低下した場合には**のれんも減損処理**をします。

税引前当期純利益から、法人税等を引いたものが純利益となります。実効税率は30％程度ですので、残りの70％程度が純利益として残るはずです。ただ、ここに税効果会計が関係してくることがあります。税効果会計は、企業会計と税務会計のズレを調整するものですが、ここでは繰延税金資産について押さえておきましょう。繰延税金資産は将来、税負担が減額されるであろう額を資産計上するもので、実質的に法人税等の先払い額に相当します。会社の業績が悪化し、将来に利益を上げる見通しが立たなくなると、**これまで計上してきた繰延税金資産を取り崩さなければならない**ことがあります。その場合は、**法人税等調整額が増えて、純利益を押し下げる**要因になり、『会社四季報』では「繰税資産取り崩し」と触れることがあります。反対に、**業績好転により繰延税金資産を計上して法人税等調整額が▲（マイナス）となり、純利益が膨らむ場合**は、業績欄に「繰税資産計上」と記述します。

減損

「減損特損」「のれん減損」などと業績欄に記述。前期や今期に発生した減損がなくなる場合は「減損ない」「減損消える」などとする

「四季報アップデート」で発売後の変化をフォローする

紙の『会社四季報』は3カ月ごとに発行していますが、経済情勢の変化などによって、次号の発売までに業績予想の前提が大きく変わってしまうことがあります。『会社四季報オンライン』では、最新の業績状況を2つの方法でアップデートしています。

1つ目は、**担当記者が執筆する「四季報アップデート」**です。企業が業績予想の修正を発表した場合や、外部環境が変化した場合に、前号の会社四季報予想からどのように予想数字を変更したのかをお伝えしています。中には、企業が業績予想を修正する前に業績の変化を感じ取り、独自に予想を修正する場合もあります。

業績予想数値は毎週木曜に更新

2つ目が、**毎週木曜早朝にまとめて更新している業績予想数値の変更**です（水曜が祝日の場合は翌営業日）。個別銘柄ページの通常の業績表の下の「業績予想更新」欄に新たな業績表が追加されます。変更がない場合は「四季報発売後に業績予想の変更はありません」と表示されています。

業績予想がどの程度修正されたかは、「最新号比修正率」でわかります。具体的には、（最新の東洋経済今期営業益予想）÷（紙版の『会社四季報』最新号に掲載されている今期営業益予想）を%で表示しています。

毎週木曜のお昼には、直近1週間で今期の業績予想を更新した企業を一覧にまとめた記事「業績予想更新銘柄」を配信しています。トップページの「新着記事」から「業績予想更新一覧」をクリックすると、最新の記事を確認できます。

紙版の発売後に業績予想が変わることも

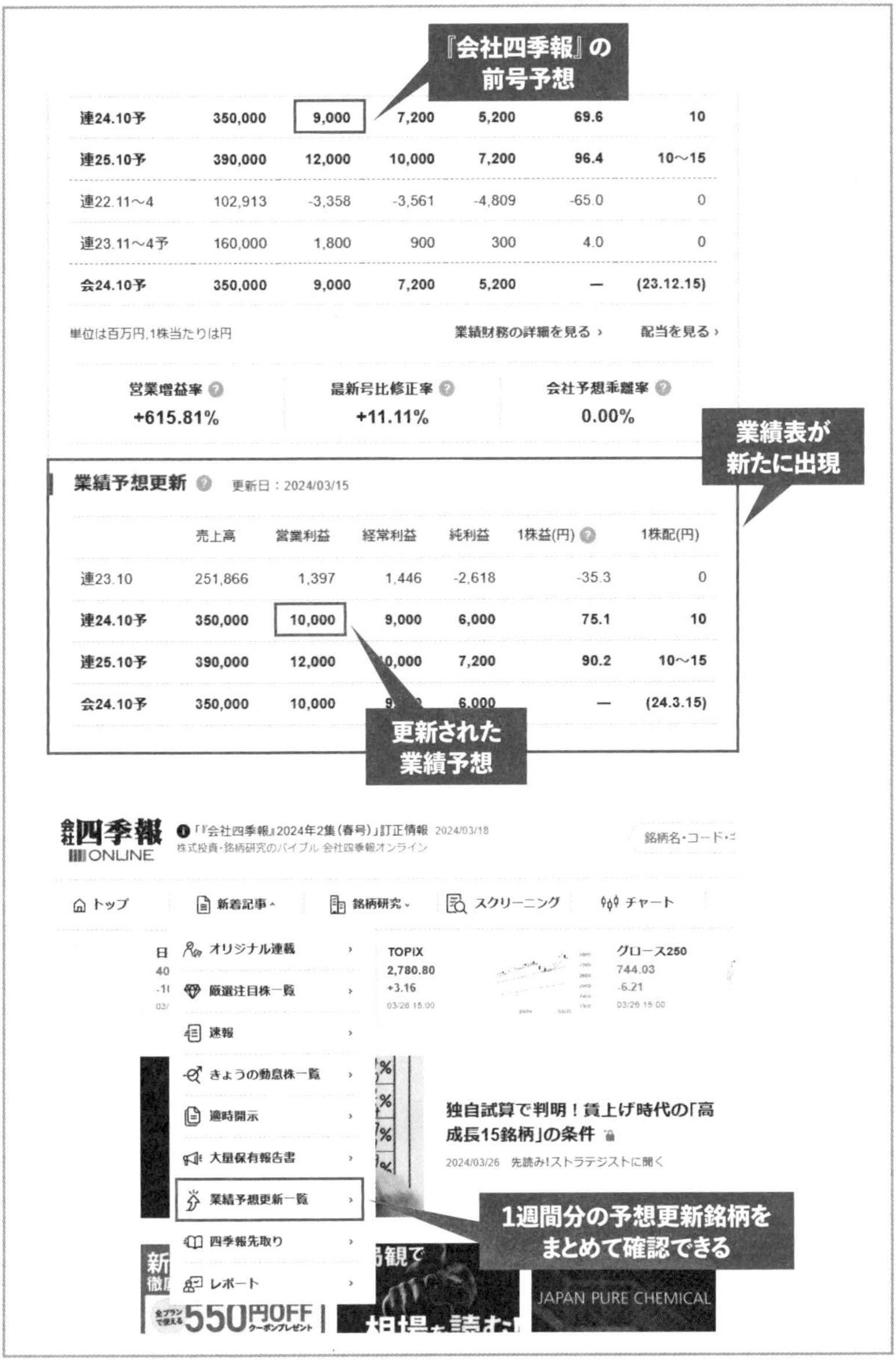

連24.10予	350,000	9,000	7,200	5,200	69.6	10
連25.10予	390,000	12,000	10,000	7,200	96.4	10〜15
連22.11〜4	102,913	-3,358	-3,561	-4,809	-65.0	0
連23.11〜4予	160,000	1,800	900	300	4.0	0
会24.10予	350,000	9,000	7,200	5,200	—	(23.12.15)

単位は百万円,1株当たりは円　業績財務の詳細を見る ›　配当を見る ›

営業増益率	最新号比修正率	会社予想乖離率
+615.81%	+11.11%	0.00%

業績予想更新　更新日：2024/03/15

	売上高	営業利益	経常利益	純利益	1株益(円)	1株配(円)
連23.10	251,866	1,397	1,446	-2,618	-35.3	0
連24.10予	350,000	10,000	9,000	6,000	75.1	10
連25.10予	390,000	12,000	[illegible]0,000	7,200	90.2	10〜15
会24.10予	350,000	10,000	[illegible]	6,000	—	(24.3.15)

6 見出しで業績の方向感を瞬時に把握

『会社四季報』で最も注目されるのは業績予想と、予想数字の根拠を簡潔に説明している記事コメント前半の業績欄ですが、その**業績欄を読む際にまず確認してほしいのが、冒頭に付けられた見出し**です。その会社の**業績の方向感を一言で言い表しており**、効率よく有望な銘柄を見つけるのにも役立ちます。

83ページに掲載したのは、2020年秋号と2024年新春号でどんな見出しが多く使われたかを集計した『会社四季報』巻頭の見出しランキングです。

2020年秋号の刊行は同年9月。新型コロナウイルスの感染拡大で大混乱し、世界的に経済が収縮して企業業績も軒並み悪化した時期でした。このときの『会社四季報』で多く使用された見出しを見ると、【反　落】【続　落】【減　額】【下振れ】【赤字転落】【大幅減益】など、業績悪化を示す単語が上位に並びました。

一方、2024年新春号では【続　伸】【上振れ】【上向く】【最高益】【好　転】【増　額】など、ポジティブな見出しが上位の大半を占めました。コロナの収束に加え、円安による輸出企業の採算改善、原材料やエネルギー高騰を受けた価格転嫁の浸透などにより、幅広い業種で企業業績が元気を取り戻したためです。

▼「前期比」と「前号比」が見出しの基準

ではここから、『会社四季報』の見出しについて、具体的な説明に入ります。**業績欄の見出しは原則として、本業の儲けを示す営業利益が今期どうなるかという視点で考えられています**。見出しの付け方には大きく2つの基準があります。まず1つ目は**前期との比較**を捉えた見出しです。

今期予想の増益率が大きければ、【大幅増益】【拡　大】【快　走】【好　調】などの見出しが付けられ、より勢いが感じられる場合には、【飛　躍】【急　進】【絶好調】【伸び盛り】といった見出しが候補として考えられます。

前期とあまり変化がない予想ならば、【横ばい（圏）】

見出しランキングで企業業績のトレンドをつかもう

順位	2020年秋号	
1	反　落	146
2	続　落	139
3	減益幅縮小	134
4	減　額	115
5	下振れ	103
6	減益幅拡大	94
〃	赤字転落	94
8	大幅減益	80
9	後　退	76
10	増　額	72
11	反　発	68
12	横ばい	63
13	上振れ	59
14	独自増額	53
15	赤字拡大	52

2020年9月発売の2020年秋号では、コロナ禍で企業業績が悪化し、業績欄にはネガティブな見出しが多かった

順位	2024年新春号	
1	続　伸	181
2	上振れ	171
3	上向く	156
4	下振れ	135
5	最高益	117
6	好　転	97
7	増　額	95
〃	増　配	95
〃	反　落	95
10	連続増配	85
11	反　発	80
12	連続最高益	66
13	横ばい	63
14	大幅増益	62
15	快　走	61

2023年12月発売の2024年新春号はポジティブな見出しが多く、コロナ禍の収束で企業業績が復調したことがわかる

【前期並み】【足踏み】といった見出しが付くでしょう。横ばいだとしても、例えば前期が最高益で同じくらいの利益水準が続くなら、決してネガティブとはいえません。このため、見出しも【高水準】【高　原】【高水準続く】といったポジティブなニュアンスのものが候補になります。

なお、『会社四季報』では最高益かどうかについて、純利益を基準に判断することにしています。そのため、業績欄では原則的には営業利益の見通しについて見出しを付けるのですが、【最高益】【連続最高益】【最高益圏】という見出しに関しては、純利益の予想について説明しています。

見出しを付ける際には、前期との比較に加えて、もう1つの基準が存在します。それは**前号予想との比較**です。株式市場は新しい情報に敏感に反応します。最新の業績予想が市場のコンセンサスを上回ったり下回ったりすれば株価が大きく動くこともあり、前号からの変化は重要な意味を持つのです。このため、**『会社四季報』には前号予想からの変化に着目した見出しも多く載っています**。前号より予想が上方修正されて前期比の増益幅が拡大すると、【上振れ】【増　額】【増益幅拡大】といった見出しが付きます。

【独自増額】は会社側が数字を変えていないけれども、『会社四季報』が独自に数字を上げたことを強調した見出しです。【減益幅縮小】は、前号と同様に減益予想ではあるけれども、前号想定よりは利益が上振れして、前号比で減益幅が縮むことを意味します。【一転増益】は、前号では減益予想だったのが増益予想に変わった場合に付く見出しです。

▼似た表現にもニュアンスの違い

最後に『会社四季報』でよく見かける見出しのニュアンスの違いについて説明します。

【改　善】【上向く】【好　転】【反　発】【回　復】……。これらはいずれも「前期が減益で今期予想が増益」の企業に付く見出しです。どれも同じ意味に感じられるかもしれませんが、実はニュアンス的に微妙な違いがあって、『会社四季報』では執筆・編集時にこれらの単語を意識して使い分けています。

【改　善】【上向く】は単に前期比で利益が

プラスイメージの見出しに注目

		プラスイメージ		中立的	マイナスイメージ	
前期・過去実績との比較	利益が対象	【絶好調】＊【連続最高益】 【飛　躍】＊【最高益】 【続　伸】【急　伸】 【連続増益】【大幅増益】 【急拡大】【V字回復】 【急回復】【急反発】	【好　調】【順　調】 【高水準】【堅　調】 【微増益】【小幅増益】 【好　転】【復　調】 【黒字化】【浮　上】	【踊り場】【足踏み】 【前期並み】【横ばい】	【微減益】【小幅増益】 【軟　調】【反　落】 【下　降】	【大幅減益】【急反落】 【急　落】【急悪化】 【続　落】【水面下】 【赤字転落】【赤字続く】 【大赤字】
	配当が対象	【連続増配】 【増　配】 【増配か】 【復配か】	【記念配】 【復配も】 【増配も】		【無配も】 【減配も】	【無配か】 【減配か】 【無　配】 【減　配】 【無配続く】
『会社四季報』前号との比較	利益が対象	【独自増額】 【大幅増額】 【増　額】 【増益幅拡大】 【上振れ】	【一転黒字】 【減益幅縮小】		【増益幅縮小】 【下振れ】	【減　額】 【減益幅拡大】 【大幅減額】 【一転赤字】 【赤字幅拡大】

（注）「＊」を付けた【連続最高益】【最高益】は純利益を対象とした見出し。そのほかは原則として営業利益が対象

増えることを表現した見出しです。そこまでポジティブな見出しではなく、低調だった状態から多少よくなる程度のケースで使うことが多いです。【好　転】【反　発】はそれよりも改善度合いが強いニュアンスを込めた表現で、【回　復】は以前の利益水準に近づくぐらいの改善度合いのときに使うことが多い見出しです。改善度合いのニュアンスがより明確に伝わるよう、【小幅改善】【大幅改善】【小反発】【急反発】【大幅回復】【急回復】【V字回復】など、なるべく程度を表す単語を付けて使うようにしています。

また、**【堅　調】と【好　調】もニュアンスに違いがあります**。【堅　調】は安定的に推移して前期より多少よい、例年に比べても悪くないぐらいの感じで、【好　調】はもっと強めの「よい」というニュアンスで使っています。

こうしたニュアンスの違いも含め、『会社四季報』は見出しを読んだだけで、その会社の業績の方向感がわかるよう工夫しています。

『会社四季報』を長年使いこなしている株式投資家の中には、最新号の発売日当日に業績欄の見出しを総チェックして、値上がりが期待できそうな勢いがある銘柄を探すという方が多くいます。見出しを上手に活用することで、効率的に銘柄をピックアップすることができます。

業績欄の見出しはバリエーション豊か

会社は業績見通しを変更していないが、『会社四季報』は営業利益予想を前号より増額している

3549 (株)クスリのアオキホールディングス

【特色】北陸最大手のドラッグストア。生鮮含めた食品と調剤併設に強み。16年に持株会社体制へ移行
【連結事業】ヘルス11、ビューティ14、ライフ19、フード45、調剤11
【決算】5.20【設立】2016.6【上場】2016.11

【独自増額】店舗純増65(前期77)。生鮮導入奏功し好調な食品が牽引。調剤の処方箋枚数増えて粗利積み上がる。光熱費高騰も想定以下で営業増益幅拡大。営業外の補助金収入が大幅減。店舗減損減る。連続増配。

〈23・5〉

●クスリのアオキホールディングス（3549）

『会社四季報』前号では営業減益予想だったが、増益予想に上振れ

2112 塩《えん》水《すい》港《こう》精《せい》糖《とう》

【特色】砂糖はパールエース印。東洋精糖やフジ日本精糖と共同生産。オリゴ糖に注力、甜菜関連商品も
【連結事業】砂糖93(5)、バイオ6(24)、他0(46)
【決算】3月【設立】1950.7【上場】1961.10

【一転増益】主力の砂糖が累積値上げの効果大。オリゴ糖伸長。粗糖・乳糖など原料高こなす。前号から一転、4期ぶりの営業増益に。25年3月期は砂糖復調、バイオ続伸。連続増益。営業外の一過性の配当金消える。

〈23・3〉

●塩水港精糖（2112）

前期比減益であることは『会社四季報』前号と同じだが、前号より営業利益予想が上振れ

6135 (株)牧野《まきの》フライス製作所《せいさくしょ》

【特色】工作機械上位。金型・部品や航空機向けマシニングセンタ(MC)が柱。先端志向の技術に強み
【連結事業】マシニングセンタ65、放電加工機13、フライス盤0、他21【海外】83
【決算】3月【設立】1951.5【上場】1964.7

【減益幅縮小】工作機械はアジアで設備投資軟調。が、国内が値上げ効果発現で回復。円安の追い風もあり前号から営業減益幅縮小。会社為替想定は1㌦約130円。25年3月期は欧米で売価改善、航空機伸長。

〈23・3〉

●牧野フライス製作所（6135）

大幅減益だった前期から今期予想は利益水準が急激に改善

5233 太平洋《たいへいよう》セメント

【特色】セメント首位。米国、アジア展開。骨材、建材等多角化。石炭灰、汚泥、産廃等の再利用も収益源
【連結事業】セメント67(▲3)、資源8(7)、環境9(8)、建材・建築土木8(3)、他8(6)【海外】39
【決算】3月【設立】1881.5【上場】1949.5

【急反発】セメントは想定超の数量減を値上げ効果で補う。米国は滑り出し軟調だが回復早く、下期値上げ浸透や製造原価低減も効く。資源・建材は堅調。営業外為替差益。中国子会社撤退損ない。税平常化。25年3月期は米国の旺盛なセメント需要追い風。

〈23・3〉

●太平洋セメント（5233）

「見出し」で簡単に有望銘柄を探せる

『会社四季報オンライン』の記事情報やデータ量は膨大です。**素早く有望銘柄を見つけるために、業績欄や材料欄の見出しに注目する**方法があります。

見出しは業績予想や記事の内容を短い言葉で端的に表現しています。左図は業績欄でよく使われる見出しをポジティブイメージとネガティブイメージに分類した表です。サイトの「銘柄研究」の中にある「四季報見出し検索」をクリックすると見ることができます。

見出しの右横の**カッコ内の数字は、『会社四季報』最新号でその見出しが使われている銘柄の数**を示しています。また、表内の見出しをクリックすると、その見出しが使われている銘柄や業績欄の内容、今期経常増益率などの指標が一覧で表示されます。

見出しにその会社の状況が表現されている

注目したい見出しの1つが【独自増額】です。増額とは、今期業績の予想数字が3カ月前に発売した前号での予想より増えていて、しかも会社計画とは異なる会社四季報独自の予想数字であることを意味します。期中の業績見通しの上方修正が株価にプラス影響を与えることはしばしばあります。

純利益が過去最高ということを示す【連続最高益】【最高益】という見出しも、その企業の好調ぶりを示しています。足元で連続して最高益を更新している会社は安心感があります。久しぶりの最高益更新を見込んでいる場合は、その会社にパラダイムシフトが起きている可能性が高く、ポジティブな変化が期待できそうです。

最新号の見出しを集計

	ポジティブイメージ			
実績との比較	【連続最高益】(122) 【最高益更新】(26) 【最高益】(119) 【続　伸】(191) 【増　勢】(71) 【成長続く】(4) 【連続増益】(61) 【増益続く】(65) 【絶好調】(5) 【好　調】(31) 【大幅増益】(73) 【高水準】(19) 【連続増配】(179) 【快　走】(66) 【加　速】(4)	【増益基調】(7) 【着実増】(19) 【着　実】(14) 【順　調】(34) 【堅　調】(60) 【前　進】(4) 【伸　長】(30) 【小幅増益】(68) 【営業増益】(5) 【微増益】(29) 【回復軌道】(1)	【好　転】(94) 【上向く】(178) 【急改善】(12) 【V字回復】(9) 【急回復】(20) 【急浮上】(5) 【回　復】(16) 【急反発】(22) 【好反発】(10) 【反　発】(94) 【反転増】(28) 【復　調】(52) 【改　善】(39)	【小反発】(37) 【持ち直す】(4) 【底打ち】(10) 【底入れ】(7) 【底離れ】(0) 【戻り歩調】(1) 【回復基調】(5) 【浮　上】(68) 【赤字縮小】(13) 【黒字化】(71) 【黒字復帰】(41) 【復　配】(6) 【増　配】(163)
前号との比較	【増益幅拡大】(6) 【大幅増額】(4) 【独自増額】(28)	【減益幅縮小】(12) 【上振れ】(49) 【再増額】(7)	【一転増益】(9) 【一転黒字】(2) 【増　額】(33)	【赤字幅縮小】(1) 【後半挽回】(3)

【増　配】などの見出しをクリックすると、その見出しを採用した『会社四季報』の記事が一覧できる

	ネガティブイメージ			
実績との比較	【大幅赤字】(1) 【赤字転落】(2) 【連続赤字】(14) 【続　落】(71) 【苦戦続く】(1) 【連続減益】(29) 【減益続く】(20) 【大赤字】(2) 【赤字続く】(31) 【大幅減益】(29) 【赤　字】(11) 【急降下】(8) 【赤字拡大】(8)	【後　退】(27) 【低　迷】(1) 【急反落】(14) 【水面下】(18) 【一歩後退】(10) 【赤字残る】(15) 【底ばい】(3) 【ゼロ圏】(13) 【小幅減益】(53) 【小幅赤字】(2) 【微減益】(13)	【均衡圏】(14) 【停　滞】(14) 【反　落】(154) 【急　落】(28) 【下　降】(0) 【反動減】(4) 【横ばい】(83) 【横ばい圏】(69) 【軟　調】(34) 【低　調】(5) 【低水準】(4) 【苦　戦】(3)	【回復途上】(6) 【回復鈍い】(3) 【足踏み】(34) 【一　服】(17) 【頭打ち】(1) 【踊り場】(16) 【費用先行】(6) 【先行投資】(3) 【費用増】(37) 【特需剥落】(0) 【剥　落】(4) 【無　配】(7) 【減　配】(39)
前号との比較	【減益幅拡大】(0) 【大幅減額】(4) 【赤字幅拡大】(3)	【増益幅縮小】(6) 【下振れ】(29) 【再減額】(0)	【一転減益】(21) 【一転赤字】(6) 【減　額】(6)	【減　速】(1) 【後半減速】(1)

7 『会社四季報』は配当も独自に予想

『会社四季報』では取材をベースに、記者が配当も独自に予想しています。会社が前期と同額の配当計画を発表している場合でも、**業績動向や配当政策などを勘案し、「増配」「減配」の可能性があると記者が判断すれば、レンジをつけるなど独自に配当を予想**しています。会社の配当計画は、株主に対して約束した数字という性格が強いため、その期の終わり近くなるまで計画を修正しないことも多いのです。

図にあるヤオコー（８２７９）の場合、会社側は前期比で営業利益横ばいの通期業績計画を変えておらず、配当計画も前期の85円から据え置く方針。これに対して、『会社四季報』では業績が上振れし、配当も増配になる可能性があるとみて85〜90円のレンジ予想としています。同社の場合、通期決算発表時に増配を発表することが多く、『会社四季報』はその可能性を先取りして予想しているといえます。

『会社四季報』２０２４年新春号は、ジャパニアス（９５５８）の２０２３年11月期の会社配当計画71円に対して増額含みの71〜73円のレンジ予想をしていたところ、『会社四季

配当政策に大きな変更

中期経営計画で発表されることも多く、大きな株価上昇のきっかけになることも。PBR1倍割れの企業は東証から是正要請を受けており、思い切った還元策を打ち出すケースも目立っている

レンジ予想

「20～25」などレンジでの配当予想の場合、配当利回りは下限（この場合は20円）で算出している。上限での利回りも上限配当額を株価で割れば簡単に算出できる

報』発売日の大引け後に会社側が業績見通しを修正し、配当も77円に増額。翌日の株価は前日終値から10％を超す急反発となりました。前期からの増配や期初計画からの配当増額は株価上昇のきっかけにもなるので、安いところで仕込んで先回りしたいところです。

最近では、**東証による市場改革や低ＰＢＲ是正要請もあり、積極的な株主還元方針に転換し、大幅な増配に踏み切る会社も増えています**。新ＮＩＳＡ始動による個人の長期投資志向が高まる中、安定して配当を出す企業にも人気が集まっています。

このため、１株益に対する１株当たり配当金の比率である配当性向だけでなく、配当と自己株買いの合計額を当期純利益で割る総還元性向をメドとして示す会社も増えています。例えば、総還元性向のメドを打ち出して、増配は維持しながら、自己株買いなどで残りを埋めるといった還元策です。明確な配当性向のメドを掲げる会社の場合、業績が会社計画から上振れると、基本的に配当も引き上げられることになります。

また、特別損失などで純利益が最終減益になっても減配にならな

『会社四季報』独自のレンジ予想も多い

1株配（円）は株式分割などを調整した後の年間配当の総額。ここで増配か減配か確認できる。ヤオコーの場合、会社計画は85円配だが、『会社四季報』では増配の可能性をみてレンジ予想にしている

増配の可能性があることを記事でも触れている

●ヤオコー（8279）

【業績】(百万円)	売上高	営業利益	経常利益	純利益	1株益(円)	1株配(円)	【配当】	配当金(円)
連19. 3	435,085	17,900	17,488	11,798	303.9	60	22. 3	43.75
連20. 3	460,476	19,882	19,629	12,458	320.9	65	22. 9	40
連21. 3	507,862	22,458	22,211	14,593	375.8	[illegible]5.5記	23. 3	45
連22. 3	536,025	24,081	23,290	15,382	396.1	80	23. 9	42.5
連23. 3	564,487	26,235	25,597	15,849	408.0	85	24. 3予	42.5~47.5
連24. 3予	**611,000**	**30,000**	**29,300**	**18,000**	**463.3**	**85~90**	**24. 9予**	**45~47.5**
連25. 3予	**625,000**	**31,000**	**30,300**	**18,500**	**476.1**	**90~95**	**25. 3予**	**45~47.5**
連23.4~9	304,957	19,447	19,358	13,680	352.1	42.5	予想配当利回り	1.06%
連24.4~9予	**310,000**	**20,000**	**19,900**	**14,000**	**360.3**	**45~47.5**	1株[illegible](円)〈連23. 9〉	
会24. 3予	**574,000**	**26,300**	**25,600**	**16,000**	（23.5.10発表）		3[illegible]53	（3,645）

今期配当予想の下限である85円を掲載時株価8025円で割って算出。高成長を続けており高配当でも1％台と人気株であることがわかる

【連続最高益】 純増6店（前期同7）。生鮮価格維持で客数好調。一方、加工食品中心に価格転嫁進む。客単価伸び、既存店が想定超。粗利率も維持。下期中心に改装費用等かさむが、前号比で増益幅拡大。増配か。25年3月期も値上げ効果、新規客開拓進む。

いように、「累進配当」を掲げて減配はしない宣言をする企業も増えています。株主資本に対する配当の比率であるDOE（株主資本配当率）のメドを設定する会社も増えていますが、純利益と違って期ごとの増減が小さい株主資本を使うことで減配にしないようにする手段といえます。

このような株主還元方針の変更など、**会社の配当政策に大きな変更があった場合、記事の後半部分にあたる材料欄で説明**することがあります。

▼株主還元に積極的で利回りの高い会社は

増配は1株当たりの配当金を増やすことです。【業績】の「1株配（円）」は株式分割などを調整した後の年間配当額なので、ここで増配が続いているかを確認しましょう。かつては安定配当重視で、業績変動に関係なく配当を変えない会社が多かった日本ですが、いまや株主還元策として配当性向の引き上げや積極的に増配を行う会社が目立っています。

高配当銘柄を探す場合に見るべきなのが「予想配当利回り」です。予想配当金を株価で割って算出するもので、業績欄の右側に記載されています。これを見ると、配当の観点から株価が割安なのかがわかります。**高利回りなら、多少の悪材料が出ても、一定水準で株価下落に歯止めがかかります**。配当金が変わらず株価だけが下がれば、相対的に予想配当

調整した数字

株式分割なら分割で株数が増えるので、1株当たり配当が少なくなる。一方、株式併合の場合は株数が減るので、1株当たり配当は増える。ただ、どちらも既存株主にとっては、実質の増減はないため、【業績】では調整後の数字を入れて、前期などとの比較がしやすいようにしている

高利回り

配当利回りが6%を超すような銘柄は、株価がそれだけ低く、市場で不人気ということ。何らかのリスクを見て安くなっていることが多いので注意が必要。増配が見込まれるケースなら、市場がまだ織り込んでいない可能性もあるので、狙い目となることもある

利回りが上昇し、投資妙味が増すからです。また、来期予想が増配の可能性も見込む増配含みなら、現在の株価から見て来期の配当利回りはさらに高まることになります。ちなみに『会社四季報』では、幅のあるレンジでの配当予想の場合は、下限額で配当利回りを算出しています。

なお、高配当利回り株は配当を受け取りたいと考える人が多いため、権利付き最終売買日に向けて株価が上がる傾向があります。その反面、配当を受け取る権利がなくなる「権利落ち」で急落するケースが多く、配当を取らずに高値時に売却する短期志向の投資家も存在します。配当利回りで注意すべき点は、特別配当や記念配当など、その期だけ配当が膨らみ利回りが高くなるケースがあることです。今期だけでなく来期の配当予想にも目を配りたいところです。

▼増配記録は止められない!?

『会社四季報』では毎号さまざまな特集を用意しています。配

増配が続く高利回り銘柄も少なくない

●みずほフィナンシャルグループ（8411）

配当に関連した特集が定期的に掲載されている。【増減配回数】では、配当に対する姿勢がうかがえる。みずほFGは、過去10期で増配4回、据え置き6回、減配はしていない

【DOE】2.4%(3期平均2.2%)
【増減配回数】増4 減0 据6 無0

【業績】(百万円)	経常収益	業務純益	経常利益	純利益	1株益(円)	1株配(円)	【配当】	配当金(円)
連21. 3*	3,218,095	797,731	536,306	471,020	185.8	75	22. 3	40
連22. 3	3,963,091	851,259	559,847	530,479	209.3	80	22. 9	42.5
連23. 3	5,778,772	805,296	789,606	555,527	219.2	85	23. 3	42.5
連24. 3予	6,200,000	900,000	880,000	640,000	252.5	100	23. 9	50
連25. 3予	6,300,000	940,000	920,000	660,000	260.4	100~105	24. 3予	50
連23.4~9	4,244,507	536,060	574,093	415,753	164.0	50	24. 9予	50~52.5
連24.4~9予	4,300,000	540,000	580,000	418,000	164.9	50~52.5	25. 3予	50~52.5
会24. 3予	‥	‥	‥	640,000	(23.11.13発表)		予想配当利回り	3.88%

注)資金,資産は連結ベース。融資,不良債権は2行合算。総資金利ザヤはみずほ銀行

1株純資産(円)<連23. 9>
3,778 (3,604)

増配が続いているのか、今後の予想も含めてチェックしたい。みずほFGは連続増配中であることがわかる

株価に対する配当の割合。配当利回り3%超えは、配当の面から見てなお割安といわれる株価水準だ

当に関連したものも少なくありません。例えば、新春号などに掲載している「増減配回数」も活用したいデータです。過去10期分の、増配、減配、据置、無配の回数を掲載しているので、その企業が減配をしない会社なのか、増配が多い会社なのかなど、会社の配当への考え方がわかります。

増減配回数では「増10」の会社も少なからず存在します。10期以上にわたり連続増配中ということですが、日本でいちばん増配を続けている企業は花王（4452）です。『会社四季報』2024年新春号では、2023年12月期まで34期連続増配。また、中古車オークションのユー・エス・エス（4732）、自動車用補修部品のSPK（7466）も2024年3月期まで26期連続で増配の見込みとなっています。三菱HCキャピタル（8593）、小林製薬（4967）も長期にわたり増配を続けている会社です。ライバルが増配を続けるなら、わが社も止められないという判断が働くのか、リース業界など特定の業界に連続増配企業が集中している点も面白いところでしょう。

長期にわたって増配を続ける会社もある

●『会社四季報』2024年新春号時点での連続増配期間と利回り

コード	社名	連続増配年数	配当利回り
4452	花王	34	2.64
4732	ユー・エス・エス	26	2.51
7466	SPK	26	2.73
8593	三菱HCキャピタル	25	3.79
4967	小林製薬	25	1.40
8566	リコーリース	24	3.21

花王は長期にわたって増配を続けていることで知られている会社だ

（注）花王と小林製薬は2023年12月期まで、そのほかは2024年3月期までが対象で、『会社四季報』2024年新春号での予想に基づく。配当利回りを算出した株価は2023年11月27日

▼2つの配当数字の意味

配当の実績と予想は、【業績】と【配当】の2カ所に記載があります。【業績】の「1株配（円）」は、「1株益」と同様、株式分割などがあった場合には、配当の増減を時系列で比較できるように、その影響を調整した数字を記載しています。調整したときは当該決算期の左に＊を付けます。それに対して【配当】は、基準年月時点で1株に対して実際に受け取る配当金の実額を掲載しています。

下図の三菱商事（8058）は、期中に株式分割の発表があったケースです。前期に180円配を行い、今期中に1株を3株へ株式分割するので、上期は分割前の105円、下期は3分割後の35円という実額を【配当】に記載。【業績】の「1株配（円）」では前期との比較がしやすい＊の付いた調整後の数字が載ります。

なお、配当は決算期末にまとめて実施するだけでなく、中間期と期末の年2回実施する会社や、光通信（9435）のように、四半期決算ごとに実施する会社もあります。

株式分割などがあった場合は調整後の配当金額も記載

●三菱商事（8058）

年月【資本異動】		万株
81.10	無1：0.1	126,918
84.11	無1：0.1	140,378
08. 3	交換	169,419
23.12割	分1→3	431,248
24. 1	消却	405,448

分1→3は、株式3分割の意味。右の株数も約3倍になることが多い。年月の右の「割」は割当日、実際に株数が増える「効力発生日」は年月のみ表示

【業績】(百万円)	営業収益	営業利益	税前利益	純利益	1株益(円)	1株配(円)	【配当】	配当金(円)
◊19. 3	16,103,763	584,728	851,813	590,737	372.4	125	[illegible]	79
◊20. 3	14,779,734	366,299	648,864	535,353	348.5	132	[illegible]. 9	77
◊21. 3	12,884,521	84,915	253,527	172,550	116.9	[illegible]	23. 3	103
◊22. 3	17,264,828	759,463	1,293,116	937,529	635.1	[illegible]	23. 9	105
◊23. 3	21,571,973	1,092,186	1,680,631	1,180,694	809.3	180	24. 3予	35
◊24. 3＊予	18,900,000	880,000	1,349,000	950,000	702.9	＊210	24. 9予	35~37
◊25. 3＊予	18,660,000	858,800	1,328,000	930,000	688.1	＊210~225	25. 3予	35~38
◊23.4~9	9,561,011	411,192	674,186	466,076	330.1	105	予想配当利回り	2.99%
◊24.4~9＊予	9,700,000	485,000	660,000	455,000	336.7	＊105~111	1株純資産(円)<◊23. 9>	
会24. 3予	‥	‥	‥	950,000	(23.11.2発表)		6,301	(5,649)

1株配（円）は株式分割などを調整した後の年間配当の総額。＊は調整した数字の意味。連続性が保たれているので、増配か減配かがわかる

【配当】は実際に1株当たりで受け取ることができる金額を表示。四半期配当にも対応している

8 IFRSのクセも知っておこう

上場会社は、会計基準と呼ばれるルールに基づいて財務諸表を作成します。現在、上場企業で用いられている会計基準には、**日本会計基準、米国会計基準（SEC基準）、国際財務報告基準（IFRS）の3種類**があります。

【業績】欄で「24・3」などとある決算期の左を見てみましょう。**「連」「単」は日本基準、「◎」はSEC基準、「◇」「□」はIFRS**を示しています。97ページの図表TDK（6762）は2023年3月期からIFRSを適用していることがわかります。

SEC基準は、米国の株式市場に上場する会社が米国証券取引法を根拠に、原則的に適用を求められる会計基準です。かつては世界標準に近い基準とされ、米国に上場する日本企業を中心に適用が目立ちました。ただ、現在ではIFRSに移行する会社が増えています。

経済のグローバル化に伴い、世界的な統一会計基準が求められ、欧州発で国際会計基準審議会（IASB）により作成されたのがIFRSです。日本でその任意適用が始まったのは2010年。日本取引所グループによれば、2024年2月現在、IFRSを適用している会社は267社、適用を決定した会社は11社で、合計278社です。適用会社には時価総額の大きな企業が多く、株式投資をするうえでは無視できなくなっています。

IFRSの損益計算書では、営業損益の表示が義務ではありません。そのため**同じIFRS適用会社であっても、営業利益の意味する内容が違うこと**があります。98ページの図表は、日本基準からIFRSへの組み替えの一例です。日本基準では特別利益に入ることの多い事業売却益が営業損益段階で入ることがありますし、日本基準では経常損益に入る為替差益も営業損益に入ることがあります。

経常利益や特別損益といった概念もありません。そこで『会社四季報』の【業績】欄の経常利益では、代わりに税引前利益を掲載しています。

IFRSの特徴は「原則主義」。日本基準が、詳細に規定

外国人投資家が好む大企業のIFRS適用が増えている

●TDK（6762）

【業績】(百万円)	売上高	営業利益	税前利益	純利益	1株益(円)	1株配(円)
◎19. 3*	1,381,806	107,823	115,554	82,205	217.0	53.3
◎20. 3*	1,363,037	97,870	95,876	57,780	152.5	60
◎21. 3*	1,479,008	111,535	121,904	79,340	209.4	60
◎22. 3*	1,902,124	166,665	234,185	183,632	484.5	78.3
◇23. 3	2,180,817	168,827	167,219	114,187	301.2	106
◇24. 3予	2,052,500	165,000	165,000	115,500	304.5	116
◇25. 3予	2,100,000	170,000	170,000	119,000	313.7	116~122
◇23.4[illegible]	1,059,711	85,548	80,242	54,188	142.9	58
◇24.4~[illegible]	1,100,000	90,000	90,000	60,000	158.2	58~61
会24. 3予	[illegible]70,000	150,000	150,000	105,000	(23.8.2発表)	

【株主】㊚26,686名〈23.9〉　万株
日本マスター信託口　10,457(26.8)
日本カストディ信託口　5,450(14.0)
自社(自己株口)　944(2.4)
ステートストリートBウエストトリーティ505234　778(2.0)
SSBTCクライアント　739(1.9)
HSBC(香港)TSアジアンED　574(1.4)
JPMC385781　489(1.2)
BBHグローバルXリチウム&バッテリーテックETF　408(1.0)
CBNYデポジタリSH　397(1.0)
ノルウェー政府　374(0.9)
〈外国〉40.6%〈浮動株〉3.4%
〈投信〉28.3%〈特定株〉53.0%
【役員】(代取)齋藤昇 山西哲司 (会)石黒成直 (取)佐藤茂樹 中山こずゑ* ⇨巻末
【連結】TDKエレクトロニクスファクトリーズ, TDKラムダ

TDKは2022年3月期までSEC基準（◎で表記）、2023年3月期からIFRS適用（◇で表記）となっている

IFRS適用会社は外国人投資家の関心の高い会社が多い。TDKも株主の外国人比率が4割を占める

（ルール）を設ける「細則主義」であるのに対して、ＩＦＲＳは原理原則を明確にして会計基準が作られています。適用会社は、その原則に従い自ら会計処理の妥当性を判断し、その理由やプロセスを公表します。

では、ＩＦＲＳ適用のメリットは何でしょうか。海外で積極的に事業展開を行っている会社では、**国際的な会計基準を適用し、いまや売買の約6割を占める外国人投資家の評価を高める**ことができれば、その投資資金を引きつけることによる株価上昇を期待できます。国際的な資金調達もスムーズです。**海外会社を含めグループで会計基準を統一することで経営管理も効率化**しやすくなります。

また、ＳＥＣ基準と同じく、ＩＦＲＳではのれんの定期償却は認められておらず、必要に応じて減損処理を行います。**のれん償却が目先の減益要因にならないため、M&Aを積極的に展開しやすく**なります。

日本会計基準からIFRSへの組み替え例（損益計算書）

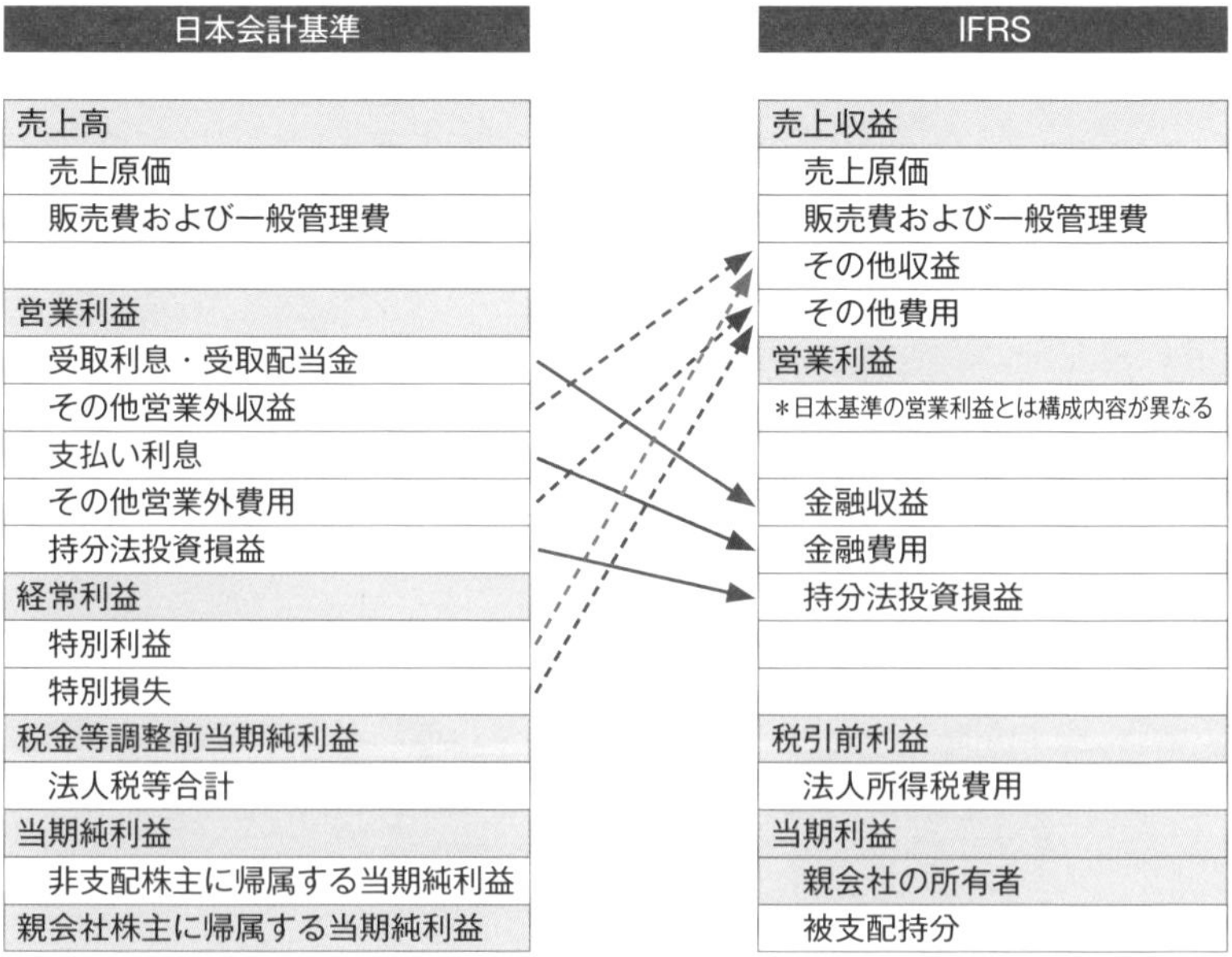

（注）売り上げの純額表示や、のれんの非償却、損益計算書の組み替えなど日本基準との違いに注意

例えば、総額6兆円を投じたアイルランドのシャイアー社買収で注目された武田薬品工業（4502）、英アーム社買収のソフトバンクグループ（9984）は、いずれも買収時にIFRS適用済みでした。英ギャラハー社買収でのれん費用が重かったJT（2914）は2012年3月期にIFRS移行、その後も買収を継続しています。

ただし、買収した会社が思うような利益を上げられなければ、のれんの減損処理を迫られるリスクがあります。図のディー・エヌ・エー（2432）は減損テストでのれん減損などを計上、営業赤字に転落しました。

▼損益計算書の構成が会社ごとにまちまち

IFRS適用会社の業績を見るうえでは、いくつか注意すべき点があります。

IFRSでは営業利益の表示が義務ではなく、同じ営業利益でも中身が会社によって異なることがあります。営業利益とは違う

ディー・エヌ・エーはのれん減損で赤字転落

●ディー・エヌ・エー（2432）

【業績】(百万円)	売上高	営業利益	税前利益	純利益	1株益(円)	1株配(円)
◇20. 3	121,387	▲45,676	▲40,235	▲49,166	▲352.5	20
◇21. 3	136,971	22,495	31,259	25,630	207.5	32
◇22. 3	130,868	11,462	29,419	30,532	256.5	39
◇23. 3	134,914	4,202	13,595	8,857	76.8	20
◇24. 3予	140,000	▲28,000	▲30,000	▲30,000	▲269.4	20
◇25. 3予	145,000	9,000	8,000	5,600	50.3	20
◇23.4~9	75,147	4,801	10,110	7,402	66.5	0
◇24.4~9予	77,000	5,000	5,000	3,500	31.4	0
◇22.4~12	101,395	5,056	11,949	7,287	62.5	
◇23.4~1	104,149	▲27,626	▲29,795	▲31,233	▲280.5	

【急浮上】スポーツは着実。が、ゲームの収益悪化で、のれん減損など巨額減損発生。一転、大幅赤字に転落。25年3月期はスポーツは堅調持続、健康医療領域も先行投資一服し上向く。コスト抑制でゲーム改善。減損消えて営業黒字急浮上。持分損縮小。

2024年3月期はIFRSに基づく減損テスト実施で、155億円ののれん減損など総額276億円の減損を計上し、営業赤字に転落

IFRS適用会社だけにのれん減損で一気に営業赤字に転落することもある

利益項目を独自に立てている会社もあります。

１０１ページの図表ＡＧＣ（５２０１）では、売上高から売上原価、販売費および一般管理費を引き、持分法投資損益を加味した利益を営業利益としています。そして、その他の収益・費用を加減した利益を「事業利益」として表示しています。一方、ＮＥＣ（６７０１）は売上高から売上原価と販管費を引き、その他の損益を加減した利益を営業利益とし、持分法投資損益については、営業利益の後で反映させています。住友商事（８０５３）のように、損益計算書にそもそも営業利益という項目を立てていない会社もあります。

そのため、日本基準の会社だけでなく、同じＩＦＲＳを適用する会社と営業利益を比較する際にも、損益計算書を見比べて、どの利益項目にどのような収益や費用が含まれているかを検討する必要があります。純利益であれば大きな差がないので、ＰＥＲやＲＯＥの比較は基本的に可能です。

『会社四季報』の【業績】では、なるべく他社との比較が可能なように、税引前利益から利息・配当金などの金融損益を足し戻した利益を算出し、それを営業利益として掲載することがあります。ＡＧＣはそのケースに該当し、【業績】の営業利益は同社が決算短信で公表している営業利益の数値とは異なり、その他の営業収益と費用を差し引きした事業利益を営業利益として掲載しています。会社の業績計画の営業利益も会社四季報予想とは

事業利益

IFRS 適用後の営業利益は従来と中身が大きく変わるため、別途「事業利益」という項目を立てて、従来基準の営業利益と比較しやすいようにしている企業もある。ほかに「コア営業利益」や「調整後営業利益」などさまざまな項目が IFRS 移行後に生まれている

非継続事業

IFRS 独特の会計処理。売却済みか、売却目的で保有する事業を非継続事業として区別し、その損益を「非継続事業からの当期利益」として税引後当期利益に反映させる

ベースが異なるため、【業績】の会社計画の営業利益は「…」としています。

また、前述したようにIFRSには経常利益という概念がありません。そのため**『会社四季報』の【業績】では経常利益の代わりに税引前利益を掲載**しています。日本基準の特別損益に当たるものは、IFRSでは営業利益段階で反映されています。日本基準では営業外収支に含まれている一部項目も、営業利益段階で加減されます。

「非継続事業」もIFRS独特の会計処理です。売却済み、もしくは売却目的で保有する事業は非継続事業として区別し、営業利益ではなく、税引後当期利益に反映させます。

株式市場で存在感の高まる外国人投資家の投資判断がしやすくなることから、トヨタ自動車（7203）、ソニーグループ（6758）、日本電信電話（9432）といった時価総額の大きい優良企業のIFRS移行が目立ちます。外国人買いが高まるタイミングでは、こうした大企業の株価が大きく動きます。今後ますます適用する企業の増加も予想されるため、IFRS基準にも慣れていく必要があるでしょう。

同じIFRSでも損益計算書の構成が異なる

●AGC（5201）

売上高
売上原価
売上総利益
販売費および一般管理費
持分法による投資損益
営業利益
その他収益
その他費用
事業利益
金融収益
金融費用
税引前利益

●NEC（6701）

売上収益
売上原価
売上総利益
販売管理費および一般管理費
その他の損益
営業利益
金融収益
金融費用
持分法による投資損益
＊NECには事業利益という項目はない
税引前利益

達人に聞く
『会社四季報』活用法①

『会社四季報』は「日本経済がテーマの小説」

エミン・ユルマズさん
エコノミスト、グローバルストラテジスト

えみん・ゆるまず
トルコ出身。東京大学大学院新領域創成科学研究科修士課程修了後、2006年野村證券入社。『会社四季報』を分析し投資ノウハウを教える複眼経済塾の取締役・塾頭を経て、2024年独立

２００９年頃、当時勤務していた証券会社で『会社四季報』を読破して銘柄を選ぶ勉強会に参加したのが最初の出会いです。全上場銘柄が掲載されている『会社四季報』を読んでいくと、「こんな会社があるのか」と初めて知ることばかりでした。勉強会で最初に選んだ会社はウエストホールディングス（１４０７）。リーマンショックの後で全体相場が下落していて、この会社の株価も低迷していました。目に留まったのは「太陽光発電は中国サンテックとの提携で材料調達安定化」という業績欄の記述。「こんな小さな会社が太陽光パネルの世界大手と提携するのか」と興味を持ちました。その後株価は10倍になり、さらに最大で約70倍まで上昇しました。大企業ではここまでの上昇は見込めないですが、『会社四季報』にしか載っていない小さな会社の中にはテンバガー（株価が10倍になること）を狙える会社が多くあります。

『会社四季報』でまずチェックするのは、巻頭にある「見出しランキング」と「市場別業績集計表」。見出しランキングでは「最高益」「続伸」といった

ポジティブワードと、「反落」などネガティブワードの割合から全体のセンチメントを読み取ります。市場別業績集計表では市場別の今期と来期の業績の伸びや、前号との違いを確認。その後、各銘柄のページを読んでいきます。

いち早く有望銘柄を見つけられる

まずは特色欄でどういう会社かを理解し、業績欄、材料欄の記事を読む際には、有力企業との提携や新しい取り組みなど、大きな変化に着目します。「市場シェア1位」「世界初」といったキーワードも見逃せません。マーケットで注目されているテーマに関連する銘柄も要チェックです。「実は半導体関連だった」など、多くの投資家に気づかれる前に割安水準の銘柄も見つけられます。業績面は基本的に今期と来期が増収増益予想の銘柄を選ぶようにしています。財務情報で大切なのは自己資本比率。70％以上あれば理想的で、50％を下回ると投資対象には入りにくい。有利子負債がなく現金同等物が時価総額と同水準の場合は、事業の価値が評価されていない「タダ銘柄」と呼んでいます。問題があって評価が低いのでなければ、株価が見直されることが多いです。チャートやPBRなど株価指標は先に見ると先入観で面白い記事を見逃すので、最後に答え合わせをするような感覚でチェックしています。

『会社四季報』は日本経済がテーマの小説のようなもの。日本の経済や市場を動かしているのは、上場企業約3900社の汗と涙。『会社四季報』はどの会社や業界の調子がよく、どこが苦戦しているのかをすべて物語ってくれます。

辞書のように知りたい銘柄の記事だけを読むのではなく、読破することで初めて全体像が見えます。読み切れなければ、興味のある会社の前後10ページくらいは読むといいでしょう。その業界で何が起きているのかをつかむことができるのでおすすめです。

第3章

将来性のある会社の見つけ方

❶材料欄で成長力を診断する

会社四季報ONLINEコラム
旬の「市場テーマ」から関連銘柄を探そう

❷長期投資なら、この数字に注目！

会社四季報ONLINEコラム
過去30年のデータを一発でチェック

❸増資で大切なのは資金の使い道

❹株数の変化でわかる会社再編の動き

❺「会社の家計簿」キャッシュフローを読みこなす

会社四季報ONLINEコラム
お目当ての条件に合った銘柄を探そう

達人に聞く『会社四季報』活用法②

1 材料欄で成長力を診断する

第2章で説明してきたように『会社四季報』記事の右部分は業績欄と呼び、短期的な業績の見通しを詳述しています。そして**材料欄と呼ぶ記事の左部分**について、ここで詳しく説明したいと思います。**材料欄は中長期的な業績や経営に影響を及ぼすポイント、その時々の株式市場や業界で話題となっているテーマなどについて記述**しています。

例えば、設備投資やM&A、新規事業や海外展開の強化、新中期経営計画の詳細、資金調達やその使途、新製品の開発、経営課題、自己株買い・消却、さらには構造改革やリスク情報など、材料欄の記事は多岐にわたります。**業績欄とこうした将来に向けた施策などが説明されている材料欄を併せて読み込むことで、その企業の今の状況と将来像について、より深く理解できるよう設計されている**のです。

ではさっそく、実際に『会社四季報』2024年春号の掲載事例を見てみましょう。半導体の化学材料を手がけるトリケミカル研究所（4369）、香料大手の長谷川香料（4958）の材料欄には、それぞれ次のような記述が記載されています。

「【増　強】次世代品の生産拠点、南アルプス事業所（敷地面積3万㎡）は24年末竣工、25年5月ごろ本格稼働。台湾の新工場計画は先端ロジック需要動向を見極めて着工」（トリケミカル研究所）

「【投　資】需要拡大の中国で蘇州新工場を計画、30億円超投資し、27年9月期稼働予定。DXは25年9月期半ばまでで第1期約28億円、デジタルマーケティングを加速」（長谷川香料）

企業、特に製造業にとって製品の開発・生産のための投資は非常に重要です。将来の成長を実現するためには、魅力的な製品の開発と生産能力の引き上げが必要になってきます。トリケミカル研究所の材料欄の記述を読むと、日本と台湾で最先端品の製造拠点新設という大きなプロジェクトが進行中であることがわかります。また、長谷川香料は中国でさらなる需要を取り込むべく、現地に新工場建設の計画を進めていることが書かれており、いずれも大型設備投資による将来的な事業の拡大が期待されます。

材料欄では、こうした重要な設備投資について触れるようにしています。いつ、どこで、何を生産し、どの程度の規模（年間生産量や年商）を目指すのか、また投資額なども詳述しています。

M&Aも成長戦略の重要なトピックスです。積水ハウス（1928）の材料欄は以下のように記述されています。

「【大型買収】 米国大手住宅会社『M.D.C.ホールディングス』（2023年12月期売上高46億円ドル）を49億ドルで買収へ。販売戸数全米5位に。2025年1月期の自己株買いは見送り」

国内市場はこれから少子高齢化が進み、住宅需要の伸びは見込めません。そうした中、積水ハウスは海外を今後の成長の牽引役と位置づけ、今回の買収で米国での事業を拡大させようとアクセルを踏み込む様子がうかがえます。

積水ハウスに限らず、少子高齢化などによる内需の先細りに対応し、企業や事業の買収が活発になっています。買収が明らかになった際には、材料欄でM&Aの狙いやシナジー、買収金額等について記載します。また、発生するのれんが大きい際は、その総額や償却年数に触れる場合もあり、中期的な収益への影響を推し量ることができます。

▼新中計や株主還元、構造改革も

上場会社の多くは3〜5年程度の期間にわたる中期経営計画を公表し、株式市場に自社の成長シナリオを示します。中期計画は最終年度の業績目標に加えて、その目標達成のための具体的な施策（主力事業の成長・拡大戦略や利益率の改善施策など）が盛り込まれるケー

材料欄を見れば企業の動きがわかる

●デクセリアルズ（4980）

【増　勢】蛍光体フィルムや表面実装型ヒューズ低迷。が、異方性導電膜のスマホ用好調や円安順風で補い営業益横ばい。25年3月期は蛍光体フィルムやヒューズが上期に底打ちし反転増。異方性導電膜は成長続く。営業益増勢。為替差損減。連続増配か。

【増強決定】栃木の新工場は投資額約300億円で異方性導電膜等の生産力増強、26年度稼働。株主還元は配当重視強める方針。

●バロックジャパンリミテッド（3548）

【急改善】25年2月期も国内店舗数横ばい。主力「MOUSSY」や百貨店向け堅調。中国底打つ。前期苦戦したSC向けは仕入れ抑制・値引き削減を徹底し、粗利率改善。前期の大型出店費用なく営業益急改善。

【教　訓】SC向け「AZUL」は前期の過剰発注を反省し、小ロットでの短納期生産を徹底。中国は郊外の赤字店中心に前期約100店撤退、効率運営で採算改善を期す。

●大成建設（1801）

【戻り鈍い】12月末単体受注残2・57兆円（前年同期比3％増）。建築苦戦。株売却進めば表記純益上振れ。25年3月期も土木堅調続く。道路等進捗。建築は前期ほど低採算工事ないが利益率戻り鈍い。営業益回復緩慢。

【買収続々】子会社化したピーエス三菱と分科会設けて営業・調達面でシナジー追求。東京地盤ゼネコン佐藤秀を23年11月完全子会社化、建設領域拡大・人材確保に主眼。

M&Aや設備投資、新製品の開発は将来の成長につながる。
配当政策の見直しや構造改革にも注目しよう

●KDDI（9433）

【連続最高益】通信は楽天ローミング収入減響くが、住宅ローンなど金融・法人好調。最高純益更新。25年3月期は通信の単価上昇が引っ張り、楽天ローミング続落を埋める。金融・法人堅調。連続営業増益。増配。

【大勝負】ローソン株を4月開始のTOB等で三菱商事と同じ50％取得へ。成立なら下期から持分会社化。DX等通じ価値向上へ。子会社ソラコムが東証・グロース上場。

●いすゞ自動車（7202）

【横ばい圏】世界販売67・7万台（12・2％減）に下振れ。タイでピックアップ低迷だが、値上げや円安効く。25年3月期は先進国向け商用車堅調でも、タイのピックアップ苦戦。豪州向けも鈍い。営業益頭打ち。

【実証実験】27年市場投入目指すホンダ共同開発の燃料電池大型トラックが公道実証開始。普通免許運転の3・5t未満EVトラック発売、環境とドライバー不足に対応。

●エノモト（6928）

【回復途上】パワー半導体用リードフレームは産機向け低迷。スマホ用コネクターも苦戦。営業減益。営業外の助成金減る。減損。25年3月期はコネクターが底打ち。リードフレームは車載向け堅調、産機向けは後半上向く。人件費増しのぎ営業益回復途上。

【還元策】PBR1倍割れを課題と認識、DOE2・5％下限に還元強化。大型投資一巡、工場単位での投下資本利益率を重視へ。

（注）いずれも2024年春号

スが多く、『会社四季報』では材料欄に新たな中期計画で重要と思われる部分を抜粋して記載しています。

株主還元も材料欄で注目すべきトピックスです。日本の上場企業も最近は配当を大幅に増やしたり、１株の価値を高める自己株買い・消却を実施する企業が非常に増えています。配当性向の引き上げや自己株買いは投資家にとって重要な情報なので、そうした株主還元強化の動きがあれば、できるだけ材料欄で具体的に記載するようにしています。

また、**収益性改善に向けた構造改革（リストラ）や不振事業からの撤退、テコ入れ策、事業の再編などにも目を配りましょう**。そうした施策が中長期的な利益改善につながりうるからです。

例えば、資生堂（４９１１）の材料欄には次のような記述が載っています。「【早期退職】国内従業員のうち約１５００人対象の大規模な早期退職募集を発表。営業所数も縮小。自社ＥＣサイト刷新し25年国内ＥＣ化比率30％目標（23年10％超）」

この記述を読めば、資生堂が早期退職募集で固定費負担を大幅に減らしつつ、粗利率が高い自社ＥＣによる直販比率を高めることで、国内事業の収益性改善を目指していることが読み取れます。

▼リスク情報の記載に注意

材料欄で触れられるのは必ずしもポジティブな話だけに限りません。赤字が続いてとうとう債務超過に陥った、資金繰りに窮して借入金の返済滞納が起きている、不適切な会計処理が発覚して決算発表が遅延している、社長が罪を犯して逮捕された……。

このような**経営に関わる重大な問題が発生した場合、『会社四季報』は注意を喚起するために材料欄でリスク情報として記載します。例えば、決算短信などに「継続企業の前提に疑義注記」や「継続企業の前提に関する重要事象等」が記載された会社、また上場廃止の猶予期間に入った会社は、必ず文中で触れる**ことにしています。

2024年春号の材料欄に「継続企業の前提に疑義注記」が記述された会社は54社、「継続企業の前提に関する重要事象等」は114社ありました。個人の方で株式投資経験がない、あるいは経験が浅い方は、こうしたリスク情報の記述のある会社は投資対象から外したほうが無難でしょう。

材料欄のリスク情報は要チェック

●ANAP（3189）

【赤字幅拡大】店舗数2減（前期4減）。暖冬影響で、EC含め既存店は出足から厳しい。仕入れ抑制しても値引き減らず、粗利率悪化。管理業務の外部委託でコスト削減も及ばず、前号より赤字幅拡大。減損減る。
【正念場】23年11月末も債務超過。前スポンサーが当社の支援断念。不動産コンサルを新スポンサーにADR申請仕切り直し。手元資金減少で資金調達が急務。疑義注記。

●ジーフット（2686）

【黒字化】25年2月期は出店抑制の一方、大量閉店が一巡。既存店はスポーツ中心の品ぞろえに転換、GMS内店舗の改装で浮上図る。好採算のPB再強化、前期までの赤字店閉店効果大きい。7期ぶり最終黒字。
【構造改革】21～23年に200店超閉鎖し止血、今後は改装等増収策が焦点。22年度末債務超過転落、継続前提に重要事象。イオンからの借入金50億円は2月末に借り換え。

●イメージ　ワン（2667）

【赤字続く】ヘルスケアはコロナ特需剥落が一巡。地球環境は地理計測ソフトが堅調、再エネ発電所売却も寄与だが、実態乏しい一部業務撤退。本社費用重く営業赤字。前期に続き不適切会計に伴う減損損失計上。
【不正発覚】第三者委報告書を1月受領、新事業関連で前社長らの不正金品授受や不適切会計が判明。有報等訂正報告書を財務局に提出。再発防止に向けた体制強化急ぐ。

不適切会計や財務的な問題などが記載されている会社への投資はリスクが高い

（注）いずれも2024年春号

旬の「市場テーマ」から関連銘柄を探そう

株式市場では、**その時々で話題になるホットテーマ**があります。そうしたテーマに沿ったビジネスを手がけている銘柄は将来性が期待されて高値をつけることもあります。『会社四季報オンライン』では、会社四季報独自の市場テーマから銘柄を探すことができます。

サイトの「銘柄研究」にある「テーマ・業種一覧」から、図のような一覧を見ることができます。**市場テーマはおよそ3000**あります。市場テーマをクリックすると、そのテーマにひもづいている銘柄の一覧が表示されます。カッコ内の数字は銘柄の数を示しています。

例えば、「娯楽」の中にある「Ｓｗｉｔｃｈ（任天堂）（11）」をクリックすると、任天堂（７９７４）のほか、ゲーム機の部品を手がけるホシデン（６８０４）などの11銘柄が表示されます。時価総額や今期予想ＰＥＲなどに従って並び替えも可能です。また、市場テーマに関連する銘柄はキーワードを入れて探すこともできます。

トップページ上部の検索窓から、その語句が使われている『会社四季報』最新号の記事や会社プロフィールなどを検索することもできます。少し注意が必要なのは、同じ意味でも違う言葉を使っているケースがあることです。「電気自動車」が「ＥＶ」や「環境対応車」と書かれることもあるので、複数の言葉で検索するのもよいでしょう。

まだそれほど知名度が高くない銘柄や、主力事業は別にあるけれど、実は新分野で事業を育成中の銘柄など、**これから市場の注目が高まっていく「○○銘柄」が見つかるかも**しれません。

独自の市場テーマから銘柄を探せる

「Switch(任天堂)」が市場テーマの銘柄一覧 11 件

コード	銘柄名	現在値(円)	前日比(円)	前日比(%)	時価総額(億円)	今期予想PER(倍)	実績PBR(倍)	更新時刻
3627	テクミラＨＬＤ	460.0	+7.0	+1.54	57.37	575.00	0.96	09:57
3851	日本一ソフトウェア	1,066.0	-1.0	-0.10	54.70	12.15	0.78	09:54
4728	トーセ	710.0	+2.0	+0.28	55.11	14.88	0.82	09:59
6763	帝国通信工業	1,888.0	-50.0	-2.58	186.08	15.50	0.73	09:56
6804	ホシデン	1,932.0	-33.0	-1.68	1,186.44	9.88	0.81	09:59
6875	メガチップス	3,880.0	-35.0	-0.90	819.93	20.00	0.99	09:58
7552	ハピネット	3,000.0	-75.0	-2.44	721.50	11.09	1.48	10:00
7844	マーベラス	698.0	-29.0	-3.99	434.27	26.33	1.44	09:59
7974	任天堂	8,264.0	-146.0	-1.74	107,323.74	24.00	4.24	10:00
9684	スクウェアエニクH	5,922.0	-61.0	-1.02	7,256.32	16.87	2.24	10:00
9697	カプコン	2,871.5	-91.5	-3.09	15,305.41	35.60	7.45	10:00

2 長期投資なら、この数字に注目！

長期投資を考えた場合、投資対象は中長期の成長期待を持てる企業であることが望ましいでしょう。成長を続ける企業は、絶えず新しい事業分野への進出や新商品の開発に取り組んでいるので、設備投資と研究開発投資が必要になります。そこで、**設備投資、減価償却、研究開発の3つの数字をチェックすることが長期投資に役立ちます**。『会社四季報』は【指標等】で、設備投資、減価償却費、研究開発費について、直近決算期の実績と今期計画の金額を記載しています。

工場などの有形固定資産やソフトウェアなど無形固定資産に資金を投じる設備投資は、実施した時点では費用が発生しません。その固定資産が稼働したり、使用を始めたときから、固定資産の取得原価をその耐用年数に応じて配分し費用化する減価償却が始まり、費用として計上されるので、それ以降は営業損益にマイナスに影響します。

ただし、大半の場合、過去に設備投資を行った時点で対価の支払いが終わっているため、設備が稼働し、減価償却が始まったタイミングでは支払いを伴いません。そのため、減価

設備投資

工場設備や営業拠点などの建物、店舗など有形固定資産への投資額と商標権や特許、ソフトウェアなど無形固定資産への投資額の合計。設備投資には決定ベース、支払いベースなどがあるが、『会社四季報』は工事ベースで、年間の工事実施額を記載

減価償却

毎期、均等額を償却する定額法と、均等率で償却を行う定率法があり、会社が選択できる。償却の総額は変わらないが、定率法の場合、当初の償却額が大きく、中盤以降の負担が少ない

償却は減益要因ですが、会社が自由に使えるおカネであるフリーキャッシュフローにはプラスに働きます。

設備投資の必要性について、製造業のケースを考えてみましょう。

ある製造業の企業で、既存工場のフル稼働が続いている場合、足元で事業が好調だとしても、能力増強などの手を打たなければそれ以上の成長ができなくなるリスクがあります。**生産設備増強という設備投資に踏み出すことが、売り上げや利益を継続的に拡大させる可能性につながるのです。**

▼攻める姿勢の会社は設備投資が減価償却を上回る

一般的に設備投資額が減価償却費を上回っている企業は、事業拡大への意欲が旺盛と考えられます。過去に比べて設備投資額の水準が上昇している場合には、事業の先行きに積極的な、攻めの姿勢が見て取れます。

設備投資額のうち、減価償却費を超過する部分は手元資金で充

設備投資は償却の範囲内かチェック

●信越化学工業（4063）

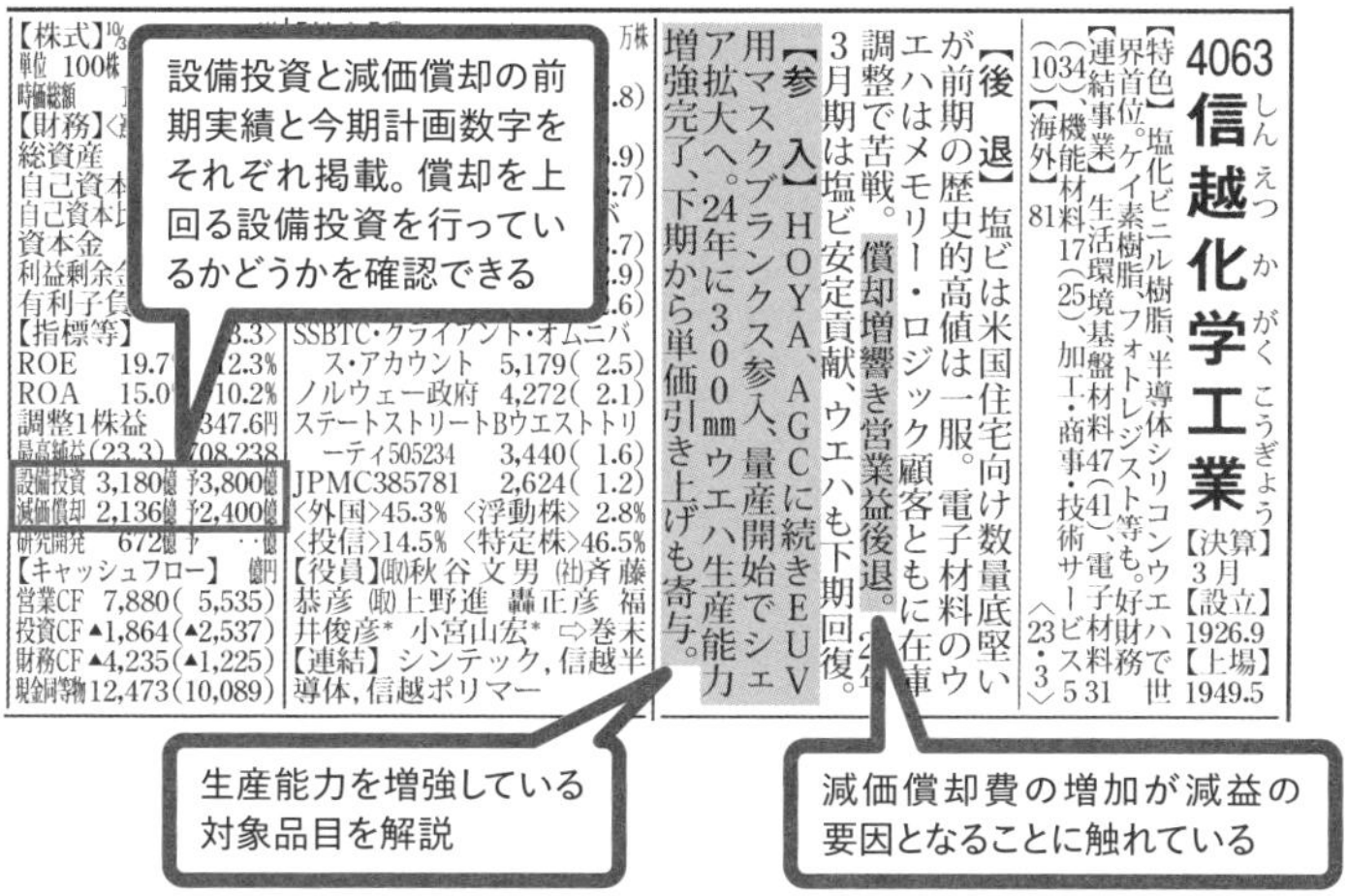

当するか、借入金や社債など負債による調達、あるいは増資など市場から資金を直接調達する必要があり、どうやって資金を捻出するかも注目です。大規模投資の場合、新設備稼働後の償却増による減益リスクもあるため、適切な投資か見極めが必要となります。

信越化学工業（４０６３）は、半導体製品の材料であるシリコンウエハで世界トップシェア。需給ひっ迫の状況が続いていましたが、単価上昇も進む中で生産能力増強を決断、高水準の設備投資を実施しました。その結果、減価償却費が増えていますが、その中でも高水準の利益を維持しています。信越化学の場合、塩化ビニル樹脂事業でも米国に強力な子会社を持っていて、こちらも世界首位。この事業でも積極投資姿勢です。

逆に**設備投資額が減価償却費を大きく下回っている企業は、大規模投資が一段落しているか、事業拡大に慎重な姿勢**と見てよいでしょう。前者であれば、今後の利益拡大局面が想定できます。一方、後者であれば今後の成長がスローダウンする懸念も出てきますので注意が必要です。

データセンター運営のブロードバンドタワー（３７７６）は、２０１９年12月期に減価償却費10億円に対し、設備投資が37億円に上っていました。それが２０２２年12月期には設備投資が４億円程度に減ったものの、14億円を超す減価償却費が営業赤字の要因になりました。その償却費も２０２３年12月期には11億円程度に減り、赤字幅も縮小しています

研究開発費

『会社四季報』は、人件費、原材料費、設備装置購入費など、研究や開発、試験にかかる費用の合計を記載している

（図表117ページ）。

設備投資に続いて、研究開発費についても見ていきましょう。

研究開発費は、今後の中長期的な商品や技術を開発するための先行投資です。好不況にかかわらず、この予算は削らないという企業も少なくありません。ただ、設備投資と同じように業種によって差があり、銀行、保険業、証券業では重要性が低いことから『会社四季報』では記載していません。小売業、卸売業、不動産業、陸運業などには研究開発費ゼロの企業が多く見られます。

その一方で、積極的な研究開発費の投下が目立つ業界もあります。製薬会社は特に売上高に占める研究開発費の水準が高い傾向です。第一三共（4568）の2023年3月期の売上高は1・27兆円。一方で研究開発費は3400億円を超えました。営業利益が1200億円台だったことを考えても、その積極姿勢が鮮明です（図表119ページ）。

大規模投資の後は償却が重くなる

●ブロードバンドタワー（3776）2024年春号

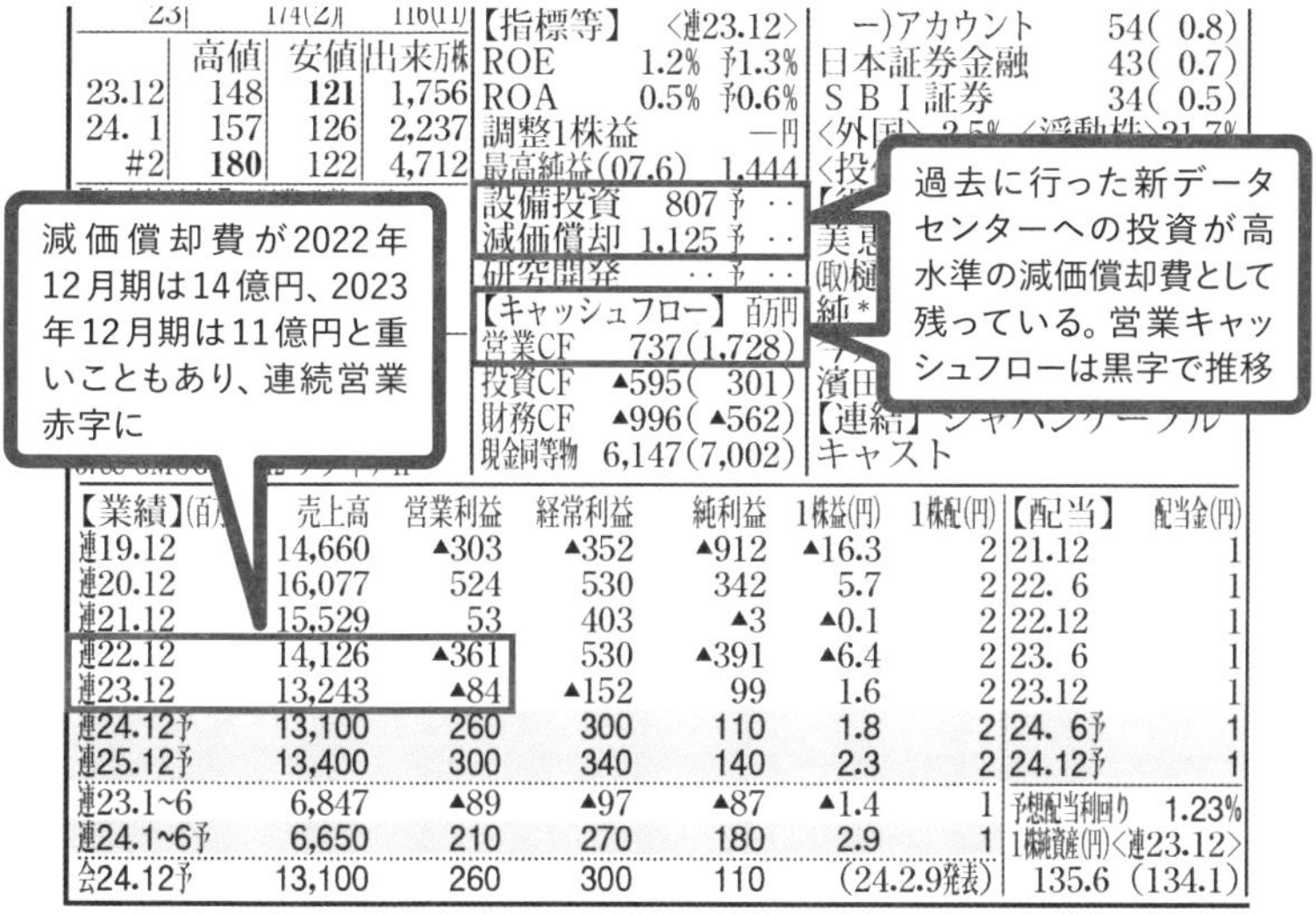

	高値	安値	出来万株
23.12	148	**121**	1,756
24. 1	157	126	2,237
#2	**180**	122	4,712

【指標等】 <連23.12>
ROE 1.2% 予1.3%
ROA 0.5% 予0.6%
調整1株益 —円
最高純益(07.6) 1,444
設備投資 807 予 ‥
減価償却 1,125 予 ‥
研究開発 ‥ 予 ‥

【キャッシュフロー】 百万円
営業CF 737(1,728)
投資CF ▲595(301)
財務CF ▲996(▲562)
現金同等物 6,147(7,002)

ー)アカウント 54(0.8)
日本証券金融 43(0.7)
ＳＢＩ証券 34(0.5)

【業績】(百万円)	売上高	営業利益	経常利益	純利益	1株益(円)	1株配(円)
連19.12	14,660	▲303	▲352	▲912	▲16.3	2
連20.12	16,077	524	530	342	5.7	2
連21.12	15,529	53	403	▲3	▲0.1	2
連22.12	14,126	▲361	530	▲391	▲6.4	2
連23.12	13,243	▲84	▲152	99	1.6	2
連24.12予	13,100	260	300	110	1.8	2
連25.12予	13,400	300	340	140	2.3	2
連23.1~6	6,847	▲89	▲97	▲87	▲1.4	1
連24.1~6予	6,650	210	270	180	2.9	1
会24.12予	13,100	260	300	110	(24.2.9発表)	

【配当】	配当金(円)
21.12	1
22. 6	1
22.12	1
23. 6	1
23.12	1
24. 6予	1
24.12予	1
予想配当利回り	1.23%
1株純資産(円)<連23.12>	135.6 (134.1)

減価償却費が2022年12月期は14億円、2023年12月期は11億円と重いこともあり、連続営業赤字に
過去に行った新データセンターへの投資が高水準の減価償却費として残っている。営業キャッシュフローは黒字で推移

▼何に投資しているか材料欄でチェック

設備投資や研究開発は、基本的には企業の成長に欠かせないものです。とはいえ、事業環境の変化によって、先行投資が実を結ばず、逆に重い費用負担に苦しめられることもあります。

例えば、1990年代後半から2000年代前半にかけて、自動車産業とともに国内企業の中核を占めていた家電各社は意欲的な設備投資を行いましたが、その後の需要低迷や中国や韓国の家電メーカーの台頭により、過剰設備を抱える事態に陥りました。新工場が稼働しても、製品が売れずに減価償却費や金利負担に苦しみ、巨額の赤字を出すなどかつての勢いを失いました。

バブル崩壊後に長く続いたデフレ経済の下では、積極投資が仇となるケースも目立ちましたが、ここに来てようやくデフレ終焉の兆しが鮮明になってきました。積極的な設備投資を行って成長の兆しが見えている企業に運用資金を向ける機関投資家も出てきています。

『会社四季報』では、大きな設備投資や研究開発については、記事後半の材料欄で、その内容に触れるようにしています。

前述した信越化学工業の場合、半導体用シリコンウエハの単価を上げながら、増強を進めたことがわかります。また、EUV用マスクブランクスという新領域への参入で投資も膨らむことがうかがえます。

英アストラゼネカと開発したがん新薬「エンハーツ」で躍進した第一三共も大規模な研究開発費の投入が見て取れます。材料欄では「研究開発費増額。がん領域強化に賭ける」（2019年新春号）、「抗がん剤発売に向け営業体制強化。製造設備増強」（2020年新春号）、そして2020年春号で「期待の『エンハーツ』は20年度初め胃がん適応追加申請」と「エンハーツ」の名前が登場。その後に株価も急激に動意づき、2兆円台で推移していた時価総額を8兆円超まで押し上げていきました。

設備投資や研究開発は、投じた金額以上の資金を回収できるかどうかが最も重要なポイントです。生産を増強しようとする製品が何か、過剰設備になる可能性はなさそうか。研究開発対象の将来性はどれほど見込めそうか、といった要点を材料欄でチェックしてみましょう。

研究開発費は成長への先行投資

●第一三共（4568）2024年春号

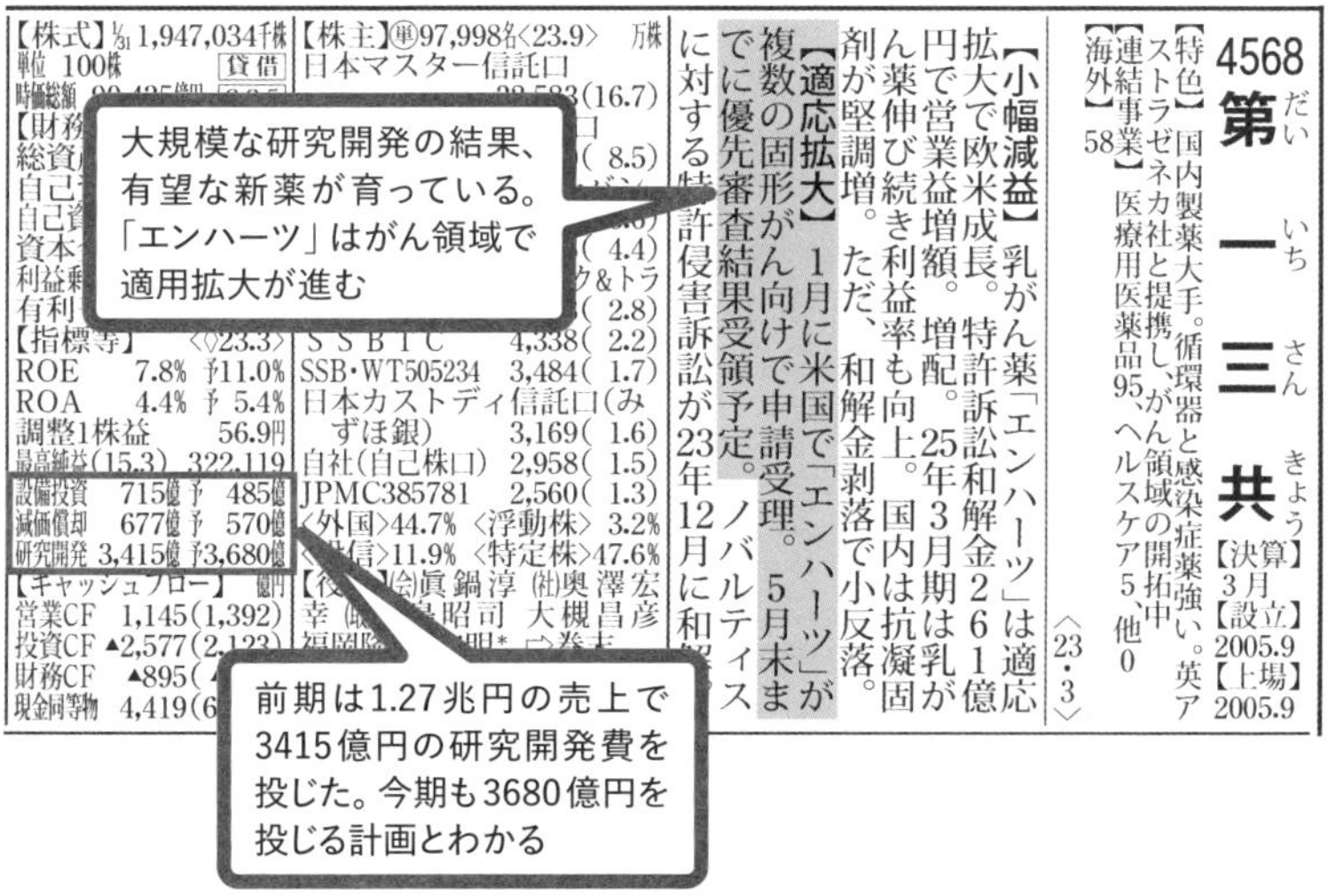
4568 第《だい》一《いち》三《さん》共《きょう》
【決算】3月 【設立】2005.9 【上場】2005.9
【特色】国内製薬大手。循環器と感染症薬強い。英アストラゼネカ社と提携し、がん領域の開拓中
【連結事業】医療用医薬品95、ヘルスケア5、他0
【海外】58 〈23・3〉
【小幅減益】乳がん薬「エンハーツ」は適応拡大で欧米成長。特許訴訟和解金261億円で営業益増額。増配。25年3月期は乳がん薬伸び続き利益率も向上。国内は抗凝固剤が堅調増。ただ、和解金剥落で小反落。
【適応拡大】1月に米国で「エンハーツ」が複数の固形がん向けで申請受理。5月末までに優先審査結果受領予定。ノバルティスに対する特許侵害訴訟が23年12月に和…
【株式】1/31 1,947,034千株 単位 100株 貸借
【指標等】〈◊23.3〉
ROE 7.8% 予11.0%
ROA 4.4% 予 5.4%
調整1株益 56.9円
最高純益(15.3) 322,119
設備投資 715億 予 485億
減価償却 677億 予 570億
研究開発 3,415億 予3,680億
【キャッシュフロー】億円
営業CF 1,145(1,392)
投資CF ▲2,577(2,123)
財務CF ▲895(…
現金同等物 4,419(6…
【株主】㊫97,998名〈23.9〉 万株
日本マスター信託口 …(16.7)
SSBTC 4,338(2.2)
SSB・WT505234 3,484(1.7)
日本カストディ信託口(みずほ銀) 3,169(1.6)
自社(自己株口) 2,958(1.5)
JPMC385781 2,560(1.3)
〈外国〉44.7% 〈浮動株〉3.2%
〈投信〉11.9% 〈特定株〉47.6%
【役員】(会)眞鍋淳 (社)奥澤宏幸 …昭司 大槻昌彦

大規模な研究開発の結果、有望な新薬が育っている。「エンハーツ」はがん領域で適用拡大が進む
前期は1.27兆円の売上で3415億円の研究開発費を投じた。今期も3680億円を投じる計画とわかる

過去30年のデータを一発でチェック

「人に歴史あり」という言葉は会社にもあてはまります。会社の現在の姿は過去の成功や失敗の積み重ねを経て形成されたもの。投資は未来を予測する行為ですが、現在だけを見るのではなくそこに至るまでの道筋もチェックすると、より理解が深まることでしょう。

『会社四季報オンライン』では、個別銘柄ページの長期業績のタブから、その会社の**過去30年の業績、ROEなどの指標、財務、キャッシュフロー、従業員、株主や配当状況の推移**をグラフと表で見ることができます（一部の有料会員が対象）。

現在は好業績を謳歌している企業にしても、過去の経緯はさまざまです。過去30年の業績を見ることで、着実に業績を伸ばしてきたのか、または好不調を繰り返してきたのか、新製品や新サービスをきっかけに成長ステージに入ったのかなど、その道筋がわかります。

また、赤字や営業キャッシュフローのマイナスが続いている会社は、自己資本比率の水準を要確認です。増資など資本増強の可能性はあるか、債務超過に陥る懸念がないか、注意してみましょう。

株主還元姿勢の変化もわかる

近年は株主還元に積極的な会社も増えてきました。その姿勢を見るうえで**配当の推移**にも目を通してみましょう。少しずつ配当額を増やしていく連続増配の実績があれば、今後についても期待が持てます。ただ、1株当たり利益を超える配当を長期間続けているような会社は、自己資本が潤沢でない限り、減配リスクを抱えているといえます。

従業員数の欄では、従業員数、平均年齢、平均年収をグラフで見ることができます。従業員数が大きく減った年は大規模リストラがあったことなどがわかります。従業員数が年々増え、さらに年収が上昇を続け、利益も伸びているようであれば好循環が続いているといえるでしょう。逆に年収が上がっていて利益が下がっているようなケースは、人手不足の環境下で新規採用に苦労する一方、人件費の上昇で利益が圧迫されていることがうかがえます。

また株主の欄では、**外国人保有比率の推移**がわかります。国内株式市場の売買シェアの約7割を外国人投資家が占めています。企業の成長性や株主還元姿勢に厳しい外国人保有株比率が年々増加していれば、評価が高まっているといえます。

過去30年分のデータをグラフと表で表示

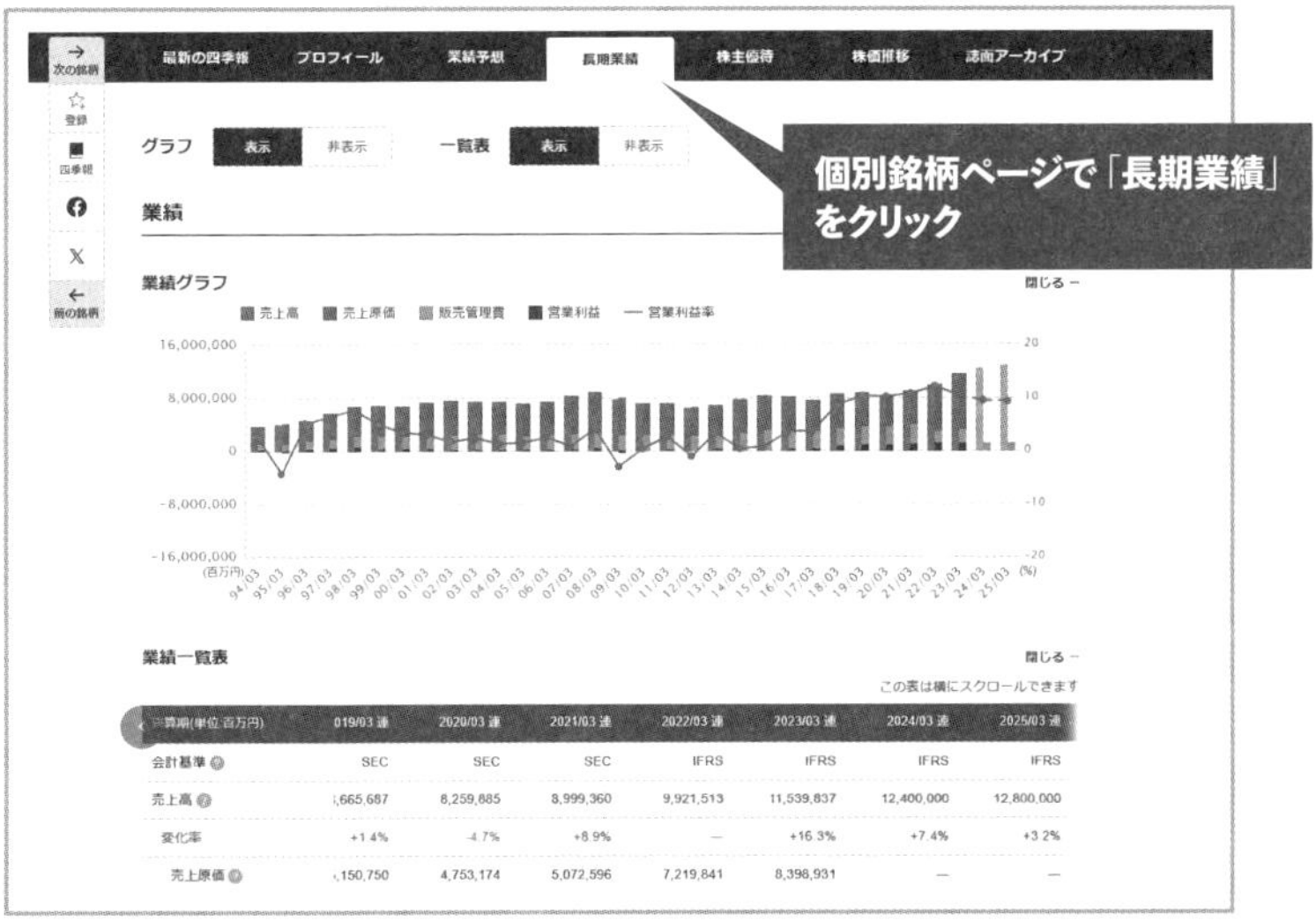

3 増資で大切なのは資金の使い道

増資とは、新しい株式（新株）を発行して資本金を増やすことです。増資には、不特定多数の投資家に呼びかけて買い手を探す**公募増資**、特定の取引先や金融機関など第三者に新株を引き受けてもらう**第三者割当増資**、既存株主に新株を割り当てる**株主割当増資**があります。いずれも新株を購入して資金を払い込んでもらうもので、有償増資ともいいます。

増資の目的は主に2つ。1つは、順調に事業展開している企業が、旺盛な資金需要を金融機関からの借り入れや債券の発行によらず、新たな資本金の調達でまかなうため。もう1つは純資産の増加や負債の返済による財務改善を目的としたものです。増資で得られる資金は借入金のような返済義務がありません。増資で財務が改善できれば、企業の信頼度や評価も高まります。ただ、自己資本がゼロ圏あるいは債務超過の会社が上場維持基準に抵触するのを回避するため、緊急的な延命策として増資を行う特殊なケースもあります。

新株予約権

予約権が行使されて、新株が発行されるにつれ調達額が増えていくので、『会社四季報』では原則「最大◯◯億円」などと記述。株価の推移に応じて権利行使価額を修正する行使価額修正条項がついている場合は、当初行使価額で考えていくらの調達になるかを書くようにしている

▼成長に貢献するかどうかで評価が分かれる

増資の発表直後は、新株発行によって需給の悪化や1株利益の希薄化を招くため、株価は急落しがちです。ＡＺ－ＣＯＭ丸和ホールディングス（９０９０）は、２０２３年11月20日に公募増資などによる資金調達を発表。翌21日の株価は急落、翌月に年初来安値をつけました。その一方で、マイナス評価を受けない場合もあります。資金調達の使途として、成長事業への設備投資、有望会社のＭ＆Ａなど、業績成長への貢献が明確な場合です。２０２１年５月に英国半導体企業買収の資金調達で公募増資を発表したルネサスエレクトロニクス（６７２３）は、株価が崩れずに推移し、買収も奏功して利益が急拡大。２０２４年新春号の株価は当時の倍以上の水準です。

このように増資については、増資で得た手取り資金（調達資金の総額から手数料を差し引いたもの）の使い道として、**資金をどれだけ成長性の高い事業に投じることができるかがカギ**になります。会社の成長シナリオが納得できるもので、利益の増加が期待できるにもかかわらず、株価が下落している場合には、いずれ株式市場で見直される可能性が高いでしょう。

増資は株価急落も招くが、調達資金の使途に注目しよう

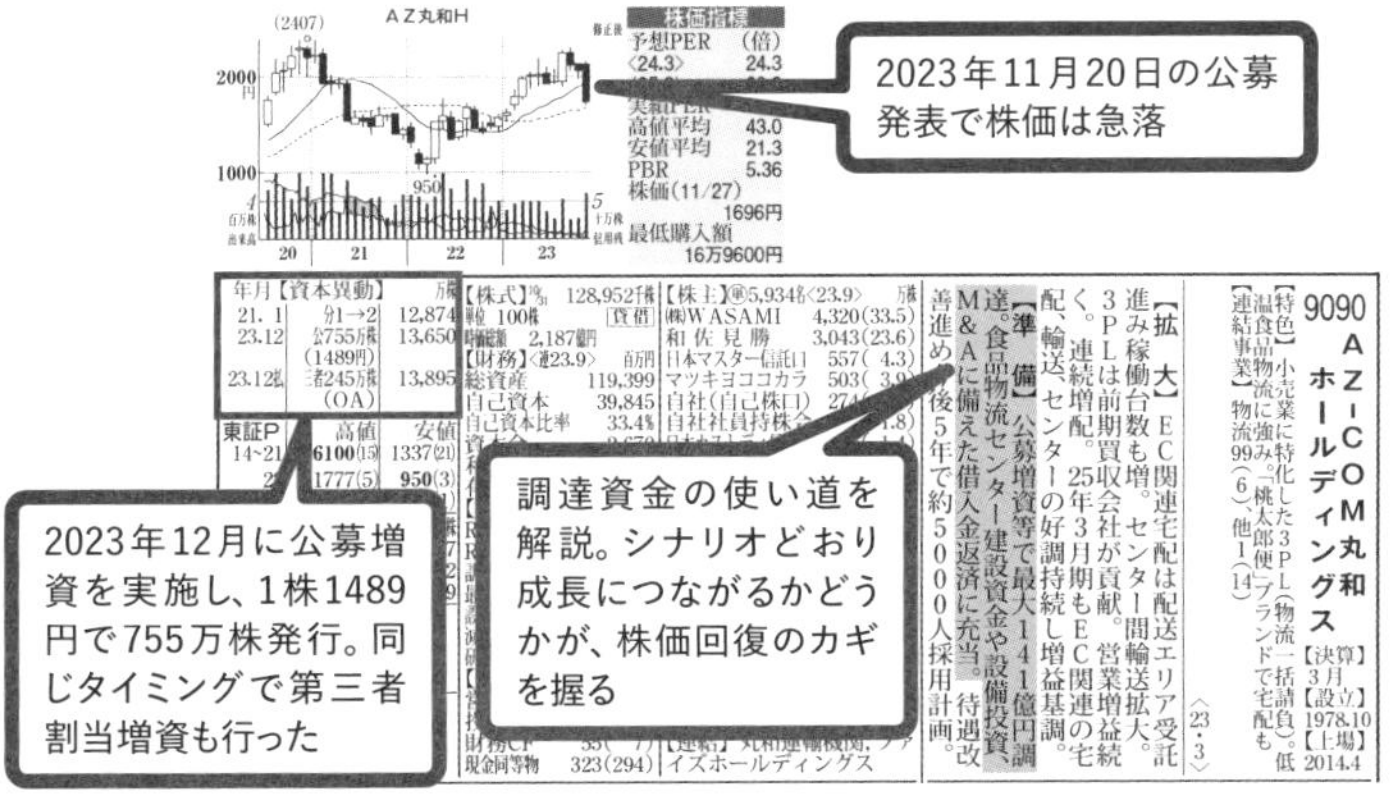

4 株数の変化でわかる会社再編の動き

株価は会社の1株当たりの価値を表します。会社の価値が同じなら、株数の増減が株価を大きく左右します。つまり、**株価を見るには株数を把握しておくことが必要**になります。その**株数の動きがわかるのが、『会社四季報』の左上にある【資本異動】**です。

会社が株数を増減させる方法はさまざまです。資金調達を目的として特定の第三者に株式を発行するのが、第三者割当増資（【資本異動】では「三者」と表記）です。増資の引受先の子会社になったり持分法適用会社になったりと、会社再編の動きにもつながるので、注意が必要です。経営不振に陥った際の資本増強策となる例もしばしば見られます。

不特定多数の投資家に対し、時価で新株を発行する増資が公募増資（「公」と表記）で、新規上場時に行われる資金調達手段として一般的です。ただ、株式市場ではその会社の株式の需給悪化要因にもなるので、1株いくらで何株発行する増資なのか記載しています。

資金調達を伴わず、個人投資家が買いやすいように1株当たり株価を下げて流動性を高める目的で行うのが株式分割（「分」と表記）で、株数の増加に伴い株価や1株当たり利益、

持分法適用会社

第三者割当で多いのが割当先の持分法適用会社になるケース。原則として親会社の保有する議決権株式が20％以上～50％未満の関連会社等が持分法の適用対象となる。議決権所有会社は持株比率に応じて、持ち分法適用会社の純資産および損益を連結業績に反映する

配当が大きく減って見える点に注意が必要です。例えば、1株を2株に分割した場合、株主の保有株式数は2倍になり、株価は理論上、半値になります。1株当たり利益や配当は2分の1になりますが、保有株式数が2倍になるので配当の総額は変わりません。

そのほかに合併や株式交換など、会社再編に伴う株数の変化も掲載しています。株式交換は会社を買収する際、買収先の株式と自社の株式を交換することです。**ある会社の業績が急激に膨らんでいるときに、【資本異動】に「合併」や「交換」とあれば、合併や買収による拡大だとわかります**。こうした場合には、会社全体の利益が増えていても1株当たり利益には変化がないことも起こりえます。

また、【資本異動】の右側には、増資や株式分割、自己株消却などを受けた、発行済み株式数の変化を記載しています。ここを見れば、株式交換を頻繁に行う、合併を繰り返す、定期的に株式分割を行うなど、その会社の特徴がわかります。そこから、その会社のM&Aに対する考え方や株主への還元姿勢などを推測できるのです。なお、株数の変化は、【業績】の1株当たり利益にも影響を与えます。

第三者割当増資で株主順位も変動

●ジーエス・ユアサ コーポレーション（6674）

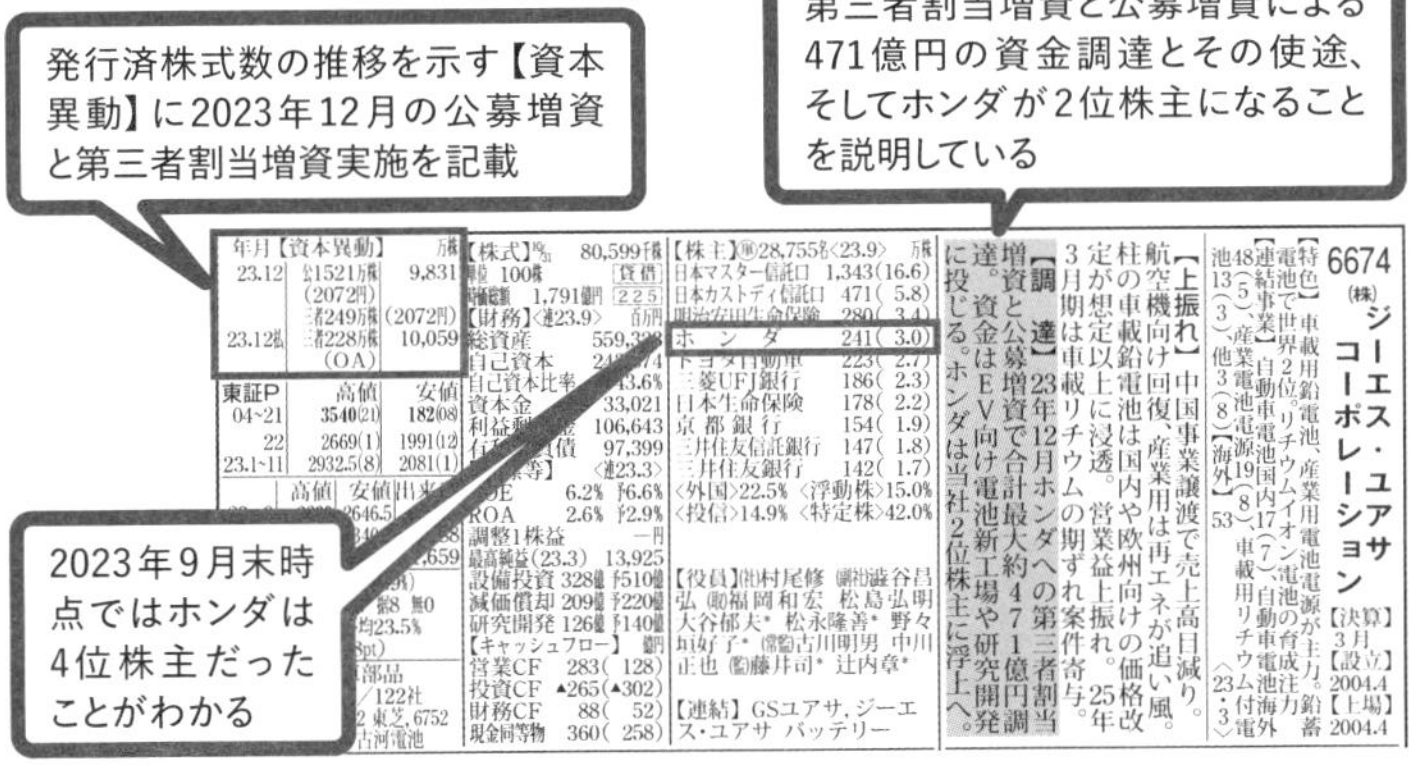
発行済株式数の推移を示す【資本異動】に2023年12月の公募増資と第三者割当増資実施を記載
第三者割当増資と公募増資による471億円の資金調達とその使途、そしてホンダが2位株主になることを説明している
2023年9月末時点ではホンダは4位株主だったことがわかる

5 「会社の家計簿」キャッシュフローを読みこなす

キャッシュフロー（CF）計算書は会計期間中のおカネの増減（フロー）を記録した財務諸表で、会社における家計簿のようなものです。

会計上の損益認識は実際のおカネの出入りと同じではありません。例えば売上高は計上したものの、代金が入金されていないため、貸借対照表では受取手形や売掛金としてとどまっている状況がこれに当たります。また、減価償却費のようにおカネの流出を伴わない費用が発生しても、その分、利益が抑えられます。**金融機関や投資家にとっては、このズレが重大な判断の誤りにつながることがあります**。売り上げが急拡大して利益も出ている将来有望な成長企業だと思っていたところ、売上債権の回収が遅れたり、焦げ付いたりで資金繰りに窮して事業が継続できない「黒字倒産」といったケースです。

また「利益は意見、キャッシュは事実」という金言もあります。これは、財務会計では経営者が裁量で経営成績を調整できる余地があるということです。会社が減価償却の方法を変えるなどすれば、実態は同じでも利益は増やせます。また反対に業績が悪い期に意図的に費用や損失の計上を行って、翌期以降のV字回復を演出することもあります。より正確に会社の実力を把握するためには、おカネの出入りは有益な情報です。

こうした事情から欧米での制度化に続き、日本でも2003年3月期からキャッシュフロー計算書が導入されました。貸借対照表、損益計算書と合わせて財務三表と呼ばれます。

キャッシュフロー計算書は、会社の活動を3つに区分して、本業の営業活動で稼いだおカネ（営業CF）を投資に回し（投資CF）、その過不足を財務で調整する（財務CF）という構成になっています。『会社四季報』誌面の【キャッシュフロー】欄では、直近2期分の営業、投資、財務の各CFと、その結果、期末時点で手元に残ったおカネの残高を「現金同等物」として掲載しています。これらの数値はただ個別に見るのではなく、それぞれの大小関係や過去の推移なども見比べて、多面的に評価することが重要です。

▼営業CFと純利益や設備投資額との関係・差額に注目

営業CFは本業の営業活動を通じて獲得したおカネの増減で、プラスであれば本業でおカネを獲得できており、それを原資に設備投資や債務の返済も可能だと判断できます。逆にマイナスの場合は、本業でおカネを失っているのですから、このままでは事業の継続は困難です。赤字企業の場合、マイナスの理由は明らかに経営の不振です。これに対して、

現金同等物

『会社四季報』の「現金同等物」とは「現金および現金同等物」の略で、「現金」は手元現金のほか、当座預金など要求払い預金を含む。「現金同等物」とは容易に換金可能で価値の変動が僅少な3カ月以内の定期預金など

利益を出しているにもかかわらず、営業ＣＦが赤字に陥るケースもあります。売掛金の回収停滞や在庫膨張などが要因として考えられ、よい状況とはいえません。たとえ成長途上の会社であっても**営業ＣＦのマイナスが続いている場合は注意が必要です**。

これとは反対に赤字企業でも営業ＣＦがプラスだったり、利益額の割には営業ＣＦが大きかったりする会社があります。減価償却費やのれん償却費など資金流出を伴わない費用が大きいメーカーやＭ＆Ａを行った会社に多いケースです。

営業ＣＦの維持・拡大のうえでは、運転資本の管理も重要です。運転資本とは、在庫（棚卸資産）と売上債権の合計から仕入債務を差し引いて求められる日々の営業活動に必要となるおカネです。必要以上に在庫を増やさずに売上債権は素早く回収する。何なら売り掛けどころか前払いしてもらう。その反対に仕入れ代金の支払いはできるだけ後にする。こうした地道な積み重ねでおカネの流出を抑え込むのです。**機関投資家などキャッシュフローを重視する投資家は、純利益より営業ＣＦのほうが継続的に大きい会社について「利益がキャッシュに裏付けられている」「利益の質が高い」などとプラスの評価を与えます**。

投資ＣＦは、設備投資や余剰資金の運用などでどの程度のおカネを支出し、回収したかを示しています。営業ＣＦは流入超過（プラス）が普通ですが、投資ＣＦは大きな資産売却などがなければ流出超過（マイナス）が一般的です。営業活動や投資活動によるおカネ

フリーCF

営業CFから投資CFを差し引いたものをフリーCFとするが、投資CFには設備投資以外に余資運用なども含まれる点には注意したい。期間の長い定期預金、有価証券投資などへの余資運用は、自由に使えるフリーCFをどう使うか選択した結果だ。本来の意味での会社が自由に使えるおカネを生み出す力を把握する観点からは、営業CFから設備投資額だけを差し引いてみるとよいだろう

の余剰や不足を調整するのが財務ＣＦで、借り入れ、社債や株式発行による資金調達、返済や社債償還、配当金支払いといった資金の出入りです。

堅実な会社は通常、設備投資額などの投資ＣＦをその期の営業ＣＦの範囲内に収める傾向があります。営業ＣＦから投資ＣＦを差し引いた残りをフリーＣＦと呼びます。事業が生み出した余剰資金として、経営者、債権者、株主の間で自由に配分できるおカネという意味です。ただ、ＣＦ創出力が高い会社は余剰資金の運用も拡大する傾向で、そのために投資ＣＦが膨らみ、フリーＣＦがマイナスになるケースもあります。

毎期潤沢なフリーＣＦを稼いでいれば、利息や借入金の返済に不安がなく、投資による既存事業の強化、Ｍ＆Ａや新規事業の育成など経営の選択肢も増やせます。コロナ禍のような経済の混乱時にも耐久力があり、配当や自社株買いを増やす余裕もあります。気になる会社があれば、キャッシュフロー分析で資金を生み出す能力を確認しておきましょう。

キャッシュフローは数字と中身を確かめよう

●エターナルホスピタリティグループ（3193）

●ファーストリテイリング（9983）

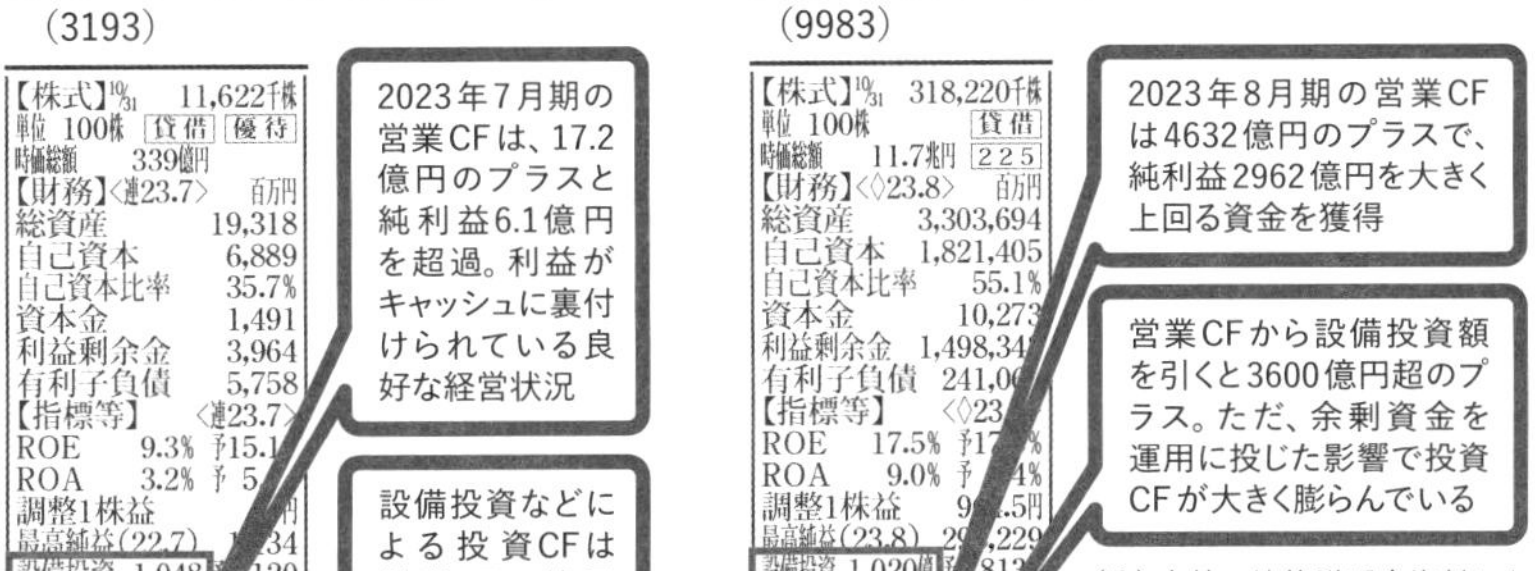

（注）会社の決算説明会資料によると、余裕資金を投資有価証券など安全性の高い運用に振り向けたため投資CFは▲5744億円。営業CFと投資CFの合計としてのフリーCFは約▲1110億円だが、運用の影響を除くと、フリーCFは実質的に3600億円超と高水準

お目当ての条件に合った銘柄を探そう

約3900社に及ぶ上場企業の中から、株式市場で十分に評価が高まっていない「お値打ち株」、将来大化けしそうな「成長株」など、お目当ての条件に合った有望銘柄を見つけ出したいときには、**『会社四季報オンライン』のスクリーニング**を活用すると便利でしょう。

スクリーニングとは、さまざまな投資尺度を条件に指定して銘柄を絞り込む手法のこと。『会社四季報オンライン』では、会社名や設立年、本社所在地などの基本情報、PERや配当利回りなどの指標のほか、社長就任年や会計監査人名、取引銀行名などニッチな情報、さらには『会社四季報』の業績予想や本文など独自データも使って銘柄を絞り込むことができます。

編集部おすすめの条件で一発検索

絞り込む条件を設定したい場合には、サイトの「スクリーニング」から「新規作成」→「条件の追加」と進み、スクリーニング項目を選びます。スクリーニング項目は検索窓に入力して検索することもできます。

演算子で不等号を選択し、条件値に数値を入力、「条件を確定」→「検索する」ボタンをクリックすると結果が表示されます。結果はCSVファイルにダウンロードしたり、ウォッチリストにまとめて登録したりすることができます。

そもそもどのような条件で銘柄を絞り込めばいいのかわからないという方には、「おすすめ」タブと「よく使う条件」タブが便利です。ここでは、**ユー**

初心者は「おすすめ」タブをチェック

「おすすめ」のスクリーニング条件をさらにカスタマイズすることもできる
おすすめ
よく使う条件
サンプル条件
保存した検索条件
新規作成
スクリーニングの使い方
お宝銘柄の発掘に役立つスクリーニング条件を厳選。「条件を見る」ボタンから詳細スクリーニング項目を確認・カスタマイズできます。
営業利益率が高い銘柄
条件を見る
前期の売上高営業利益率の高い銘柄をランキング形式で表示
純利益率が高い銘柄
条件を見る
前期の売上高純利益率の高い銘柄をランキング形式で表示
見出しが【絶好調】
条件を見る
四季報最新号の本文業績欄の見出しが【絶好調】の会社。勢いのある会社を抽出できます
見出しが【独自増額】
条件を見る
四季報最新号の本文業績欄の見出しが【独自増額】の会社。四季報記者が独自に増額した銘柄のうち代表的なものを抽出できます
最新号のW矢印・Wニコちゃん
条件を見る
会社四季報最新号の今期営業利益予想が会社の予想より30%以上大きく、かつ前号より30%以上予想を増額した銘柄を抽出
東洋経済予想が会社より強気
条件を見る
今期営業利益予想(四季報最新号作成後の更新も反映)が会社の予想より10%以上大きい銘柄を乖離率が大きい順にランキング
10万円以下で買える今期優良銘柄
条件を見る
まずは少ない資金で株式投資を始めたい方におすすめのスクリーニング条件です
渡部清二流・新興成長銘柄
条件を見る
売上高成長率が2期連続15%以上、上場からおよそ5年以内、時価総額300億円以下、PSR(株価売上高倍率)が10倍未満の銘柄を抽出
藤川里絵流・高成長銘柄
条件を見る
2期前から来期(予)まで4期連続で営業増益率が上昇する見通しの銘柄を抽出(2期前→前期への営業増益率が10%未満、時価総額が200億円以上の銘柄を除く)
藤川里絵流・月足ぴよこ銘柄
条件を見る
直近の月足が突出している銘柄。株価が22日営業日(約1カ月)前より25%以上上昇していて、200日移動線からの乖離が25%以上の銘柄を抽出
福永博之式・買いシグナル銘柄
条件を見る
前日値でゴールデンクロスを達成した年初来高値更新銘柄を抽出しました
名古屋の長期投資家さん式・堅実割安銘柄
条件を見る
PER10倍割れ、PBR1倍割れで、配当利回り3%以上、好業績(営業利益率10%以上、売り上げがプラス成長)、好財務(自己資本比率60%以上)の銘柄を抽出
四季報スコアが満点の銘柄
条件を見る
四季報スコアが5点の銘柄を表示。さまざまな指標で良い成績を収めているバランスのよい優良銘柄です
一目均衡表で「三役好転」
条件を見る
一目均衡表の買いサインである「転換線が基準線を上抜ける」「遅行スパンが株価を上抜ける」「現在の株価が雲を上抜ける」の3条件をすべて満たす銘柄を抽出します
日足ゴールデンクロス銘柄
条件を見る
日足で75日平均線が200日平均線を上抜けした銘柄を抽出しました(シグナル関連の豊富なスクリーニング条件は「新規作成」から探すことができます)
配当＋優待利回りが高い
条件を見る
配当利回り(一株当たり配当金予想÷株価)と優待利回り(金額換算した一株当たり株主優待価値÷株価)の合計値が大きいオトク銘柄を抽出
配当利回りが高い
条件を見る
配当利回り(一株当たり配当金予想÷株価)が3%以上で、今期営業利益予想が減益ではない銘柄を抽出
優待利回りが高い
条件を見る
優待利回り(金額換算した一株当たり株主優待価値÷株価)が2%以上で、自己資本比率が30%以上の銘柄を抽出
10期連続で増配
条件を見る
調整後1株配当が過去9期連続で増加、かつ今期が横ばいもしくは増加見通しの銘柄を抽出しました。長期にわたって株主還元に積極的な銘柄がわかります
10期連続で1株益が増加
条件を見る
調整後1株利益が過去9期連続で増益、かつ今期も増益見通しの銘柄を抽出しました。1株利益が長期にわたって成長している銘柄は優良銘柄と判断できます
高成長が続いている
条件を見る
前期に続いて今期、来期も10%以上の営業増益が見込まれる高成長銘柄を抽出。今期増益率の大きい順にランキング
足元の業績に勢いがある
条件を見る
四半期の営業利益が前年同期比5%以上、10%以上、15%以上と伸び続けている銘柄を抽出。ただし前期営業利益が5億円未満の銘柄は除外しています
今期に最高益を更新
条件を見る
今期の純利益予想が過去最高を更新する銘柄(純利益5億円以上)。いくつかの条件を加えて「本業が継続的に伸びている銘柄」に絞り込んでいます
営業増益が続いている
条件を見る
前期に続いて今期、来期も営業増益が見込まれる銘柄を抽出。好業績銘柄を探すためのスクリーニング条件(赤字から黒字に転換する銘柄は含まれていません)

ザーから要望の多かった条件やよく使う条件を、あらかじめ設定しており、ワンクリックで銘柄を抽出することができます。

少ない資金で株式投資を始めたい場合には**「10万円以下で買える今期優良銘柄」**、今期業績が上振れしそうな銘柄を探したい場合には**「東洋経済予想が会社より強気」**、株主優待も含めた実質利回りの高い銘柄を探したい場合には**「配当＋優待利回りが高い」**が便利です。

業績好調な隠れ割安株を探すには？

「条件を見る」ボタンでは、設定されたスクリーニング項目を確認・カスタマイズすることもできます。例えば、「よく使う条件」の「隠れ割安株」の「条件を見る」をクリックすると、図のような設定済みの条件が表示されます。

「PER（今期）（倍）」は最新の株価を1株当たり予想当期利益で割ったもの（今期予想PER）、「PER（安値平均）（倍）」は株価の最高値（最安値）を実績1株当たり純利益で割ったPERの3期平均（実績PER［安値平均］）を表しています。

つまり、ここでは**今期予想PERが40倍以上と割高に見えるが、過去の水準と比べると割安で、まだ上昇余地がある**と考えられる銘柄を抽出しています。

さらにその中から最高純益の更新を見込む銘柄を絞り込みたい場合は、「条件を見る」→「条件の追加」→「四季報データ」→「四季報最新号等」の順に進み、「最高純益更新（％）」を選択します。「条件の設定」で演算子を「∧」に、条件値に0を入力し、条件を確定します。すると、予想PERが過去の水準と比べると割安な隠れ割安株のうち、業績も好調な銘柄の一覧をチェックすることができます。

135ページで紹介されている「藤川里絵流・月足ぴよこ銘柄」も「おすすめ」に用意されています。

隠れ割安株の条件を見ることができる

最高純益を更新見込みの銘柄を絞り込む

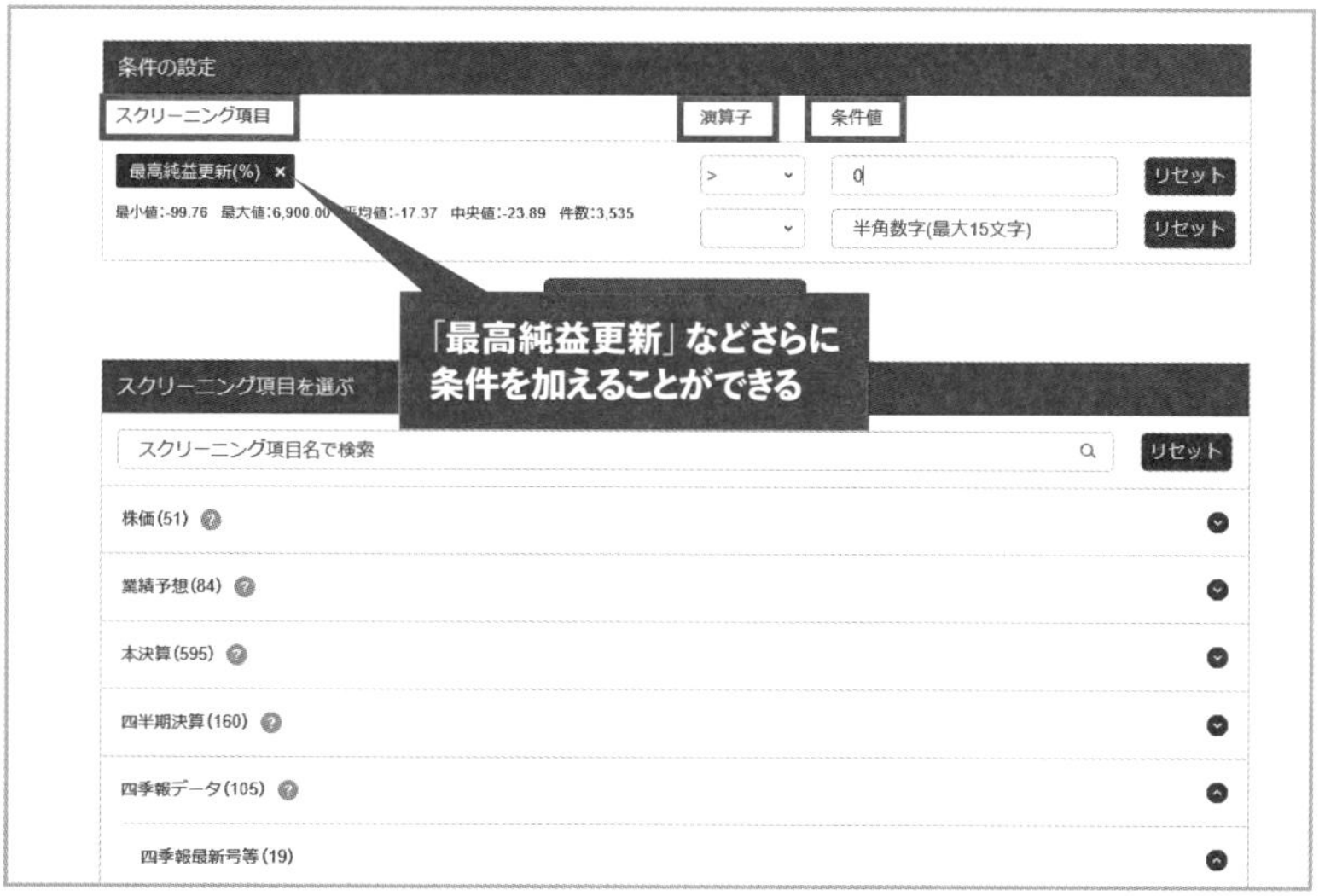

達人に聞く
『会社四季報』活用法②

「月足ぴょこ」で簡単&楽ちんな銘柄探し

藤川里絵さん
個人投資家、株式投資講師、CFPファイナンシャル・プランナー

ふじかわ・りえ
2010年から株式投資をスタート。『会社四季報』による銘柄発掘を得意とし、5年で自己資金を10倍に増やす

10年以上前に株式投資スクールのお手伝いをしていた際に、「商品カタログのような、会社のカタログ」という説明を聞いたのが『会社四季報』を知ったきっかけ。「これを読めば企業の比較ができて、いい投資先を選ぶことができる」と思い、投資にも興味を持ちました。『会社四季報』と出会わなければ、株式投資を始めていなかったはずです。今でも読むたびに、新規上場の企業はもちろん、創業から100年以上というような老舗企業の魅力に気づくことがあります。肌着のイメージが強いグンゼ（3002）が、実はペットボトルなどに巻かれているプラスチックフィルムで国内首位級というように、イメージと違う側面に気づくことも多いです。包あん機に強みを持つレオン自動機（6272）など、時価総額が小さくてもニッチな分野で世界トップシェアを誇る会社もあります。日本には素晴らしい会社がたくさんあるということを、『会社四季報』を読んで再発見しています。

印象に残っている記事は多くあります。例えば、「焙煎ゴボウ主原料のチョコ風の食品素材を開発」

というあじかん（２９０７）の２０２３年秋号の材料欄。ゴボウとチョコという意外な言葉の組み合わせに興味を持ちました。実際に商品を買い、投資をしてみたところ株価も上昇しました。

業績予想にサプライズはあるか

気になる記事を見つけると、『会社四季報オンライン』で過去４号くらいの記事を確認します。そうすれば、ネガティブだった記事のトーンがポジティブになっていくなどの変化に気づけます。投資対象にするなら、業績数値なども詳しく見ていきます。ポイントは、会社予想や前号と比べてサプライズがあるかどうか。今期の営業利益予想の変化は欄外の前号比修正矢印や会社比マークを見ればわかります。さらに、来期の営業利益が大きく伸びる予想や、前号から増額している銘柄にも注目します。もちろん、いい銘柄でも割高では投資対象になりにくいでしょう。『会社四季報』には過去のＰＥＲの範囲も掲載されているので、今の株価が割高なのか割安なのかを判断することができます。

初心者にもできる簡単で楽ちんな読み方が、銘柄ページの上にある月足チャートで「月足ぴょこ」銘柄を見つける方法。株価の横ばいが続いたあとに陽線が「ぴょこ」っと出ているチャートで、好材料が出ていることが多くあります。「月足ぴょこ」に付箋をつけておいて、今後も株価上昇が続くかを記事や業績予想などを見て判断するといいでしょう。

数字が苦手な人にも、会社四季報はおすすめです。売上高や利益などの業績の数値は、基本的には増えているか減っているかなので、複雑な計算は必要ありません。「絶対に儲かる銘柄を探す」と意気込むのではなく、「雑学が増えればいいな」という感覚で気軽に読み続けていけば、必ずいい銘柄と出会えます。新春号、春号、夏号、秋号と1年くらい読めば、面白さにはまってしまうこと間違いなしです。

第4章

安全な会社はどう探す？

1 複数のデータで収益性と安全性を測る

株式投資の醍醐味の1つが成長力の高い銘柄への投資であることは間違いありません。ですが、**「ズバリこれを見れば将来の成長力がわかる！」といった指標はありません**。では、どうすればよいのでしょうか？

成長力の担保となりそうなのが収益性です。本業の稼ぐ力を表す営業利益の増加が続いている会社は、将来の増益継続も期待できます。また、営業利益を売上高で割った営業利益率や営業キャッシュフローでも収益性を測ることができます。一般的に効率の高い企業は収益を上げやすいので、効率性を表すＲＯＥ（自己資本利益率）やＲＯＡ（総資産利益率）も参考になるでしょう。

もっとも、連続営業増益、高利益率、高効率の会社の株価はすでに高いのが普通です。その段階から株を買うとなると、その会社に〝長生き〟してもらう必要があります。一方で、ハイリスク・ハイリターンといわれるように、リスク（積極的な設備投資や新規事業開拓など）を取らないと高収益は得られません。投資の際は、**リスクが顕在化したとき**、会

ROA
Return On Assets の略。日本語では総資産利益率と呼ばれる。純利益÷総資産×100 で求められる

ROE
Return On Equity の略。日本語では自己資本利益率と呼ばれる。純利益÷自己資本×100 で求められる

社が発生する損失を吸収できるかにも着目する必要があります。

1つの指標は自己資本、自己資本比率です。決算期末の純損失（『会社四季報』では【業績】の純利益に▲が付く状態）は、その分、自己資本を減らします。純損失の累積で自己資本がマイナスとなると債務超過で、2期連続となれば上場廃止となります。所有株式を売れないのですから最大のリスクです。**もう1つが純現金（現預金と有利子負債の差額）**です。6カ月間に2度、返済期日に借入金を返せないと倒産と見なされます。【財務】の有利子負債と【キャッシュフロー】の現金同等物を比較しておきましょう。ただし、電力・ガスや賃貸が主力の不動産業などは売上高の何倍もの有利子負債があるのが普通で、売上高有利子負債比率は業種によって違うことに留意してください。

安全性重視で自己資本を増やしてきた日本企業の多くは、ROEが低めです。そのため、ROEが評価尺度になった今、その向上に腐心しています。あちら立てればこちらが立たず。バランスが難しいのです。

【業績】【財務】【キャッシュフロー】などを併せ読む

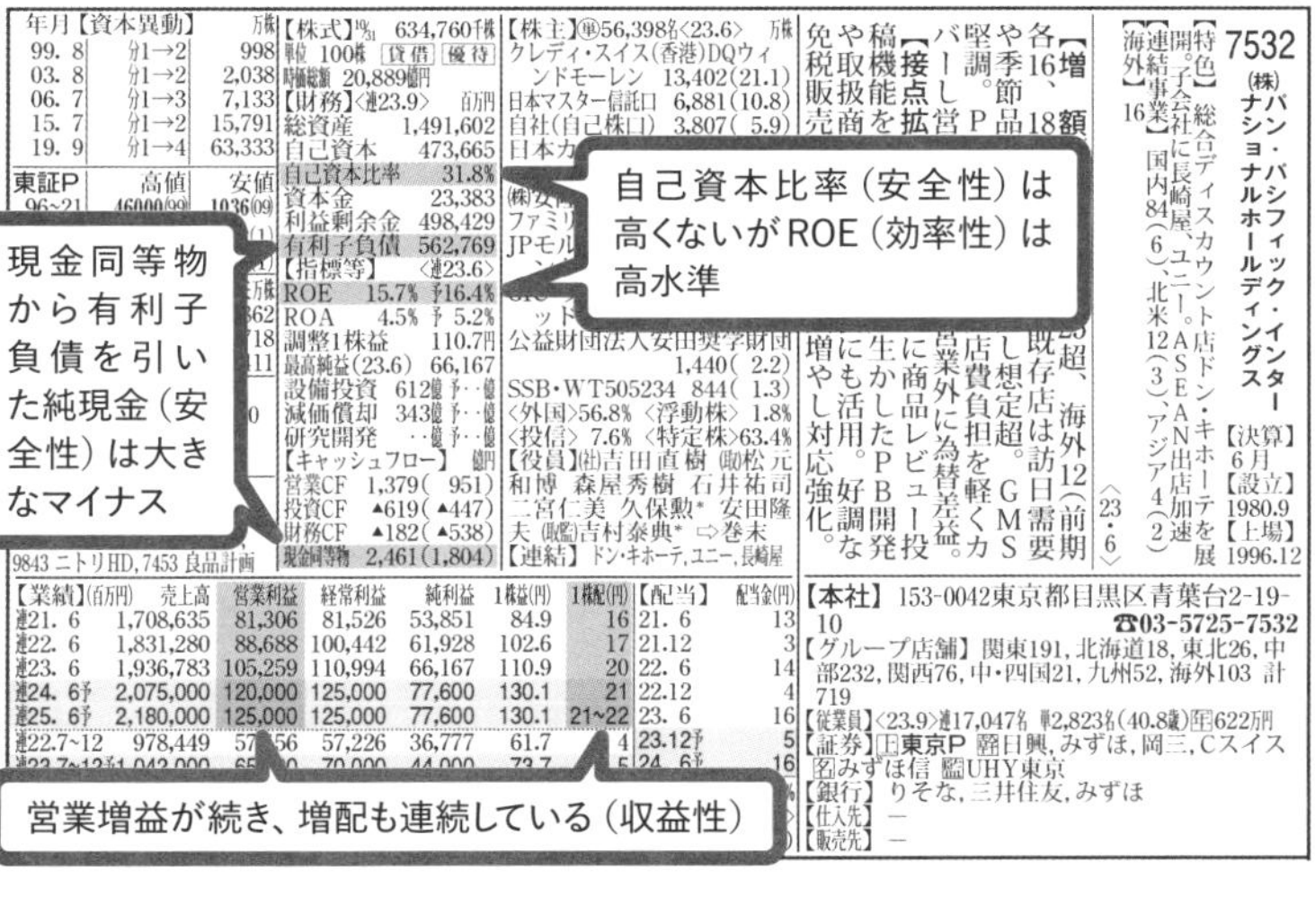

2 【財務】欄からは会社の実像がうかがえる

駆け出しの会社四季報記者の目はPL（損益計算書）にくぎ付けになりがちですが、ベテランの記者は「BS（貸借対照表）を読め」といいます。1年間の〝通知表〟であるPLは為替など外部環境で変化しますが、**BSは会社の経営方針を数値化したもので、短期間に大きく変わらない**からです。総資産に対する現預金や有利子負債の比率、棚卸資産（在庫）の増減、自己資本比率の変化などBSの数値を見ることで会社の考え方がわかるのです。『会社四季報』はBS由来の6つの勘定科目の数字を【財務】に掲載しています。

会社が事業を行うための諸要素（現預金、原材料、設備、土地、のれん、政策保有株式など）を合計した**総資産（BSの左側）は会社の規模を表します**。総資産有利子負債比率（安全性）やROA（総資産利益率）、総資産回転率（効率性）などの計算にも使われます。

【財務】の総資産と自己資本比率以外の項目は、総資産がどう調達されているかを大まかに表しています。**BSの右側の勘定科目は、最終的に返さねばならない負債と、たとえ倒産したとしても返す必要がない純資産に分かれます**。負債の典型は有利子負債で、金融

総資産回転率

年間の売上高を総資産（厳密には期初と期末の平均値）で除したもの

前受金

顧客が前払いしたお金はBSの左側、現預金と右側、前受金に反映され、サービスなどが提供されると、売上高に計上される。現預金が前受金より少ない場合は要注意

会社の考え方

例えば、毎年利益を着実に出して、総資産が増えているのに、現預金のみ増えて設備が増えていなければ、会社は現有設備でまだ成長できると判断している、あるいは新しい投資機会を見いだせずにいる、などと考えられる

機関からの借入金や投資家から募った社債などです。一般的に有利子負債が少ないほうが、安全性が高いといえますが、旅行代理店や学習塾のように顧客が代金を前払い（前受金）する業態では、総資産有利子負債比率が小さくなるので、注意が必要です。

通常、純資産の大部分は自己資本（株主資本＋その他包括利益累計額）で、自己資本の総資産に対する比率が自己資本比率です。この比率が高いと、返さなくていい資金の比率が高いことになるので会社にとってはよいことですが、もしものときに資金回収をできなくなるリスクを背負うのが投資家です。

最近聞く機会が増えた資本コストとは、投資家のリスクに見合ったリターン（配当や自己株買い）を意味し、持ち合いで資本コストへの意識が低かった日本の企業に意識改革を迫っています。**新株発行（増資）は、通常金利よりも高い資本コストを負担してでも成長できる、という会社の自信の表れ**と見ることもできます。利益剰余金は株主還元の原資ともいえますが、現預金と同額とは限りません。

貸借対照表（BS）由来の厳選6データをチェック

【財務】<◊23.9>	百万円
総資産	4,384,121
自己資本	1,223,990
自己資本比率	27.9%
資本金	89,938
利益剰余金	812,444
有利子負債	1,639,600

会社の資産（左側）がどういった性格の資金（右側）で構成されているかを示すのが貸借対照表。資本コストへの意識が高まっており、返さなくていい資金である純資産に関するリターンが高まる傾向にある

貸借対照表（百万円）

資産の部		負債の部	
総資産	4,384,121	有利子負債	1,639,600 など
		純資産の部	
		自己資本	1,223,990
		うち資本金	89,938
		〃 利益剰余金	812,444 など

自己資本比率（27.9%）＝自己資本÷総資産×100

3 「総資産＝規模」の拡大をどう評価するか

前節で「総資産は会社の規模を表す」と書きました。総資産の増加は、借入金などの負債の増加や純資産の増加（例えば新株式発行、純利益拡大による利益剰余金の増加）と表裏一体なので、**規模の拡大＝成長と一般的に考えられます**。

メーカーの場合、【指標等】の設備投資が増加傾向にあり、かつ減価償却を上回り、【業績】の純利益が減っていなければ総資産は増えている可能性が高くなります。この場合は、仮に有利子負債が増加していても、会社は将来の成長に向けて積極的に投資していると見ることができます。

では、**将来に向けた積極的な投資による総資産の増加ならよいのかというと、それほど単純な話でもありません**。増えた設備がフル稼働した後の利益率が投資以前よりも下がってしまったら、結果的に収益性は悪化したことになります。また、もっぱら有利子負債で総資産が増えたとしたら安全性の面で懸念が生じてきます。

何事もバランスが重要です。チェックには、収益性はＲＯＡ（総資産利益率）、安全性は

ROIC

Return On Invested Capital の略。経営指標に採り入れるなど、意識する会社が増えている。会社によっては事業ごとに算出し、会社想定の適正数値と比較して改善点の割り出しに使っている。会社四季報掲載数値では、営業利益、自己資本、有利子負債で計算すると参考にできる

総資産の増加

一概に「総資産拡大＝成長」とはいえないことには注意が必要。純利益が減少し、利益剰余金や現預金が縮小した状況で、運転資金確保のために借り入れや社債発行を行い、有利子負債が増加している状況でも総資産が大きくなる可能性がある

自己資本比率（自己資本÷総資産）や総資産有利子負債比率が使えます。難しいのが、**成長に向けた規模拡大と収益性、安全性は短期的には二律背反**となる点です。投資実行から投資の効果が純利益に表れるまでには年単位の時間がかかるのが普通で、分母である総資産の増加が先行したり、減価償却が増えたりでROAは低下しがちです。利益剰余金に算入される純利益の増加よりも先に総資産が増えるので、自己資本比率も、やはり低下します。何を重視するかは銘柄の特性、時々の外部環境などにより違ってきます。

もう1つ、比較的新しい収益性の指標をご紹介しましょう。

ROAは買掛金など利子の付かない負債を増減させれば操作が可能ですし、ROEは分母に有利子負債が含まれていない点では過度に株主を意識した指標ともいえます。そこで、**最近注目されているのはROIC（投下資本利益率、ロイック）です**。計算式は税引後営業利益÷（自己資本＋有利子負債）で、分母（自己資本＋有利子負債）を配当や利払いなどのコストを要する資金にしているのが特徴です。

複数のデータを比較し、資産増の影響を捉える

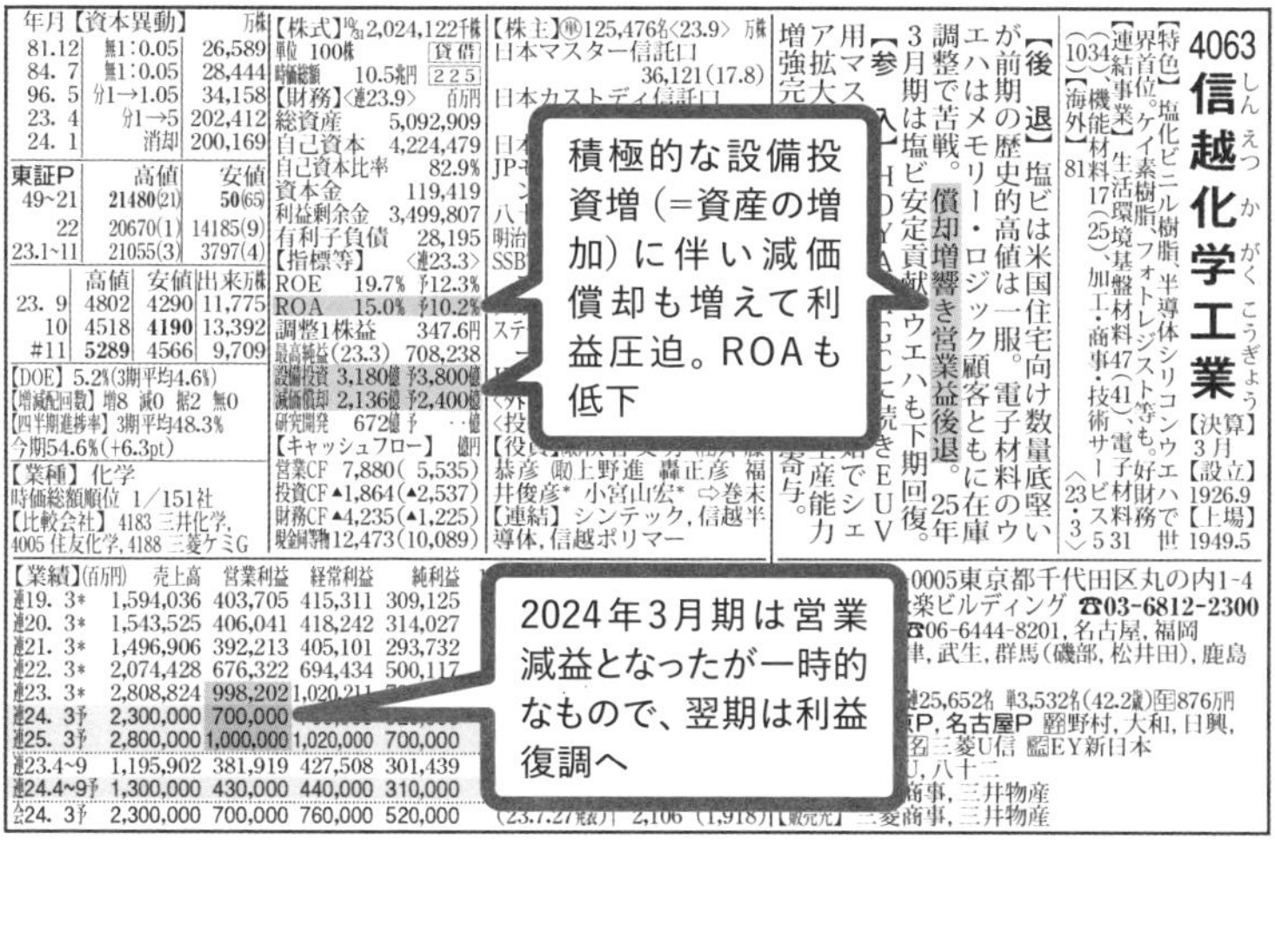
4063 信《しん》越《えつ》化《か》学《がく》工業《こうぎょう》
【決算】3月 【設立】1926.9 【上場】1949.5

【特色】塩化ビニル樹脂、半導体シリコンウエハで世界首位。ケイ素樹脂、フォトレジスト等も。好財務
【連結事業】生活環境基盤材料47(41)、電子材料31(34)、機能材料17(25)、加工・商事・技術サービス5(1034)【海外】81〈23・3〉

【後退】塩ビは米国住宅向け数量底堅いが前期の歴史的高値は一服。電子材料のウエハはメモリー・ロジック顧客ともに在庫調整で苦戦。償却増響き営業益後退。25年3月期は塩ビ安定貢献。ウエハも下期回復。

【参入】

年月【資本異動】		万株
81.12	無1:0.05	26,589
84. 7	無1:0.05	28,444
96. 5	分1→1.05	34,158
23. 4	分1→5	202,412
24. 1	消却	200,169

東証P	高値	安値
49~21	21480(21)	50(65)
22	20670(1)	14185(9)
23.1~11	21055(3)	3797(4)

	高値	安値	出来万株
23. 9	4802	4290	11,775
10	4518	4190	13,392
#11	5289	4566	9,709

【DOE】5.2%(3期平均4.6%)
【増減配回数】増8 減0 据2 無0
【四半期進捗率】3期平均48.3%
今期54.6%(+6.3pt)
【業種】化学
時価総額順位 1／151社
【比較会社】4183 三井化学, 4005 住友化学, 4188 三菱ケミG

【株式】10/31 2,024,122千株
単位 100株 貸借
時価総額 10.5兆円 225
【財務】〈連23.9〉 百万円
総資産 5,092,909
自己資本 4,224,479
自己資本比率 82.9%
資本金 119,419
利益剰余金 3,499,807
有利子負債 28,195
【指標等】〈連23.3〉
ROE 19.7% 予12.3%
ROA 15.0% 予10.2%
調整1株益 347.6円
最高純益(23.3) 708,238
設備投資 3,180億 予3,800億
減価償却 2,136億 予2,400億
研究開発 672億 予 …億
【キャッシュフロー】 億円
営業CF 7,880(5,535)
投資CF ▲1,864(▲2,537)
財務CF ▲4,235(▲1,225)
現金同等物 12,473(10,089)

【株主】単125,476名〈23.9〉 万株
日本マスター信託口 36,121(17.8)
【役員】
恭彦 (取)上野進 轟正彦 福井俊彦* 小宮山宏* ⇨巻末
【連結】シンテック, 信越半導体, 信越ポリマー

【業績】(百万円)	売上高	営業利益	経常利益	純利益
連19. 3*	1,594,036	403,705	415,311	309,125
連20. 3*	1,543,525	406,041	418,242	314,027
連21. 3*	1,496,906	392,213	405,101	293,732
連22. 3*	2,074,428	676,322	694,434	500,117
連23. 3*	2,808,824	998,202	1,020,211	[illegible]
連24. 3予	2,300,000	700,000	[illegible]	[illegible]
連25. 3予	2,800,000	1,000,000	1,020,000	700,000
連23.4~9	1,195,902	381,919	427,508	301,439
連24.4~9予	1,300,000	430,000	440,000	310,000
会24. 3予	2,300,000	700,000	760,000	520,000

0005東京都千代田区丸の内1-4 楽ビルディング ☎03-6812-2300
☎06-6444-8201, 名古屋, 福岡
津, 武生, 群馬(磯部, 松井田), 鹿島
連25,652名 単3,532名(42.2歳)年876万円
P, 名古屋P 幹野村, 大和, 日興,
名三菱U信 監EY新日本
U, 八十二
商事, 三井物産
【販売先】三菱商事, 三井物産

4 自己資本は株主に帰属するお金

本章の第2節で触れたように、負債と違って純資産は会社が返済する必要のない資金です。**通常、純資産のほとんどは自己資本**で、株式募集（公募）に応じた人々が払い込んだ資本金、赤字補填などに使える資本準備金、毎年の純利益から配当を控除した額の累計である利益準備金などから構成されます。創業間もない会社は信用力が低いため、借り入れもままならず、早期に黒字達成が難しいことから、BSの右側の大半が資本金と資本準備金ということも珍しくありません。**自己資本は、運用こそ経営者に託していますが、株主に帰属します**。投資家にとって極めて重要な勘定科目です。

ある会社の株式を買うと、その会社の発行済み株式数に対する保有株式シェアに応じて配当金を得る権利や株主総会での議決権などが生じます。保有株式シェアが5％なら配当総額の5％がもらえて、5％の議決権が得られます。拙劣な経営で赤字が続き、一向に改善しない場合には、経営者に方針転換を求めたり、時には株主総会で退陣を要求したりする必要があります。赤字が続く状態を放置すれば、いずれ自己資本がマイナスの債務超過

PBR
株価純資産倍率で、Price Book-value Ratio の略。決算期末の会社の保有資産と株価を比較し割安度を測る指標で、「株価÷1株当たり純資産」で算出。1株当たり純資産は、自己株を除く発行済株式数で純資産を割って算出する

解散価値（1株純資産）を下回っている
その逆に、1倍を上回るPBRはその企業に対する成長期待、ブランド力、技術力など簿外の価値が株価に反映されているものと考えることができる

となり、その状態が2期続けば上場廃止となります。会社が倒産すれば株券は紙くずになってしまいます。経営不振会社の株主ならば、大株主の動向に注意しましょう。

効率的に稼ぐ力を示すROE（自己資本利益率）も自己資本を使って算出します。ROEは純利益を自己資本で割ったものです。そのため、**純利益が同額なら、ROEは自己資本が多い会社で低く、自己資本が少ない会社では高くなります。**自己資本が多いと、財務の安全性が高まりますが、半面、調達した資本で稼ぐ効率性が低下する可能性もあります。

自己資本と関係が深い指標としてはPBR（株価純資産倍率）もそうです。株価を1株純資産で割った値で、会社の株価の割安度を測ります。理論的には「もしも会社を解散したら株主に払われる資産」であるため、**1株純資産は解散価値とも言われます。つまり、PBR1倍割れは株価が解散価値（1株純資産）を下回っている**わけで、株主にとっては事業を継続するよりも解散したほうがましな状態ということになります。

自己資本と関係の深い重要指標を確認しよう

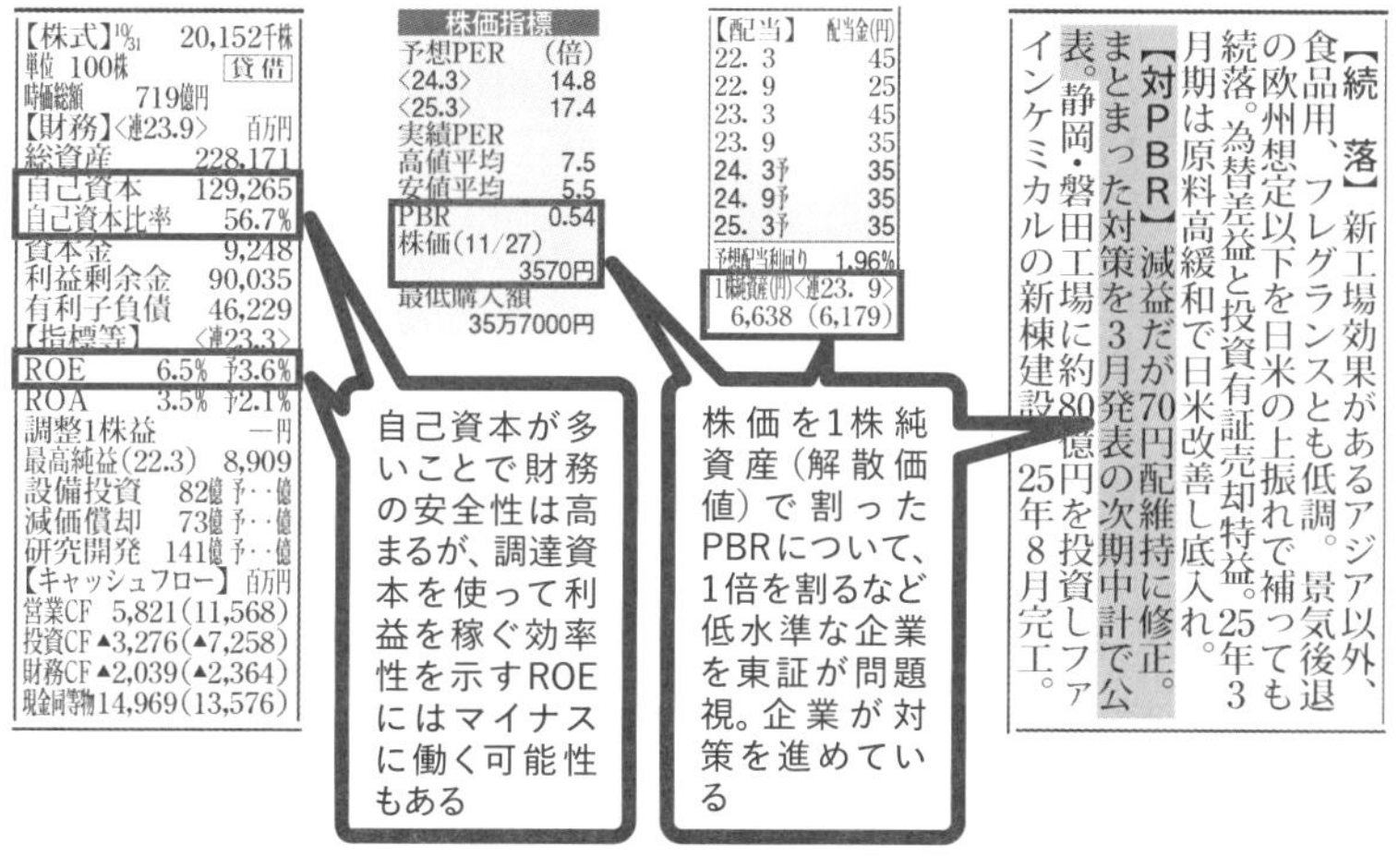

【株式】10/31 20,152千株
単位 100株 貸借
時価総額 719億円
【財務】〈連23.9〉 百万円
総資産 228,171
自己資本 129,265
自己資本比率 56.7%
資本金 9,248
利益剰余金 90,035
有利子負債 46,229
【指標等】 〈連23.3〉
ROE 6.5% 予3.6%
ROA 3.5% 予2.1%
調整1株益 ―円
最高純益(22.3) 8,909
設備投資 82億 予‥億
減価償却 73億 予‥億
研究開発 141億 予‥億
【キャッシュフロー】 百万円
営業CF 5,821(11,568)
投資CF ▲3,276(▲7,258)
財務CF ▲2,039(▲2,364)
現金同等物 14,969(13,576)
株価指標
予想PER （倍）
〈24.3〉 14.8
〈25.3〉 17.4
実績PER
高値平均 7.5
安値平均 5.5
PBR 0.54
株価(11/27) 3570円
最低購入額 35万7000円
【配当】 配当金(円)
22. 3 45
22. 9 25
23. 3 45
23. 9 35
24. 3予 35
24. 9予 35
25. 3予 35
予想配当利回り 1.96%
1株純資産(円)〈連23. 9〉
6,638 (6,179)
【続 落】新工場効果があるアジア以外、食品用、フレグランスとも低調。景気後退の欧州想定以下を日米の上振れで補っても続落。為替差益と投資有証売却特益。25年3月期は原料高緩和で日米改善し底入れ。
【対PBR】減益だが70円配維持に修正。まとまった対策を3月発表の次期中計で公表。静岡・磐田工場に約80億円を投資しファインケミカルの新棟建設25年8月完工。
自己資本が多いことで財務の安全性は高まるが、調達資本を使って利益を稼ぐ効率性を示すROEにはマイナスに働く可能性もある
株価を1株純資産（解散価値）で割ったPBRについて、1倍を割るなど低水準な企業を東証が問題視。企業が対策を進めている

5

自己資本が増えるのはどういう場合？

株主にとって重要な自己資本はどういった状況で変動するのでしょうか。本節では増加するシチュエーションに焦点を当てます。**王道は何といっても純利益の増加**です。自己資本を構成する要素である利益剰余金は配当に回されなかった純利益が累積したものなので、配当性向100％でなければ、純利益の増加は自己資本の増加に直結します。

純利益の増加以外で自己資本が増える場合には、株数の増加を伴う点に注意が必要です。企業が新株を発行して投資家に買ってもらう公募増資は買い手を特定せず、広く一般から投資を募ります。【資本異動】には「公○○○万株（×××円）」のように記載され、1株いくらで公募したかがわかります。**公募は成長に向けた資金調達や、自己資本を厚くして財務の安全性を高めるために行いますが、一時的に1株利益の縮小、つまり希薄化（ダイリューション）が起きる**のが普通で、既存株主にとっては痛しかゆしという面もあります。

自己株の売り出しも自己資本を増やします。売り出しは大株主などの既存株主が発行済みの株を多数の人に対して同一条件で放出することなので、通常は新たな資金調達にはな

配当性向100％

配当性向は当期純利益の中で配当金が占める比率のことで、配当性向100％は当期純利益を100％配当に回すことを意味する。大きな設備投資を必要としない会社が期間限定で実施することがあるほか、最近では物言う株主の圧力で株主還元を強化するケースも見られる

希薄化（ダイリューション）

新株発行などの増資を行い、発行済み株数が増えることで、1株当たりの価値が低下すること。1株当たりの利益のほか、議決権割合が低下することを指すこともある

りません。しかし、自己株の場合は、会社が自己株を買った時点でその額がいったん自己資本から減算されて発行済み株式数から除かれるため、売り出されると公募と同様に新たな資金調達につながる効果を持ちます。ただし、希薄化が起きるのも同じなので、多額の自己株を買い戻した後、消却せずに保有し続けている会社を敬遠する投資家もいるようです。

自己資本を増やす場合に、公募と違い、株の買い手を特定するのが第三者割当増資です。【資本異動】には「三者○○○万株（×××円）」のように記載されます。狙いは資金調達と同時に割当先との関係を深めることにあり、2つのパターンに大別されます。1つは新株を発行する会社と割当先が新規事業を始めるため、あるいは既存の協業事業をさらに伸ばすために割当先がその資金を出すイメージです。既存株主にとって悪い話ではないでしょう。もう1つは、**業績不振でこのままだと債務超過になるような会社が割当先に救いを求めるもの**です。この場合、引き受け価格などの面で割当先に有利な条件となるのが一般的で、それに反発した既存株主が裁判所に差し止め請求をすることもよくあります。

自己資本が増えて、1株利益が減ることも

●ジーエス・ユアサ　コーポレーション（6674）

【業績】(百万円)	売上高	営業利益	経常利益	純利益	1株益(円)	1株配(円)
連19. 3*	413,089	22,654	24,728	13,524	164.7	50
連20. 3	395,553	21,676	23,109	13,674	168.2	50
連21. 3	386,511	24,810	27,279	11,455	141.9	50
連22. 3	432,133	22,664	24,684	8,468	105.2	50
連23. 3	517,735	31,500	24,213	13,925	173.1	50
連24. 3予	560,000	37,000	32,000	16,000	159.3	50
連25. 3予	550,000	38,000	32,000	16,000	159.3	
連23.4~9	256,805	12,674	11,993	5,958	74.1	15
連24.4~9予	250,000	13,000	11,000	5,500	54.7	15
会24. 3予	560,000	37,000	32,000	16,000	(23.11.7発表)	

年月	【資本異動】	万株
23.12	公1521万株（2072円）	9,831
	三者249万株	（2072円）
23.12払	三者228万株（OA）	10,059

公募と第三者割当で株数が2割超増加し、予想純利益は増えているものの、予想1株当たり利益は減少

●極洋（1301）

2024年新春号

年月	【資本異動】	万株
61. 8	有1：0.5 公400万株	10,000（120円）
62.11	無1：0.06	10,600
04. 2	消却	10,928
16.10	併10→1	1,092

増資で圧倒的に多いのは第三者割当で公募はそれほど行われない。極洋は2024年に、実に1961年以来となる公募増資を行った

2024年春号

年月	【資本異動】	万株
16.10	併10→1	1,092
24. 3	公100万株（3380円）	1,192
24. 3払	三者15万株（OA）	1,207

6 自己資本が減る経営状況には注意

自己資本が減る。それは株主にとってどんな意味があるのでしょうか。株主に帰属する**自己資本が減って株主が喜ぶことは普通はなさそうですが、可能性としてありうるのが純利益を超えた配当、または自己株買い**です。純資産の構成要素である利益剰余金は毎年の純利益から配当を控除したものの累積です。そのため、ある年の配当を当期純利益を超過して支払うと利益剰余金の残高が減り、自己資本は減少します。また、当期純利益を超える金額の自己株買いでも、純資産でマイナス勘定される自己株が増えるので、自己資本は減少します。

ただ、そうした例は相当なレアケースです。また、こうした自己資本を減らす施策は市場が要求するROE（自己資本利益率）やPBR（株価純資産倍率）を達成するためのもので、実行したとしても短期間で終わるはずです。

やはり、**自己資本が減る主因は経営不振による純損失（当期純利益の赤字）であり、株主にとっていい話ではありません。**純損失が続くと欠損（利益剰余金がマイナスになっている状

減資分で欠損金を補填

復配（業績悪化で無配になっていた企業が再び配当を開始すること）を準備するために無償減資を行うことはしばしば見られる。増加した資本剰余金で欠損金を補填した後、毎期の純利益で配当する。欠損金補填は復配の前兆ともいえる

態）が生じ、減資という選択肢が見えてきます。**減資とは株主から集めた資本金の額を減らすことで、無償減資と有償減資があります。**

無償減資は資本金を減らした分を資本剰余金に振り替えるので、自己資本の総額は減りません。**無償減資の目的は欠損金（利益剰余金のマイナス額）解消による経営の立て直しと節税**です。欠損金があると配当できないケースが多く、金融機関の融資姿勢も厳しくなるのが普通です。減資分で欠損金を補填する（ゼロにする）ことはしばしば見られる事例です。ただ、その後にまた純損失を計上すると元の木阿弥になってしまいますので、**欠損金を補填するのは将来の業績に自信のあるとき**でしょう。節税は資本金の多寡によって地方自治体の外形標準課税額が変わることを利用するものです。コロナ禍でホテルなど観光関連企業が相次いで減資を発表したことを覚えている人も多いでしょう。

有償減資は資本金を減らした分を株主に配当します。ほかに配当原資がないための非常手段で、長い目で見て株主にも経営にもよいわけがなく、上場会社の有償減資はまずないと考えていいでしょう。

減資が復配への伏線というケースもある

●ワシントンホテル（4691）

【業績】(百万円)	売上高	営業利益	経常利益	純利益	1株益(円)	1株配(円)
連19. 3	21,410	2,988	2,836	1,704	168.8	16
連20. 3	19,786	1,269	1,218	408	37.1	21
連21. 3	4,761	▲7,056	▲7,250	▲7,518	[illegible]	0
単22. 3	8,547	▲3,243	▲3,108	▲3,261	▲270.5	0
単23. 3	17,532	2,989	2,815	3,215	266.6	0
単24. 3予	19,200	1,800	1,380	1,340	111.1	10
単25. 3予	20,900	2,200	1,800	1,750	145.1	10~15
単23.4~9	8,915	808	614	590	49.0	0
単24.4~9予	10,000	1,000	800	780	64.7	0
会24. 3予	19,279	1,703	1,280	1,242	（23.5.12発表）	

①連続純損失で欠損金が発生

④欠損金が消えて復配へ

【株式】10/31	12,170千株
単位 100株	優待
時価総額	90.7億円
【財務】<単23.9>	百万円
総資産	35,919
自己資本	7,233
自己資本比率	20.1%
資本金	100
利益剰余金	3,806
有利子負債	20,764

年月	【資本異動】	万株
19.10	公180万株（1310円）	1,190
19.11	三者27万株（OA）	1,217
22. 8	減資	1,217

②資本金を1億円まで減らし、③減らした分を自己資本の内部で資本剰余金に振り替え、さらに利益剰余金に振り替えて欠損金を消す

大株主の動きを見て投資の参考にする

物言う株主（アクティビスト）の動きが、株価を大きく動かすケースが見られます。アクティビストの要求は配当の増額、事業構造の転換、役員の退任などさまざまですが、要求が通らなければ株を買い増すなどして圧力をかけることもあります。**アクティビストに目をつけられたこと自体が買い材料とされたり、会社側も防衛のために株高対策を行ったりすることもあります。**『会社四季報オンライン』では、アクティビストが保有している銘柄を探す方法は大きく2つあります。

1つ目は、大量保有報告書の情報を検索する方法です。大量保有報告書とは、ある銘柄の株式を新規に5％以上保有した場合や、5％以上保有していて、その保有割合が1％以上増減した場合などに報告することを義務づけたものです。

トップページ上部の検索窓に直接、株主名を打ち込みます。例えば、世界最大級のアクティビストである米投資ファンドのエリオット・マネジメントについて「エリオット」と検索すると「大量保有（39件）」と表示されます。検索結果に過去の履歴も表示されるので、どの銘柄に投資してその後どうしたのかも知ることができます。

各銘柄に関する大量保有報告書の情報は、個別銘柄ページのセグメント収益の下にある「大量保有速報」でも確認できます。『会社四季報オンライン』では、大量保有報告書の内容を抜粋してより読みやすくした情報を掲載しています。

独自に大株主上位30位まで調査

各銘柄の大株主の情報からチェックする方法もあ

ります。「銘柄研究」の「大株主検索」をクリックし、株主の名前を入力して検索すると、その株主が保有している銘柄一覧が出てきます。

検索対象は、保有株比率が上場会社の上位30位までにランクインしている株主です。上場会社の開示義務は上位10位までですが、東洋経済では独自に各社の上位30位までの大株主を調査しています。アクティビスト以外に、著名な個人投資家の保有銘柄を調べるにも便利です。

調査への回答は任意なのですべての会社について30位までの大株主が判明しているわけではありませんが、多くの会社から回答を得ています。

各銘柄の大株主を一覧で確認したい場合には、個別銘柄ページの「プロフィール」から「大株主（5年10期）」が便利です。一部の有料プランでは、大株主の変遷を過去5年分振り返ることができます。

大量保有速報では保有割合や目的をまとめている

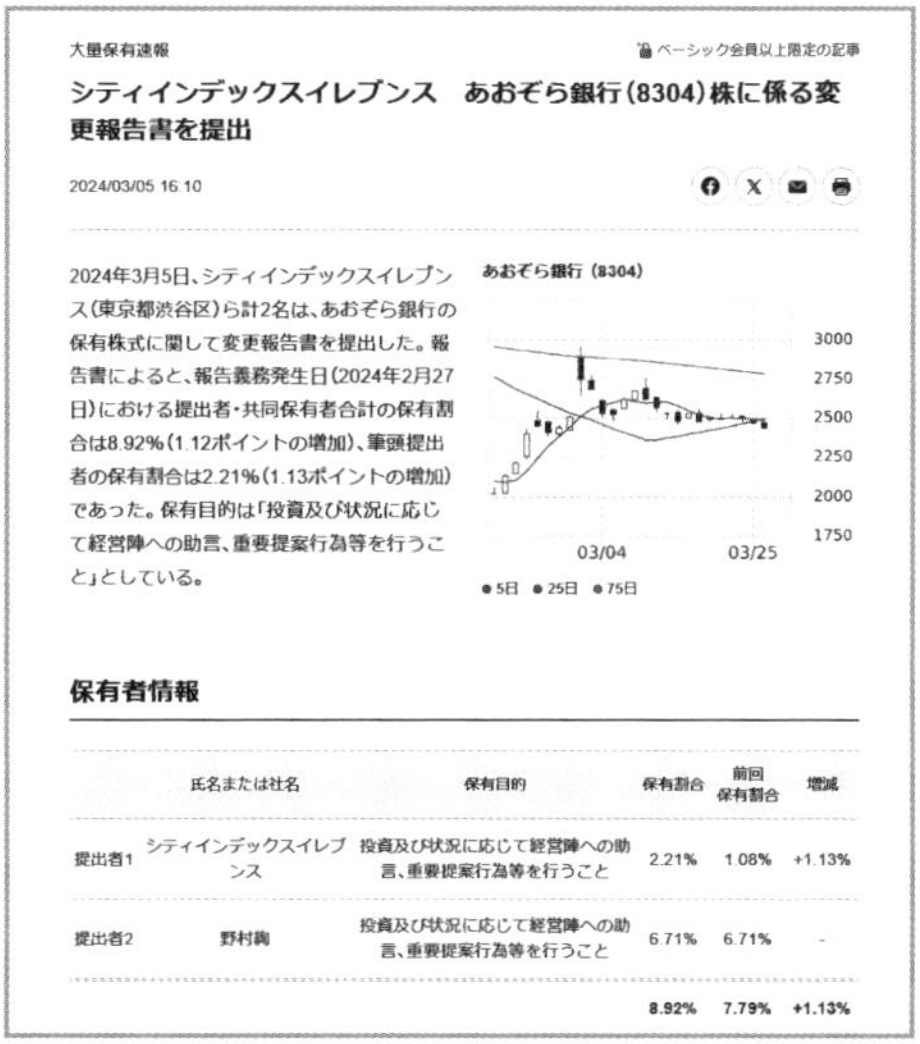
大量保有速報　ベーシック会員以上限定の記事

シティインデックスイレブンス　あおぞら銀行（8304）株に係る変更報告書を提出

2024/03/05 16:10

2024年3月5日、シティインデックスイレブンス（東京都渋谷区）ら計2名は、あおぞら銀行の保有株式に関して変更報告書を提出した。報告書によると、報告義務発生日（2024年2月27日）における提出者・共同保有者合計の保有割合は8.92%（1.12ポイントの増加）、筆頭提出者の保有割合は2.21%（1.13ポイントの増加）であった。保有目的は「投資及び状況に応じて経営陣への助言、重要提案行為等を行うこと」としている。

保有者情報

	氏名または社名	保有目的	保有割合	前回保有割合	増減
提出者1	シティインデックスイレブンス	投資及び状況に応じて経営陣への助言、重要提案行為等を行うこと	2.21%	1.08%	+1.13%
提出者2	野村絢	投資及び状況に応じて経営陣への助言、重要提案行為等を行うこと	6.71%	6.71%	-
			8.92%	7.79%	+1.13%

7 利益剰余金は純利益の積み上がりを表す

『会社四季報』の【財務】欄にある**利益剰余金は自己資本を構成する要素の1つで、会社がこれまで稼いできた純利益の蓄積を表しています**。純利益から支払配当金を差し引いた金額が、内部留保として毎期積み上がり、利益剰余金に反映されます。

利益剰余金はあくまでも帳簿上の金額です。実際には、会社は稼いだ資金を在庫や機械設備などの投資に回します。そのため、**実際に利益剰余金相当の現預金を保有しているというわけではありません**。

利益剰余金は利益準備金とその他利益剰余金に分けられます。利益準備金は会社法によって積み立てが義務づけられており、取り崩しには制限があります。その他利益剰余金は、使い道が決まらず持ち越しになっている繰越利益剰余金と、本社建て替えなど特定の目的のために取り分けている任意積立金からなります。任意積立金は会社が独自に決めることなので、項目のない会社もあります。

会社の稼ぎが出どころになっている利益剰余金は、利益準備金を除けば、比較的自由に

配当原資に回すことができます。会社が成長のために資金を有効活用せず、利益剰余金をため込むばかりだと、株主から「それなら配当で還元せよ」というプレッシャーがかかる可能性があります。

一方、**純利益の赤字が続く会社では、利益剰余金がどんどん目減りしていきます**。過去の蓄積を食い潰すと、利益剰余金がマイナスになります。そのマイナス幅が拡大していくと、やがては債務超過に陥ってしまいます。企業の安全性という観点からは、利益剰余金が減り続けていないか、マイナスになっていないかの確認が重要でしょう。厳しい状況で会社が対策を講じた例として、ロイヤルホテル（9713）のケースを『会社四季報』でたどることができます。

利益剰余金が潤沢か、マイナスになっていないかを確認

●ロイヤルホテル（9713）

2023年新春号

【財務】〈連22.9〉	百万円
総資産	58,611
自己資本	14,302
自己資本比率	24.4%
資本金	100
利益剰余金	▲6,531
有利子負債	32,200

新型コロナの直撃を受け巨額赤字が続き、利益剰余金はマイナスに

2024年新春号

【財務】〈連23.9〉	百万円
総資産	30,513
自己資本	18,889
自己資本比率	61.9%
資本金	100
利益剰余金	8,511
有利子負債	0

中核のリーガロイヤルホテル大阪を売却し、2023年3月期に特別利益を計上。利益剰余金がプラスに転じる

【業績】(百万円)	売上高	営業利益	経常利益	純利益	1株益(円)	1株配(円)
連19. 3	40,884	2,047	1,816	2,908	284.0	0
連20. 3	37,601	▲257	▲465	727	71.0	0
連21. 3	15,638	▲9,794	▲6,916	▲9,334	▲911.3	0
連22. 3	16,465	▲8,217	▲4,550	▲4,811	▲469.7	0
連23. 3	26,397	▲2,986	▲2,129	13,315	1,253	0
連24. 3予	21,500	550	250	150	9.8	0
連25. 3予	24,000	900	600	500	32.7	0~5

【黒字化】大阪ホテル売却で大幅減収。企業主催の宴会戻る。訪日客増えて客室単価上昇。営業黒字に。ただ婚礼とレストランが想定未達、前号より黒字幅縮小。25年3月期は前半から宴会好調で利益改善続く。
【沖縄出店】宿泊特化型の中価格帯ホテルの出店が決定。209室で開業は26年春を見込む。宴会は件数増加と値上げが寄与し下期はコロナ前の水準近くまで回復へ。

8 自己資本がマイナスの債務超過は非常に危険

『会社四季報』の【財務】欄にある利益剰余金がマイナスとなり、その金額がさらに膨らむと、自己資本そのものがマイナスとなり債務超過に陥ります。**債務超過は会社が持っている資産よりも負債のほうが大きくなってしまった状態**です。

つまり、手持ちの財産を全部売り払っても借金を返せないのです。債務超過になっても、資金繰りが維持できていれば、事業は継続できます。とはいえ、企業にとっては非常に危険な状態であり、**債務超過が2期続くと原則として上場廃止となります**。

本決算期末で債務超過になると、証券取引所が「上場廃止基準に係る猶予期間入り銘柄」に指定します。その次の決算期末でも債務超過が解消されない場合、整理銘柄に指定し、原則として1カ月後に上場廃止となります。

『会社四季報』では巻末にある「上場廃止リスクがある銘柄一覧」の中で「上場廃止猶予銘柄」「整理銘柄」としてまとめています。必要に応じて、当該会社の記事欄でも触れ

債務超過が2期続くと

東証の上場維持基準では「純資産の額が正であること」と定められており、「上場維持基準に適合しない状態となった場合には、1年内に上場維持基準に適合しなかったときは、上場廃止基準に該当します」としている

ています。

債務超過の解消方法としては、期間利益を上げる、資本を増強する、債務免除を受ける、などがあります。

図のホープ（６１９５）は、自治体向けに特化した広告代理店業を手がけていましたが、自由化により電力小売り事業に進出しました。ところが、電力調達価格の急騰で巨額の赤字が発生し、債務超過に陥りました。２０２３年３月期に赤字の元凶となった電力事業を譲渡したことに伴い特別利益（記事欄にある「株式特別勘定取崩特益」がそれに当たります）を計上。第三者割当増資などによる資本増強もあり、債務超過を解消しました。

債務超過が続くと上場廃止に

●ホープ（6195）
2023年新春号

【財務】〈連22.9〉	百万円
総資産	1,640
自己資本	▲418
自己資本比率	—%
資本金	94
利益剰余金	▲526
有利子負債	1,514

巨額赤字が続き債務超過に陥り、上場廃止猶予期間に入っていた

【特益】12カ月決算。柱の広告事業が自治体の取り扱い媒体増で牽引。職員向け情報冊子も発行増で広告出稿伸長。赤字の電力事業撤退効く。株式特別勘定取崩特益。
24年3月期は広告事業の媒体増え堅調増。
【正念場】債務超過で23年3月末まで上場廃止猶予期間。資本業務提携等で解消目指す。広告事業が媒体の発行月平準化で生産性向上、収益性改善。継続前提に重要事象。

2024年新春号

【財務】〈連23.9〉	百万円
総資産	1,919
自己資本	841
自己資本比率	43.8%
資本金	10
利益剰余金	106
有利子負債	318

2023年3月期に特益を計上。債務超過を解消した

【業績】(百万円)	売上高	営業利益	経常利益	純利益	1株益(円)	1株配(円)
単19. 6*	3,862	87	95	75	13.6	0
単20. 6	14,407	1,020	1,012	665	118.0	15記
連21. 6	34,615	▲6,895	▲6,935	▲6,978	▲1,109	0
連22. 3変	35,630	▲16,651	▲16,731	▲19,730	▲1,953	0
連23. 3	2,157	181	160	5,028	400.2	0
連24. 3予	2,600	280	280	200	12.2	0
連25. 3予	3,000	320	320	230	14.0	0

会社の健全性をチェックしよう

会社の健全性をチェックするには、『会社四季報オンライン』のスクリーニングが便利です。「新規作成」にある「スクリーニング項目設定」タブで、条件の追加↓指標シグナル↓指標と進むと、**自己資本比率（前期）（%）、ネットキャッシュ÷総資産（前期）（%）、ネットD／Eレシオ（前期）（倍）などの項目を選択できます**（左上図）。それぞれ選択した後は、数値を設定して会社を絞り込みます。

自己資本比率は業界や成長ステージによっても適正範囲が変わりますが、おおよそ30%以上は確保しておいたほうが安全といえるでしょう。自己資本比率がマイナスとなる債務超過は上場廃止や破綻にもつながるので、最大限の注意が必要です。

ネットキャッシュ÷総資産は、ネットキャッシュが総資産に占める割合です。この数値が高ければ、キャッシュリッチであるといえます。

ネットD／Eレシオは、貸借対照表ベースの有利子負債からキャッシュフロー計算書の現金同等物を除算した純有利子負債（Net Debt）を自己資本（Equity）で除算して算出します。低いほうが財務は安定しているといえます。

業績や財務の問題から企業の継続性（＝ゴーイングコンサーン）に不透明感がある場合、**「継続企業の前提に関する注記」、「継続企業の前提に関する重要事象等」**が決算短信などに記載されます。

『会社四季報』ではこれらの記載について記事中で触れるようにしています。スクリーニングでは、**条件の追加から四季報データ↓四季報最新号等と進み「継続疑義・重要事象等」を選択すると、それらの会社を絞り込むことができます**（左下図）。

指標を選択するだけで健全性が確認できる

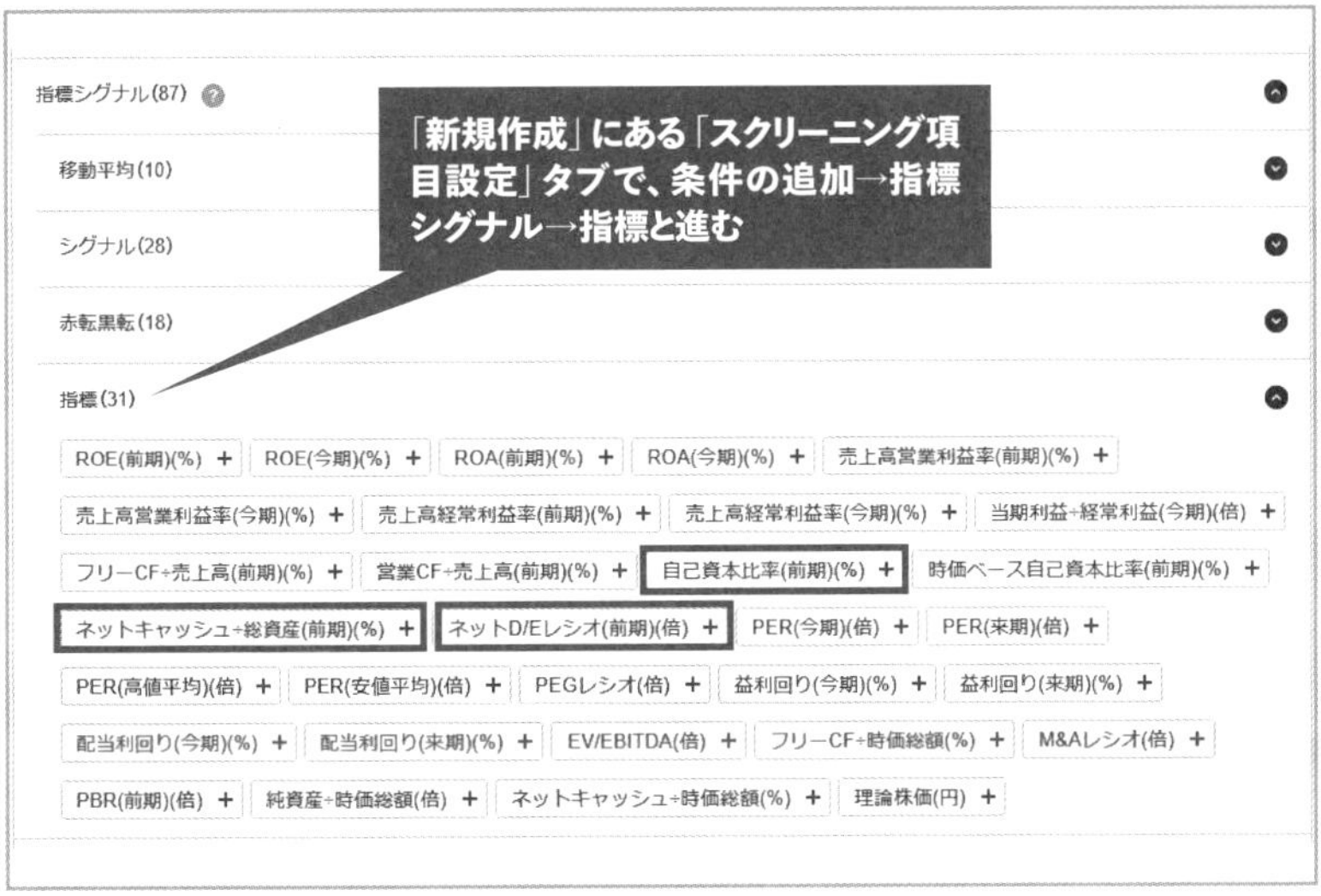

継続疑義・重要事象の企業を抽出しよう

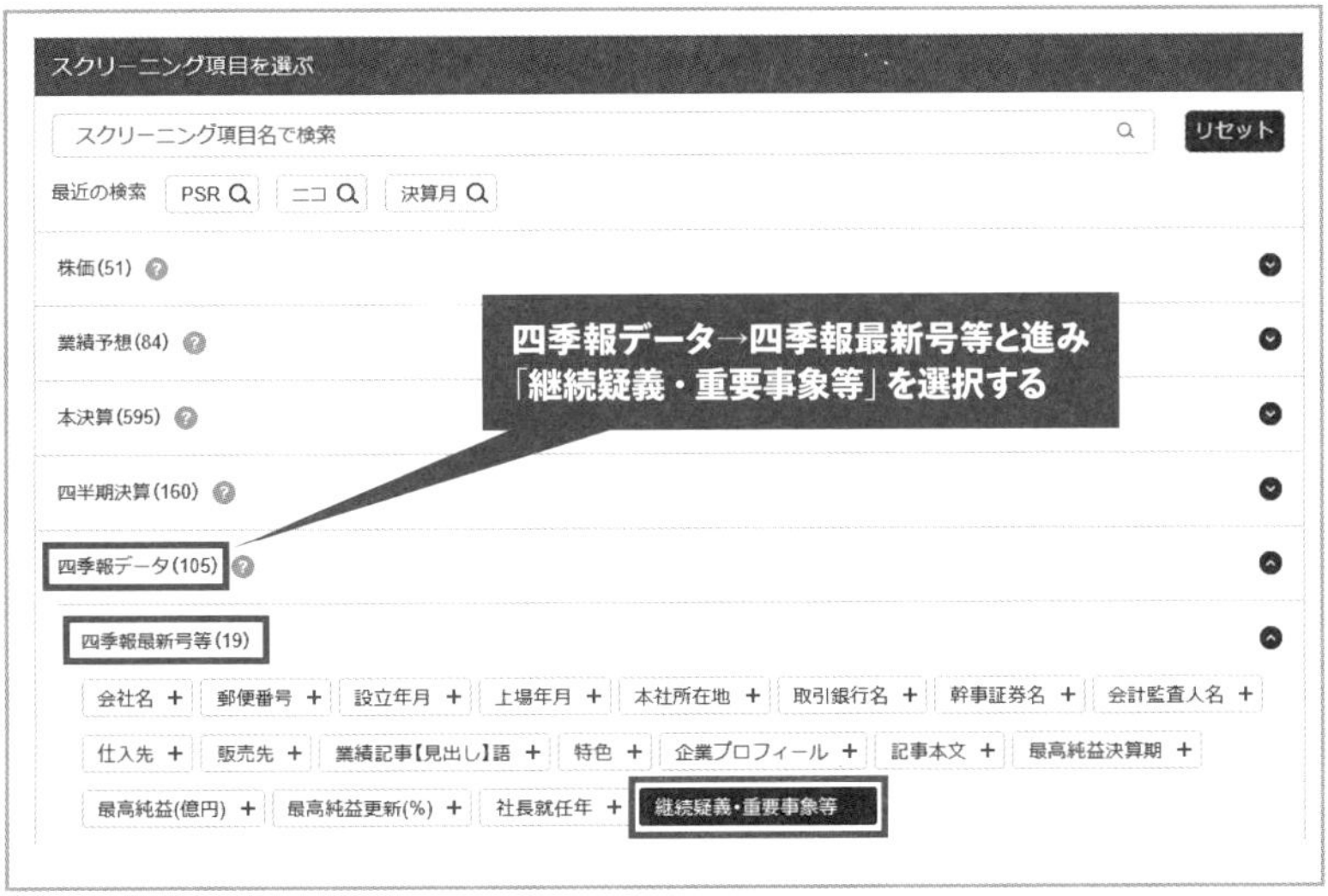

9 疑義注記や重要事象の記載でリスクを確認

会社が公表している財務諸表は、会社が永続的に事業を続ける前提で作られています。例えば貸借対照表（バランスシート、ＢＳ）に、工場の建物や機械が計上されている場合、これらの資産は今後も会社に利益をもたらすことを前提に評価されているのです。**これを「継続企業（ゴーイングコンサーン）の前提」といいます。**

この継続企業の前提に、重要な疑いを生じさせるような事象または状況が存在するときには、決算短信や有価証券報告書に、その旨を記載することになっています。ケースとしては、売上高の著しい減少、継続的な営業赤字や営業キャッシュフローのマイナス、借入金の返済不履行、債務超過、ブランドイメージの著しい悪化、などが挙げられます。

いわば企業の危険信号ですが、これには深刻度に応じて２段階あります。継続企業の前提に重要な疑いがあっても、重要な不確実性までは認められない場合には、短信や有報に「継続企業の前提に関する重要事象等」といった項目を立て、リスク情報を記載します。**該当する会社には『会社四季報』の材料記事に「継続前提に重要事象」という記載があり**

ます。黄色信号といったところでしょうか。

リスクが高く重要な不確実性がある場合には、「重要事象等」の項目に加えて「継続企業の前提に関する注記」も付けます。**該当する会社には材料記事に「継続前提に疑義注記」あるいは「疑義注記」という記載があります**。こちらは、より強い警戒信号といえるでしょう。

重要事象や疑義注記が付いた会社がすべて上場廃止になるわけでありません。業績が好転し記載が外れる会社もありますが、重要なリスク情報として注意しておくとよいでしょう。『会社四季報』の巻末には、記載のある会社の一覧表を掲載しています。

リスク情報も忘れずにチェック

●アマナ（2402）2024年新春号

2402
(株)アマナ
【決算】12月【設立】1979.4【上場】2004.7

【特色】CG制作、Web販促強い広告会社。ストック写真売却など再構築も、24年1月上場廃止へ
【連結事業】ビジュアルコミュニケーション100
〈22・12〉

【赤　字】代理店のCG・撮影受注なお不振。重点顧客にも風評影響。連続営業赤字。弁護士費用特損大。24年12月期も赤字続く。
【上場廃止】9月末も債務超過。事業再生ADRによる債務免除を前提に、松島陽介JMDC会長の個人SPCが約6億円出資し債務超過解消。24年1月下旬に上場廃止予定。1月末に株式併合、併合前の普通株式1株につき22円を交付。疑義注記。

赤字が続いて債務超過となり、疑義注記が付く。事業再生ADR手続きに入り、2024年1月に上場廃止

●倉庫精練（3578）2022年秋号

3578
倉《そう》庫《こ》精《せい》練《れん》
【決算】3月【設立】1914.8【上場】1962.8

【特色】織物・編物の染色、高次加工の老舗。親会社の丸井織物が完全子会社企図しTOBを実施
【連結事業】繊維98（▲18）、機械製造販売2（1）
〈22・3〉

【赤字縮小】親会社発注のTシャツプリント事業が好発進。合繊受託加工もラミネート加工など資材用途が数量想定以上。原燃料高は価格転嫁でこなす。営業赤字縮小。保険金特益消滅。TOB成立前提に無配。
【TOB】親会社丸井織物が完全子会社化目的に1株430円で9月21日まで公開買い付け。成立なら上場廃止。親会社との連携強化し経営再建推進。継続前提に重要事象。

赤字が続き、重要事象が付く。親会社が完全子会社化し、2022年12月に上場廃止

独自調査

「企業の継続性」にリスクがある会社一覧

原則2023年11月末時点。東京、名古屋、福岡、札幌の各市場の該当銘柄（REIT、外国株は除く）

銘柄を選定する際には、破綻リスクの大小も見極める必要がある。業績不振や財務・資金的な問題などから企業の継続性（＝ゴーイングコンサーン）に不透明さがある場合、その企業は「継続企業の前提に関する重要事象等」「継続企業の前提に関する注記」として決算短信などにリスク情報を記載するルールになっている。四季報では、記事欄で前者に該当する企業を「継続前提に重要事象」、注記もある企業は「(同)疑義注記」という表現で触れている。このうち、「疑義注記」企業のほうが深刻度はより高い。以下は今号での該当企業一覧。

『会社四季報』の巻末には疑義注記と重要事象が付いた会社のリストを掲載

10 銀行や証券は自己資本比率に独特な基準がある

決済システムを提供し、預金を受け入れている銀行は、経営破綻したときの社会的な影響が極めて大きいことから、金融庁による監督を受けています。

『会社四季報』では、銀行の場合に特有なデータを掲載しています。例えば【財務】欄にある資金量は、預金と譲渡性預金の期末残高で、銀行の規模を示す指標の1つです。本章のテーマである**安全性に関していえば、一般事業会社と同様の自己資本比率に加えて、自己資本比率（BIS）あるいは自己資本比率（国内）を掲載しています。こちらは銀行の財務の健全性を示す重要な指標**です。

（BIS）は国際業務を行う銀行に適用されるBIS規制に基づく自己資本比率で、8％以上が必要になります。（国内）は国内業務だけを行う銀行に適用される国内基準の数値で、4％以上が求められます。

その下方にある**不良債権は、経営が破綻している、あるいは破綻する可能性がある貸出先に対する債権の額**です。こちらは金融再生法に基づいて金融機関が開示している額で、

BIS規制

BISは国際決済銀行（Bank for International Settlements）のことで、スイスのバーゼルに本部がある。同じバーゼルにあるバーゼル銀行監督委員会が公表している国際的に活動する銀行の自己資本などに関する国際統一基準をバーゼル合意という。BIS内に委員会の事務局があるためBIS規制とも呼ばれる

原則単独ベースです。

証券会社についても、特有の項目を掲載しています。銀行の資金量と同様に**証券会社の規模を示す指標としては預かり資産があります。**これは顧客から保護預かりを受けた株券、債券、投資信託などの合計で、顧客基盤の厚みがわかります。

安全性については、証券会社でも一般事業会社と同様の自己資本比率のほかに**自己資本規制比率**という項目があります。

自己資本規制比率は、自己資本から固定的な資産を除いた額を、諸事情で発生しうる危険に対応するリスク相当額で割って算出します。こちらは原則、単独ベースなので、複数の証券会社を持つ場合には、どの証券会社の数値なのかを付記しています。自己資本規制比率は金融商品取引法によって１２０％以上を維持することを義務づけられており、１４０％を下回った時点で金融庁に届け出なくてはなりません。

銀行は自己資本比率、証券会社は自己資本規制比率を見る

三菱UFJ
フィナンシャル・グループ
(8306)

【財務】〈連23.9〉	百万円
総資産	398,175,428
自己資本	18,521,206
自己資本比率	4.7%
資本金	2,141,513
利益剰余金	13,475,072
自己資本比率(BIS)	14.02%
資金量	278,941,100
不良債権	1,006,887
総資金利ザヤ	‥%

ふくおか
フィナンシャルグループ
(8354)

【財務】〈連23.9〉	百万円
総資産	31,667,099
自己資本	896,256
自己資本比率	2.8%
資本金	124,799
利益剰余金	612,083
自己資本比率(国内)	11.99%
資金量	20,970,182
不良債権	304,668
総資金利ザヤ	0.47%

国際業務を行う銀行はBIS規制が適用され8%以上が必要。国内業務だけの銀行に適用される国内基準では4%以上が求められる

野村ホールディングス
(8604)

【財務】〈◎23.9〉	百万円
総資産	54,815,293
自己資本	3,291,440
自己資本比率	6.0%
資本金	594,493
利益剰余金	1,642,918
有利子負債	12,798,519
預かり資産	134,400,000
野村證券	
自己資本規制比率	311.3%

自己資本規制比率は120%維持が必要で、140%を下回ると金融庁に届け出なければならない

11 生保や損保は支払余力比率を確認する

保険会社にとって、安全性を見るうえで最も重要な指標はソルベンシー・マージン（SM）比率です。『会社四季報』では【財務】欄に支払余力比率として掲載しています。

保険会社は、将来の保険金支払いに備えて責任準備金を積み立てています。一方、大規模災害による保険金支払いなど予測を超える事態が生じた場合には、自己資本や準備金で対応することになります。その支払い余力を示すのがSM比率です。これは、ソルベンシー・マージン総額（支払い余力）を、想定されるリスクの合計額の半分で割ったものです。SM比率の基準は200％で、それを下回ると金融庁が早期是正措置を発動します。

『会社四季報』では、SM比率以外にも、生命保険会社（生保）や損害保険会社（損保）に特有のデータを掲載しています。**生保の規模を示す指標としては新規契約高と保有契約高があります。前者は年間の契約高で、後者は決算期末時点での契約残高です。**逆ザヤ額は、生保が契約者に約束している運用利回り（予定利率）を実際の運用利回りが下回った場合の差額です。生保は巨額の資金で株式などを運用しており、有力な機関投資家でもあります。

損保の規模を示す指標としては運用資産があります。これは預貯金、有価証券、不動産など幅広い運用資産を合計したものです。また、収益性を示す指標として事業費率と損害率を掲載しています。事業費率は「諸手数料および集金費」と「保険引受に係る営業費および一般管理費」の合計が正味収入保険料に占める比率で、率が低いほど効率性が高いことを意味します。損害率は、「正味支払保険金」と「損害調査費」の合計が正味収入保険料に占める比率で、一般的には、数値が低いほど収支が良好だと判断されます。大きな災害が発生すると急激に高まることもあります。

なお、損保の場合、【財務】欄の運用資産から支払余力比率までは単独決算ベースの数値です。下図にあるＭＳ＆ＡＤインシュアランスグループホールディングス（８７２５）では、資産運用利回りと支払余力比率は三井住友海上火災保険、運用資産と事業費率、損害率は同社とあいおいニッセイ同和損害保険の2社合算となっています。

支払余力比率（ソルベンシー・マージン比率）をチェック

●T&Dホールディングス（8795）

【財務】〈連23.9〉	百万円
総資産	16,850,357
自己資本	1,139,937
自己資本比率	6.8%
資本金	207,111
利益剰余金	525,740
新規契約高〈本〉	4,046,064
保有契約高	67,724,193
逆ザヤ額〈本〉	0
支払余力比率	878.5%

●MS&ADインシュアランスグループホールディングス（8725）

【財務】〈連23.9〉	百万円
総資産	25,662,452
自己資本	3,577,910
自己資本比率	13.9%
資本金	101,076
利益剰余金	1,416,445
〈単〉運用資産	10,289,500
資産運用利回〈本〉	3.79%
事業費率32.3%	損害率61.7%
支払余力比率	699.7%

生損保業界には特有の安全性指標がある

達人に聞く
『会社四季報』活用法③

負けないためにココをチェックしています

足立武志さん

公認会計士、税理士、個人投資家

あだち・たけし
資産運用に造詣が深い公認会計士として、ブログ等で精力的に情報発信。著書多数。株式会社マネーガーディアン代表取締役

株式投資を始めたのが1998年で、『会社四季報』はその頃から参考にしています。初めはそう熱心に読んでいたわけではなく、株価チャートを見て、値動きを中心に銘柄を選んでいました。当時は業績がそれほどでもない銘柄のほうが上昇相場での株価上昇率が高く、そうした銘柄の中から倒産しそうにないものを選んだりしていました。

アベノミクス相場が始まった後の2013年秋ごろから、自分が手がけていたような銘柄が値上がりしなくなり、上昇銘柄を見ると業績が伸びているものばかり。そこで成長株狙いにシフトしました。

『会社四季報』の最新号が出ると私が主宰している株式投資塾の卒業生が集まって、気になる銘柄を紹介し合う勉強会を開いています。やはり読み込んでいる参加者が紹介した銘柄のほうが、その後の株価パフォーマンスがいいですね。

私は熟読する時間がなかなか取れないので、最新号が出たら保有銘柄と投資候補銘柄のチェックをしています。投資候補だけでも500銘柄くらいあるので、新たな銘柄探しは勉強会などでほかの投資家が紹介したものを参考にしています。

プロ投資家が買わない銘柄は避ける

投資対象はまず業績、財務状況が良好な銘柄です。売上高と利益が毎年伸びており、今後も業績成長が見込める会社で、欄外の前号比修正矢印や会社比マークもチェックします。株価が上昇トレンドにあることも条件です。きれいな上昇トレンドを描いている場合は、海外勢などプロの投資家が買っている可能性が高いので。

プロの投資家が手を出さない銘柄は売買の主体が個人になるため、短期売買の影響で株価が乱高下しやすくなってしまいます。『会社四季報』の株主欄を参考に、海外投資家を示す〈外国〉や、投資信託への組み入れを示す〈投信〉の比率が少なかったり、ゼロの銘柄は投資候補には入れません。

私は負けない投資を旨としているので、借り入れが多すぎる会社も避けます。好業績を続けてきても、歯車が狂いキャッシュが入ってこなくなると利払い費用を賄えずに倒産するリスクがあります。『会社四季報』にはＲＯＥ（自己資本利益率）と、負債を加味したＲＯＡ（総資産利益率）が並んで記載されています。借り入れに頼りすぎている会社かどうかを判断するには便利で、ＲＯＥに比べてＲＯＡが低すぎる会社は要注意です。

『会社四季報』の後ろに掲載されている、「『企業の継続性』にリスクがある会社一覧」も必ずチェックし、継続企業の前提に疑義の注記がある会社には手を出しません。重要事象等の記載がある会社の場合は、投資するにしても大きい金額にならないように気をつけています。

しっかり黒字を出しているのに営業キャッシュフローのマイナスが続いている会社も注意が必要です。回収不能な売り掛けがあったり、在庫が滞留していたりする場合や、粉飾している可能性もありえますので。

第5章

売買チャンスはこうつかむ！

1 あの会社の株を買うのに必要な資金は？

現在の株価が1000円の銘柄があるとします。この銘柄を買って株主になるには最低いくら必要でしょうか。1000円ではありません。

通常の取引は、1株からでは買えないからです。株式の売買単位を単元と呼び、株を売買するための最低株式数は、単元株という形で決まっています。つまり、最低投資金額（投資単位）は、**株価×単元株数**で計算できます。

2001年の単元株制度導入で、株券に金額を記載する額面制度が廃止され、上場会社の株券は電子化しましたが、当時は1単元の株式数はバラバラでした。投資家の利便性向上を図るため、2007年から売買単位を統一する動きが本格化、2018年に**全上場会社の単元株数は100株に一本化**されました。

『会社四季報』は【株式】欄に単位として1単元の株式数を記載しており、2018年以降はすべて「単位100株」となっています。投資に最低いくら必要か、という話に戻ると、現在の株価×100株なので、最低限の**元手（最低購入金額）は株価の100倍**に

売買手数料

証券会社で株を購入するには、株の代金以外に証券会社に支払う売買手数料が必要になるが、ネット証券には国内株式を対象に約定金額にかかわらず手数料無料の会社がある。1日の約定金額が一定額以下なら無料、あるいは一定年齢以下なら約定金額にかかわらず無料など内容はさまざま。節約したい投資家にとって証券会社選びも重要だ

なります。株価1000円なら×100株で10万円、加えて売買手数料がかかります。『会社四季報』は株価チャート横の株式指標欄に、最低購入額として直近株価に単元株数（100株）を掛けた金額を掲載しています。

かつては最低購入金額が、数百万円以上という銘柄も珍しくありませんでした。その後、単元株数が100株に一本化されたことに加え、東京証券取引所が、個人投資家が投資しやすい、望ましい投資単位として5万円以上50万円未満という水準を明示したことで、株式分割で株数を増やし、株価を引き下げる会社が徐々に増えてきました。

株式分割は1株を複数株に分割して発行済みの株式数を増やします。分割数に応じて株価も減少することから、最低購入金額も下がります。個人投資家にとっては株が買いやすくなるわけです。

特に2022年後半から2023年は、1単元（100株）の購入金額が50万円以上などのいわゆる値ガサ株の株式分割が相次ぎました。任天堂（7974）が1株を10株に分割したのをはじめ、

必要な資金の目安は最低購入額でわかる

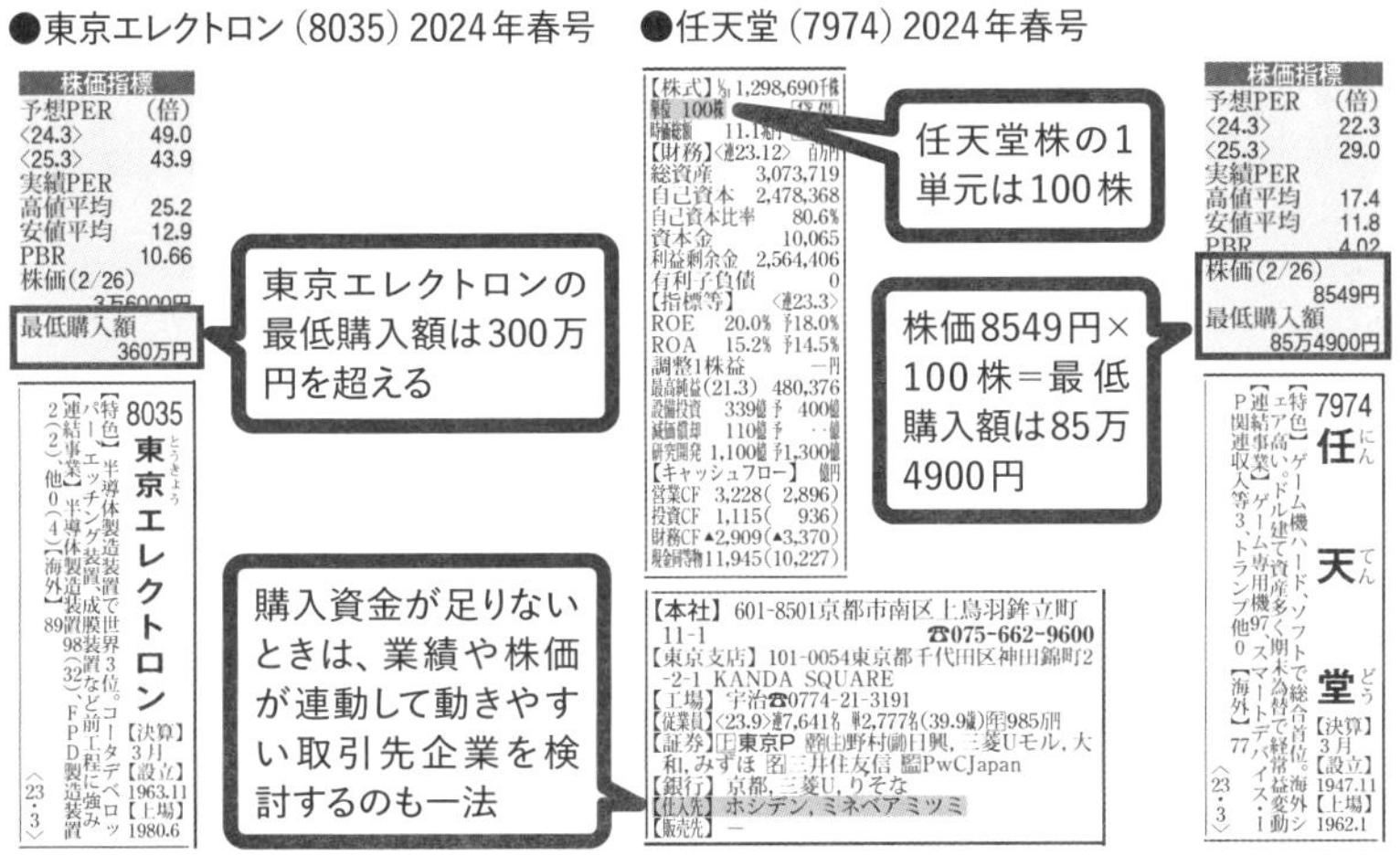

ファーストリテイリング（9983）、オリエンタルランド（4661）、ファナック（6954）、信越化学工業（4063）、東京エレクトロン（8035）が続きました。2024年に入ってからはセブン＆アイ・ホールディングス（3382）、日清食品ホールディングス（2897）、スズキ（7269）が株式分割を行いました。さらに株式分割の動きは値ガサ株にとどまらず、多くの銘柄に広がっています。

近年、政府が進めている貯蓄から投資への流れを加速するため、個人投資家に手が届きにくい値ガサ株を中心に、最低投資金額の引き下げへの対応に迫られたのが、株式分割が相次いだ理由、といわれています。また、2024年からスタートした新NISA（少額投資非課税制度）に合わせて、個人投資家に、より買ってもらいやすくする環境づくりを進めた面もあるでしょう。

いずれにしても、最低購入金額が下がって買いやすくなることは、さまざまな銘柄への投資機会が増えることにつながります。個人投資家にとっては歓迎できることです。

▼資金が足りないときは、別の投資方法も検討

それでも、ファーストリテイリングや東京エレクトロンなど、最低購入金額が100万円を超える銘柄も残っていますし、任天堂も50万円超です。**手持ちの資金が足りない場合**

値ガサ株

株式市場の全体相場にも影響されるので明確な基準はないが、1単元の購入金額が高い銘柄のこと。値ガサ株とは別に、時価総額2000億～3000億円以上などと規模が大きく、流動性が高い銘柄は大型株と呼ぶ

の投資戦略の1つが、関連する別の銘柄に注目する方法です。

『会社四季報』には【仕入先】【販売先】の記載があります。**当該銘柄の業績拡大時には、仕入先や販売先の業績や株価も連動して動きやすいケースが想定できます**。例えば任天堂は【仕入先】にホシデン（6804）、ミネベアミツミ（6479）が記載されています。任天堂が投資条件に合わなければ、代わりに関連銘柄の購入を検討してみるのもよいかもしれません。

この銘柄の株を買いたいけれど購入金額が条件に合わない、といった場合には、さらに別の投資方法もあります。証券会社は、**ミニ株、株式ミニ投資**などの名称で単元未満株による株取引制度を用意し、**10株や1株からの売買サービスを提供**しています。投資資金は株価×株数ですから、通常の最低購入金額より少額での購入が可能です。投資金額が少なくて済み、分散投資の効果が得られるメリットもあります。

ただ、割高な売買手数料がかかったり、リアルタイムで売買できず自分が想定した株価で取引できない可能性があるといった点で単元株取引との違いがあります。購入方法だけでなく、配当金は受け取れても議決権や株主優待などの株主権も全般的に制限されるところも単元株取引と大きく異なります。売買に当たっては、手数料や約定のタイミング、株主権の有無などを調べ、十分納得してから投資してください。

2 売りたいときに売れない株に要注意

銘柄選択に当たって重視すべきポイントの1つが流動性です。流動性とは売買の厚みのことで、その株式に対する売りと買いの参加者が多ければ望んだときに株式の売り買いがしやすく、参加者が少なければ望みどおりに売り買いができないおそれがあります。**ひと言で言えば「売りたいとき売れるか、買いたいとき買えるか」です。**

株式の売買は売りたい株数と価格が、買いたい株数と価格に合致して成立します。流動性が高い（＝売買がつねに活発に行われる）銘柄であれば問題ありませんが、流動性が低い銘柄は売買が成立しないこともしばしばです。やむをえず、約定価格を指定しない成り行きで注文を出していると、売買が成立しても、希望とかけ離れた売買株価になることもあります。

例えば保有銘柄で不祥事が発覚したため、保有株を売ろうとしている場合を考えてみましょう。流動性が乏しければ思うように買い手が現れずに換金できない状態が続き、最悪の場合は資金回収ができないまま塩漬け、といった事態にも陥りかねません。

約定

株式の売り手による「この株数を（この価格で）売りたい」と､買い手の「この株数を（この価格で）買いたい」との条件が一致して取引が成立した状態が約定。取引が成立した価格を約定価格、約定値段という

時価総額の大きいほうが流動性が高い

『会社四季報』の【業種】には独自業種分類での時価総額順位を掲載しているので、業種内で時価総額に応じた流動性の高低を推測したり、業界内でのプレゼンスを把握できる

流動性は『会社四季報』株価欄の出来高でチェックしましょう。出来高とは、期間中に成立した売買の数量のことで、『会社四季報』は直近の3カ月間の月間出来高合計を、原則として万株単位で記載しています。出来高は投資家の人気度を表す指標でもあります。これを売買したい株数と比べてみれば、自分の売買注文を十分に吸収できるだけの取引があるか、おおよその見当はつくでしょう。『会社四季報』は会社が発行した発行済み株式数も載せています。月間の出来高と見比べると、発行済みの株式数に対して売買される割合が、銘柄によって大きく異なることがわかります。前節で触れた株式分割も流動性に大きく関わります。分割に伴う株価の減少で売買が活性化すれば、流動性が高まるからです。

【株式】の時価総額を基準に、個々の銘柄の流動性リスクを判断することもできます。時価総額は「株価×発行済み株式数」ですから、市場の評価が高く、発行済み株式数が多いほど時価総額も大きくなります。むろん、時価総額の大きいほうが流動性が高い傾向です。

会社によってさまざまな流動性を確認しよう

●パナソニック ホールディングス（6752）

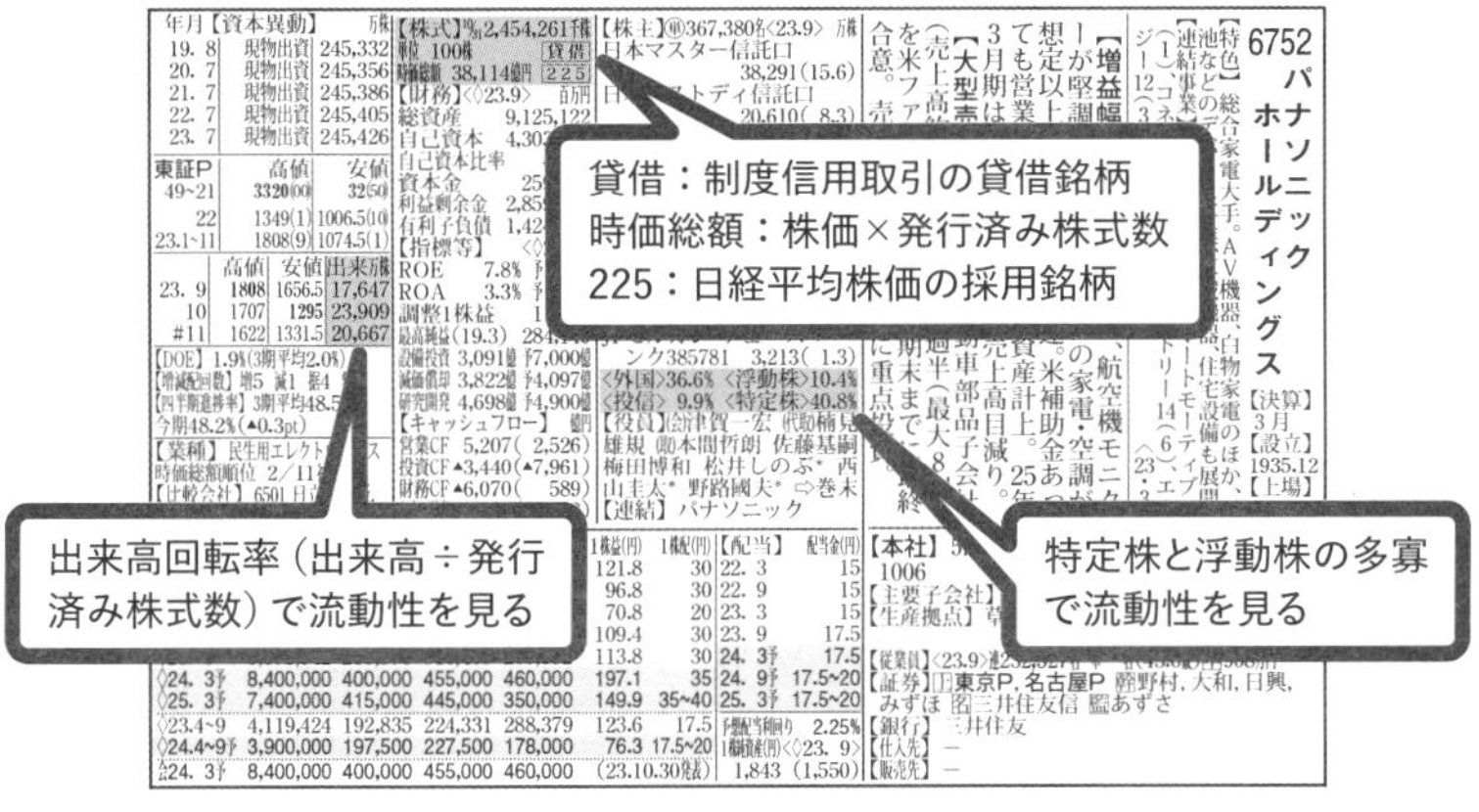
貸借：制度信用取引の貸借銘柄
時価総額：株価×発行済み株式数
225：日経平均株価の採用銘柄
出来高回転率（出来高÷発行済み株式数）で流動性を見る
特定株と浮動株の多寡で流動性を見る

▼〈特定株〉、〈浮動株〉、〈外国〉、〈投信〉、株主の違いから流動性を推し量る

発行済み株式数の中には、普段は市場に出回らない株も含まれています。『会社四季報』は大株主上位10位までと役員の持ち株、自己株式数の合計を**少数特定持株数**として、これを発行済み株式数で割った比率を、**【株主】に〈特定株〉として掲載**しています。これらの株主は、会社の支配や経営に深く関わっており、通常は株式を市場に売り出す可能性は低い、と考えられます。つまり特定株比率が高い銘柄は流動性が低くなるので注意しましょう。近年は取引先との持ち合い株解消や流動性を高めるためにオーナーや創業家が株式を売り出す動きがあります。一方、〈浮動株〉は1単元以上50単元未満の株主が所有している株式数の合計が発行済み株式数に占める比率です。**浮動株は特定株とは逆に市場で流通し売買される可能性の高い株**であり、多ければ流動性が高く、少なければ低くなります。

〈外国〉、〈投信〉は、それぞれ発行済み株式数に占める外国人投資家の保有比率、投資信託に組み入れられている株式の比率を表します。大きな資金を運用しているこれらの投資家は、時価総額の大きい銘柄を中心に投資します。つまり、**〈外国〉、〈投信〉の比率が高いほうが流動性は高い**、と考えてよいでしょう。**外国人、投信の保有が多く、流動性が高い銘柄は、個人投資家だけでなくプロの分析、多彩な見方が株価に反映される**ので比較

外国人投資家の保有比率

外国人投資家は企業の成長性やESGへの対応度などを厳しく問う傾向が強い。国内株式市場の投資部門別売買代金で海外投資家は全体の67・6%を占めており、資金力も大きい。中長期投資を前提とした年金基金等の資金が振り向けられると株価の長期上昇につながる

的株価は安定し、荒っぽい値動きが抑制されやすくなります。

売買の活発さという観点では**信用取引の対象銘柄かどうか**、という区分も有効です。信用取引は投資家が証券会社から資金や株式を借りて行う取引で、手元資金以上の多額の取引ができることから、その分、市場参加者が増え、同様に売買量も増えて取引に厚みが増します。信用取引にも種類があります。中でも証券取引所がルールを定めて対象銘柄の選定も行う制度信用取引の貸借銘柄は、資金を借りて行う買い建てだけでなく、株券を借りて売り建て（空売り）もできるので、流動性が一層高くなることが期待できます。

東証市場は2022年の再編でプライム、スタンダード、新興市場のグロースの3市場になりました。市場ごとに株主数、流通株式数、時価総額など流動性に深く関わる基準が定められています。**基本的に最上位のプライムに上場している銘柄は流動性が高く、新興市場は流動性が低い傾向にあります**。とはいえプライムでも流動性の乏しい銘柄、反対にスタンダード、新興市場でも平均的なプライム市場の銘柄より流動性の高い銘柄はあります。

プライム市場以外でも流動性の高い銘柄は多い

●日本KFCホールディングス（9873）

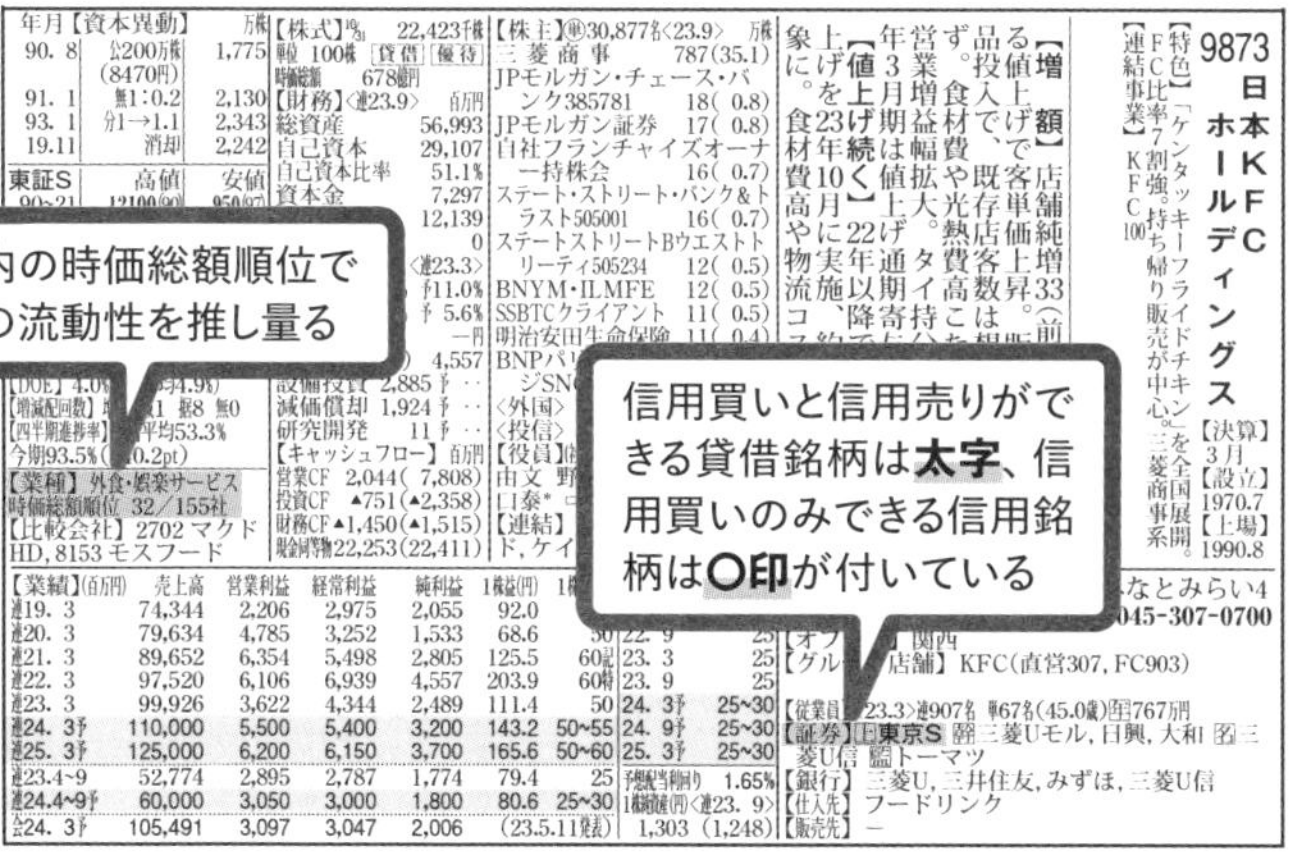
業種内の時価総額順位で銘柄の流動性を推し量る
信用買いと信用売りができる貸借銘柄は太字、信用買いのみできる信用銘柄は○印が付いている

3 ローソク足で株価を分析してみよう

『会社四季報』は、各銘柄ページに株価推移をグラフ化した株価チャートを掲載しています。チャートとはもともと海図、航海用の地図のこと。過去の株価の動きや現在の位置を教えてくれる株価チャートは、まさに株価の地図といえるでしょう。

株の分析手法は2種類あり、1つは**企業の業績や財務状況などに基づいて株価の先行きを分析するファンダメンタルズ分析**です。もう1つが**テクニカル分析で、チャートから株価のトレンド（方向感）や騰落のパターンを把握し、将来の値動きを分析する**手法です。

『会社四季報』は**中長期の投資判断に適した月足《つきあし》チャートを採用、1本のローソク足が1カ月間の株価の四本値《よんほんね》を示した月足を過去3年強分（41カ月）掲載**しています。

ローソク足はローソクのような形で四本値という、株価の4つの状況を表現します。四本値は取引開始の価格である**始値《はじめね》**、取引終了時の価格である**終値《おわりね》**と、取引中の最も高い価格である**高値《たかね》**、最も安い価格である**安値《やすね》**の4つ。ローソク足は四本値の状況が一目でわかる形になっている優れもので、そこから市場の情勢、投資家心理を読み解くことができ

ローソクの色と形

実体が長い陽線（大陽線）は株価の上昇エネルギーが強く、先高観も強いことを示している。反対に実体が長い陰線（大陰線）になると、寄り付き（取引開始時）よりも終値がかなり低くなり、売り優勢が続いて先安観が強いことが読み取れる

月足チャート

チャートには四本値で1カ月の値動きを示す月足のほかにも種類がある。1日の値動きを表した日足チャート、1週間の週足チャートは、主に短期から中期の値動きを読み取るのに使う。月足よりもさらに長期の株価動向を確認したい場合には年足チャートもある

1/6

ます。

具体的には、ローソクの色と形から株価の勢いと先行きの方向性を読み取っていきます。取引の始値より終値が高ければローソク足の実体（柱の部分、胴体とも呼ぶ）は白くなります。これを**陽線**と呼びます。反対に終値が始値より安ければローソク足の実体は黒くなります。これが**陰線**です。この白黒が市場心理の強弱を示唆していると考えます。

実体の上下にある**1本線のヒゲも重要なサイン**です。上に突き出た上ヒゲの先端は期間中の最も高い価格（高値）、下に突き出た下ヒゲの先端は最も安い価格（安値）を表します。

下値圏で長い下ヒゲが出ると、株価は下がる力が強かったが、上がろうとする力が高まったため、ある程度上に戻ってきた状況で相場の底打ちを示唆している、と考えます。その反対に**高値圏で長い上ヒゲ**が出た場合は、相場が天井圏にある、と読むのです。また、始値と終値が同じ価格で上下にヒゲが伸びた**十字線**は買いと売りの勢力が拮抗していて相場の転換点を示す、といわれています。

基本を押さえると便利なローソク足の読み方

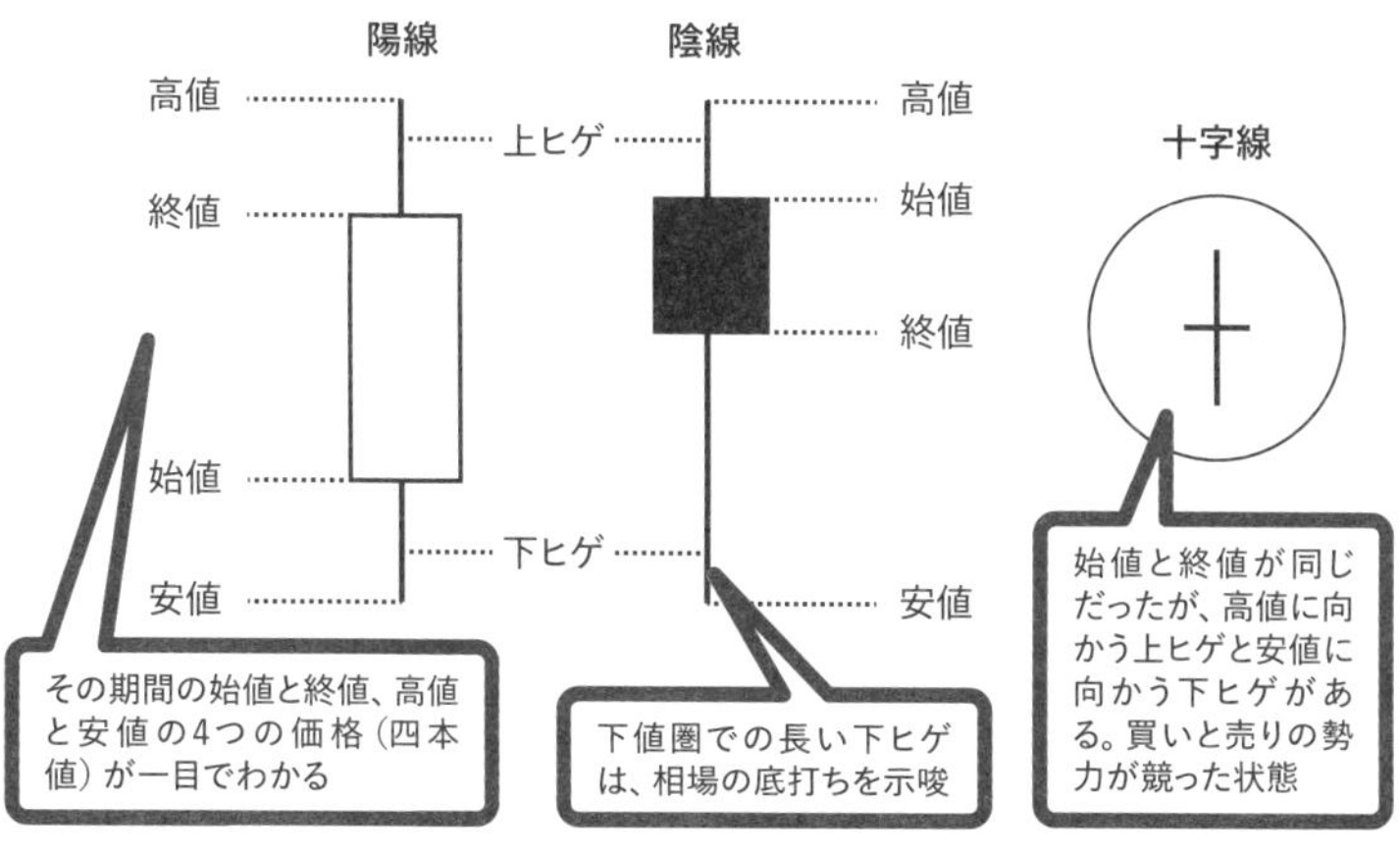
陽線
陰線
高値
終値
始値
安値
上ヒゲ
下ヒゲ
高値
始値
終値
安値
十字線
その期間の始値と終値、高値と安値の4つの価格（四本値）が一目でわかる
下値圏での長い下ヒゲは、相場の底打ちを示唆
始値と終値が同じだったが、高値に向かう上ヒゲと安値に向かう下ヒゲがある。買いと売りの勢力が競った状態

会社予想より会社四季報予想が強気な銘柄を探そう

上方修正をしそうな銘柄を先に見つけるのは投資家の醍醐味の1つですが、その際は『会社四季報』の独自予想が重要な手がかりとなります。

会社四季報記者が業績予想を立てるときは**マクロ景気、為替の動き、業界動向、原燃料市況、通期会社計画に対する業績進捗率、会社ごとの会社計画の癖などを総合的に勘案**しています。

『会社四季報』の今期営業利益予想が会社計画と乖離している銘柄の欄外に、会社比マークが付きます。乖離率が3％以上30％未満の場合は「会社比強気😊」、乖離率が30％以上の場合は「大幅強気😊😊」と記載されています。

逆に乖離率がマイナス3％以上30％未満、の場合は「会社比弱気😖」、乖離率がマイナス30％以下の場合は「大幅弱気😖😖」と記載されます。

『会社四季報オンライン』でも、マークは個別銘柄ページ右上で確認できます。業績表の下には、**会社四季報予想が会社予想に比べ、どのくらい強気（弱気）かを表す「会社予想乖離率」**が表示されています。

強気予想銘柄を簡単に探す方法

スクリーニングを使えば、マークの付いた銘柄を簡単に探せます。「よく使う条件」にある「大幅強気」は、スクリーニング項目がすでに設定されているので、ワンクリックで銘柄一覧を見ることができます。「おすすめ」には「東洋経済予想が会社より強気」という条件もあります。ここでは『会社四季報』最新号作成後に『会社四季報オンライン』で更新された予想が反映されています。

個別銘柄ページでは会社予想との乖離率も掲載

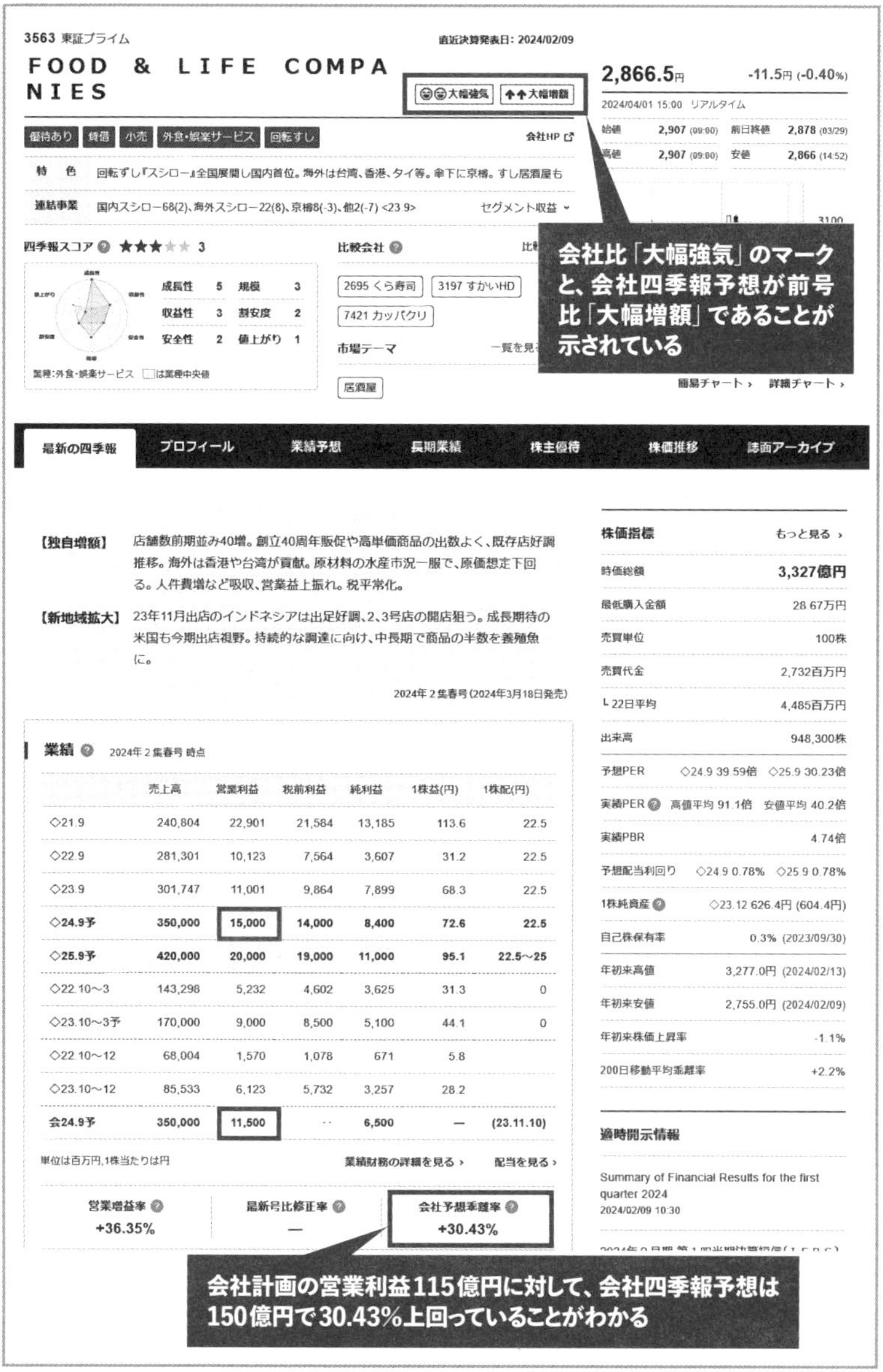

3563 東証プライム
直近決算発表日: 2024/02/09
FOOD & LIFE COMPANIES
大幅強気
大幅増額
2,866.5円
-11.5円 (-0.40%)
2024/04/01 15:00 リアルタイム
始値 2,907 (09:00) 前日終値 2,878 (03/29)
高値 2,907 (09:00) 安値 2,866 (14:52)
優待あり 貸借 小売 外食・娯楽サービス 回転すし
会社HP
特色 回転ずし『スシロー』全国展開し国内首位。海外は台湾、香港、タイ等。傘下に京樽。すし居酒屋も
連結事業 国内スシロー68(2)、海外スシロー22(8)、京樽8(-3)、他2(-7) <23.9>
セグメント収益
四季報スコア 3
成長性 5 規模 3
収益性 3 割安度 2
安全性 2 値上がり 1
業種:外食・娯楽サービス は業種中央値
比較会社
2695 くら寿司
3197 すかいHD
7421 カッパクリ
市場テーマ
一覧を見る
居酒屋
簡易チャート 詳細チャート
最新の四季報 プロフィール 業績予想 長期業績 株主優待 株価推移 誌面アーカイブ
【独自増額】 店舗数前期並み40増。創立40周年販促や高単価商品の出数よく、既存店好調推移。海外は香港や台湾が貢献。原材料の水産市況一服で、原価想定下回る。人件費増など吸収、営業益上振れ。税平常化。
【新地域拡大】 23年11月出店のインドネシアは出足好調、2、3号店の開店狙う。成長期待の米国も今期出店視野。持続的な調達に向け、中長期で商品の半数を養殖魚に。
2024年2集春号(2024年3月18日発売)
業績 2024年2集春号 時点

	売上高	営業利益	税前利益	純利益	1株益(円)	1株配(円)
◇21.9	240,804	22,901	21,584	13,185	113.6	22.5
◇22.9	281,301	10,123	7,564	3,607	31.2	22.5
◇23.9	301,747	11,001	9,864	7,899	68.3	22.5
◇24.9予	350,000	15,000	14,000	8,400	72.6	22.5
◇25.9予	420,000	20,000	19,000	11,000	95.1	22.5～25
◇22.10～3	143,298	5,232	4,602	3,625	31.3	0
◇23.10～3予	170,000	9,000	8,500	5,100	44.1	0
◇22.10～12	68,004	1,570	1,078	671	5.8	
◇23.10～12	85,533	6,123	5,732	3,257	28.2	
会24.9予	350,000	11,500	‥	6,500	—	(23.11.10)

単位は百万円,1株当たりは円
業績財務の詳細を見る 配当を見る
営業増益率 +36.35%
最新号比修正率 —
会社予想乖離率 +30.43%
株価指標 もっと見る
時価総額 3,327億円
最低購入金額 28.67万円
売買単位 100株
売買代金 2,732百万円
└22日平均 4,485百万円
出来高 948,300株
予想PER ◇24.9 39.59倍 ◇25.9 30.23倍
実績PER 高値平均 91.1倍 安値平均 40.2倍
実績PBR 4.74倍
予想配当利回り ◇24.9 0.78% ◇25.9 0.78%
1株純資産 ◇23.12 626.4円 (604.4円)
自己株保有率 0.3% (2023/09/30)
年初来高値 3,277.0円 (2024/02/13)
年初来安値 2,755.0円 (2024/02/09)
年初来株価上昇率 -1.1%
200日移動平均乖離率 +2.2%
適時開示情報
Summary of Financial Results for the first quarter 2024
2024/02/09 10:30
会社比「大幅強気」のマークと、会社四季報予想が前号比「大幅増額」であることが示されている
会社計画の営業利益115億円に対して、会社四季報予想は150億円で30.43%上回っていることがわかる

4 移動平均線で株価のトレンドを推し量る

『会社四季報』はローソク足と並ぶ代表的な株価チャートの**移動平均線**を記載しています。**相場の勢いや市場心理をつかむのに役立つローソク足に対して、移動平均線は時間の経過に伴う株価推移の方向性を捉えるのに使われます**。株価の推移する方向感に一定の傾向が認められるとき、テクニカル分析ではトレンドと呼びます。移動平均線は、**株価トレンドを分析する手法として最もよく使われるもの**です。

移動平均線は5日、13週など一定期間の株価の平均値を結んだ線です。例えば5日平均線は、当日から4日前まで5日間の日足終値の平均値を計算して当日に記し、それを毎日並べて線で結びます。『会社四季報』は12カ月＝1年間の移動平均線を実線で、24カ月＝2年間の移動平均線を点線で示しています。12カ月線のほうが短い期間の株価動向が反映されやすいので、上下の変動が大きくなります。一方、24カ月線はもっと長い時間をかけて動いているので、なめらかな曲線となり、さらに長い期間のトレンドを示します。

移動平均線の向きを見れば、株価が上昇局面にあるのか、下降局面なのか、それとも方向感がない保ち合い、ボックス圏などと呼ばれる、横ばいなのかがわかります。**傾きの大小**は、相場の強弱を示します。24カ月平均線が大きく上に向いている場合は、長期にわたって強い上昇トレンドが続いている、と判断できます。傾きが急になればトレンドの加速、緩やかになれば逆にトレンドの減速を示します。

移動平均線はその期間の株の平均購入コストを示しています。足元の株価が移動平均線より上にある場合、その銘柄を持っている投資家は平均的に見て利益を上げている状態にあります。逆に移動平均線の下にある場合は、平均的には投資家は損を抱えている状態です。

そのため、**株価が移動平均線の上にあるときには、含み益を持った投資家が追加で買いを入れる可能性もあり、強気相場になりやすい傾向があります**。逆に株価が移動平均線の下にあるときには、含み損が生じている投資家が見切り売り（損切り）したり、少し株価が戻っても、戻り待ち

移動平均線でトレンドをチェック

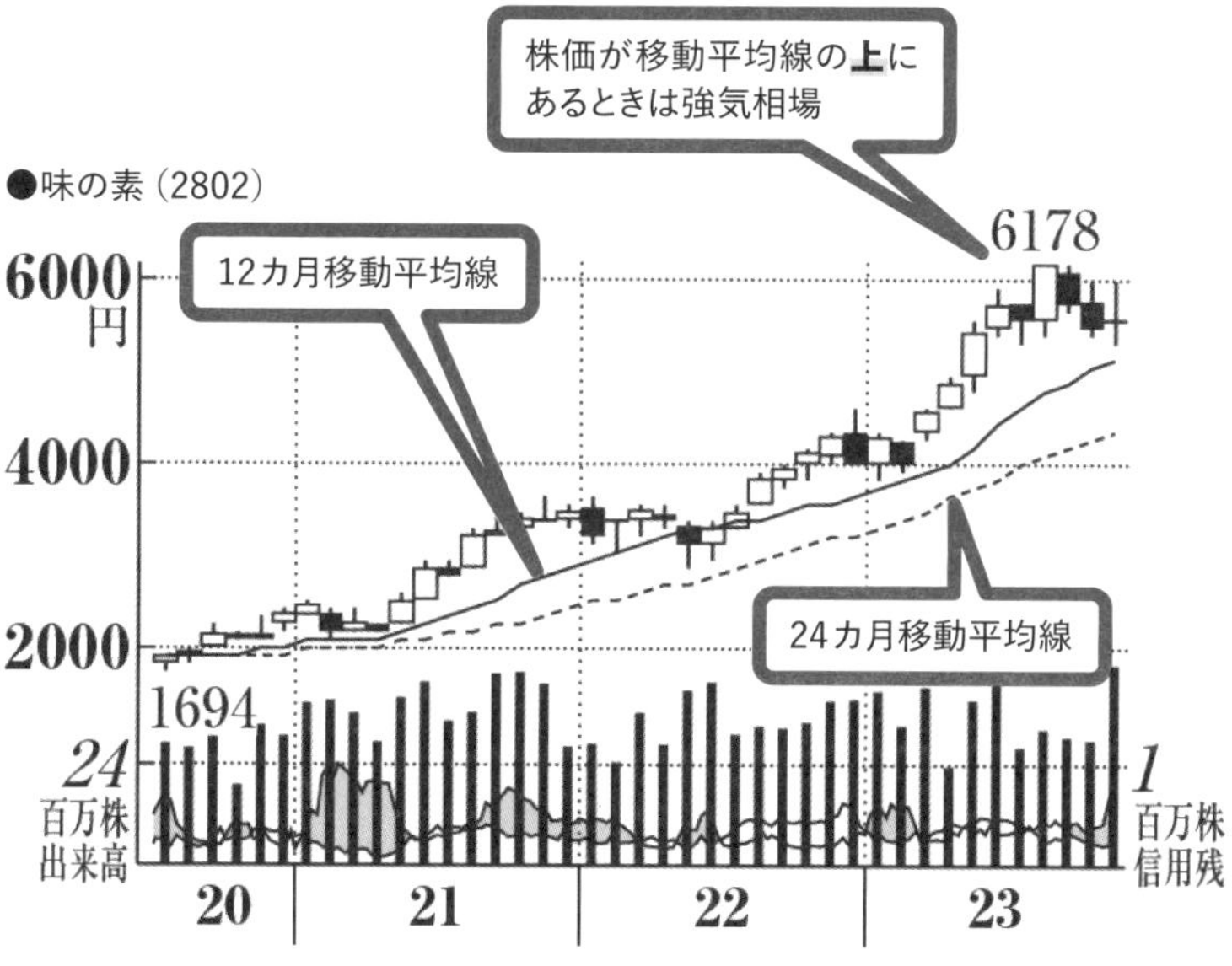

の売りに動いたりすることが多く、結果としてチャートを見ると株価が移動平均線によって抑え込まれているかのように読み取れます。

株価が移動平均線を下から上に、あるいは上から下に突き抜けた際には、トレンド転換につながることがあるので要注意です。移動平均線の上にあった株価が、横ばいもしくは下向きに変わりつつある移動平均線を割り込んだ場合、その株を持っている投資家は平均して含み損を抱えた状態に変わったわけですから、損失を抑えようとして投げ売りが増えれば、相場が一転して一気に下落トレンドになることもあります。

移動平均線は相場の過熱度合いを測る指標としても有効です。株価は移動平均線から大きく離れすぎると、その期間の株価平均値である移動平均線まで元に戻ろうとするかのような動きを見せることがしばしばあります。実際、株価が移動平均線から大きく上に振れて乖離が広がる局面では、投資家の多くが、「いったん利益を確定しておこう」「もうそろそろ割高ではないか」と株を売ろうとするため、株価上昇にストップがかかりやすくなります。逆に株価が移動平均線を大きく割り込んだときは、「売られすぎ」「そろそろ割安感が出るのでは」と考える投資家が増え、株価は反発に転じるケースが多くあります。

買いのシグナル

ゴールデンクロスが出現しても、移動平均線の向きが下向きや横ばいの場合は注意が必要。株価が長期下落トレンドにある中でも、一時的に短期の移動平均線が長期の移動平均線を上抜くことがある。2本の移動平均線が共に上向きのときに出現するゴールデンクロスのほうが、買いシグナルとしての信頼度は高い

▼2本の移動平均線の交差で買い時を探る

移動平均線の分析が示す買いシグナル／売りシグナルにはさまざまな種類があります。その中で最も知られているのが、２本の移動平均線の組み合わせによるシグナルである、**買いシグナルのゴールデンクロスと売りシグナルのデッドクロス**です。

短期の移動平均線が目先の株価の動きを反映して上下に大きく動くのに対して、長期の移動平均線は長い時間をかけて動くため、緩やかな曲線になります。ここで**短期の移動平均線が長期の移動平均線を下から上に突き抜けることをゴールデンクロスと呼び、強気相場入りを追認する買いのシグナル**と投資家に判断されます。反対に、**短期の移動平均線が長期の移動平均線を上から下に突き抜けることをデッドクロスと呼び、弱気相場入りを確認する売りのシグナル**とされています。いずれも平均線の交差する角度が鋭角だとシグナルの信頼度が高く、角度が緩やかだと低い、とされます。

移動平均線で売り買いのサインを読む

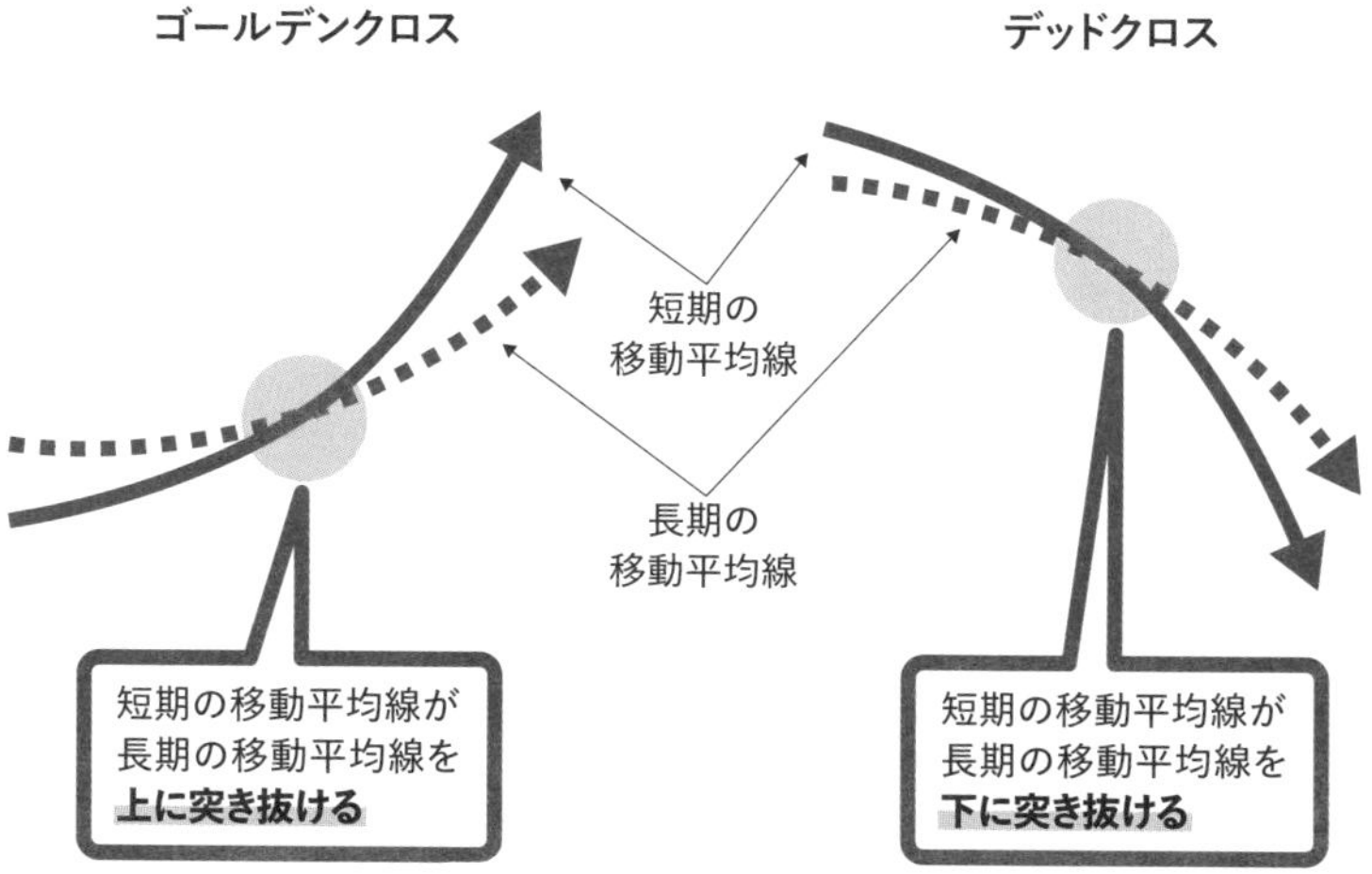
ゴールデンクロス
デッドクロス
短期の移動平均線
長期の移動平均線
短期の移動平均線が長期の移動平均線を上に突き抜ける
短期の移動平均線が長期の移動平均線を下に突き抜ける

5 株価の先行きを示す信用残高と出来高

株式の売買は、購入資金や株式を自分で用意する現物取引が基本といってよいでしょう。ただ、信用取引といって、投資家が委託保証金（約定代金の一定比率）を証券会社に担保として預託し、資金や株式を借りて行う取引手法もあります。**信用取引では手元資金以上に多額の取引が可能になり、その分、利益や損失も大きくなります。信用取引で株を買って、株価が上昇すれば、売却という反対売買を行って決済し、差額の値上がり益を手にすることができます。逆に信用売り（カラ売り）を行った場合は、株価が下落すれば、反対売買の買い戻しによって、利益を確定することができます。**借りた資金や株式の返済期限は証券取引所がルールを決めている制度信用取引では6カ月と定められています。

信用取引の未決済残高の状況（信用残高）は、株価の動きを予想する手がかりとなります。例えば、**信用買いの未決済残高「買い残」が多いときは、今後6カ月以内に売りが出てくる可能性が高く、株価の上値を抑える要因**となります。逆に**信用売りの未決済残高「売り残」が多いと、買い戻しが株価の下支え要因**となります。売り残が多い銘柄の株価が上昇

6カ月が限度

返済期日が6カ月以内と決められている「制度信用取引」は、証券取引所が指定した銘柄が対象となる。一方で、証券会社が指定した銘柄を対象とする「一般信用取引」では返済期日が定められていない（無期限）場合もある

した場合、カラ売りをしている投資家が含み損に耐えきれずに買い戻すことで、さらなる株価上昇につながる踏み上げ相場にもなります。『会社四季報』は、**信用取引による売り残と買い残を折れ線グラフで示し、買い残が売り残を上回る部分にはアミをかけています。**

▼出来高の増減でトレンド転換を読む

『会社四季報』では、月間の出来高を棒グラフで掲載しています。出来高とは、その期間に売り買いされた株式の数の合計です。株価は売りと買いのどちらが優勢かのバランスで決まりますが、**株価が上昇に転じるときは、出来高の増加を伴うケースが多い**ものです。

出来高は銘柄の人気度を測るバロメーターともいえます。**株価が上昇していても、出来高が減少に転じてきたときには注意が必要**です。買いのエネルギーが細り、強気相場が終盤に近づいている兆しともとれるからです。反対に、**株価が下がり続ける中で出来高が徐々に増えている場合は、上昇トレンドに転換する期待が高まります。**

信用残の状況が株価に影響を与える

●OBARA GROUP (6877)　2024年春号

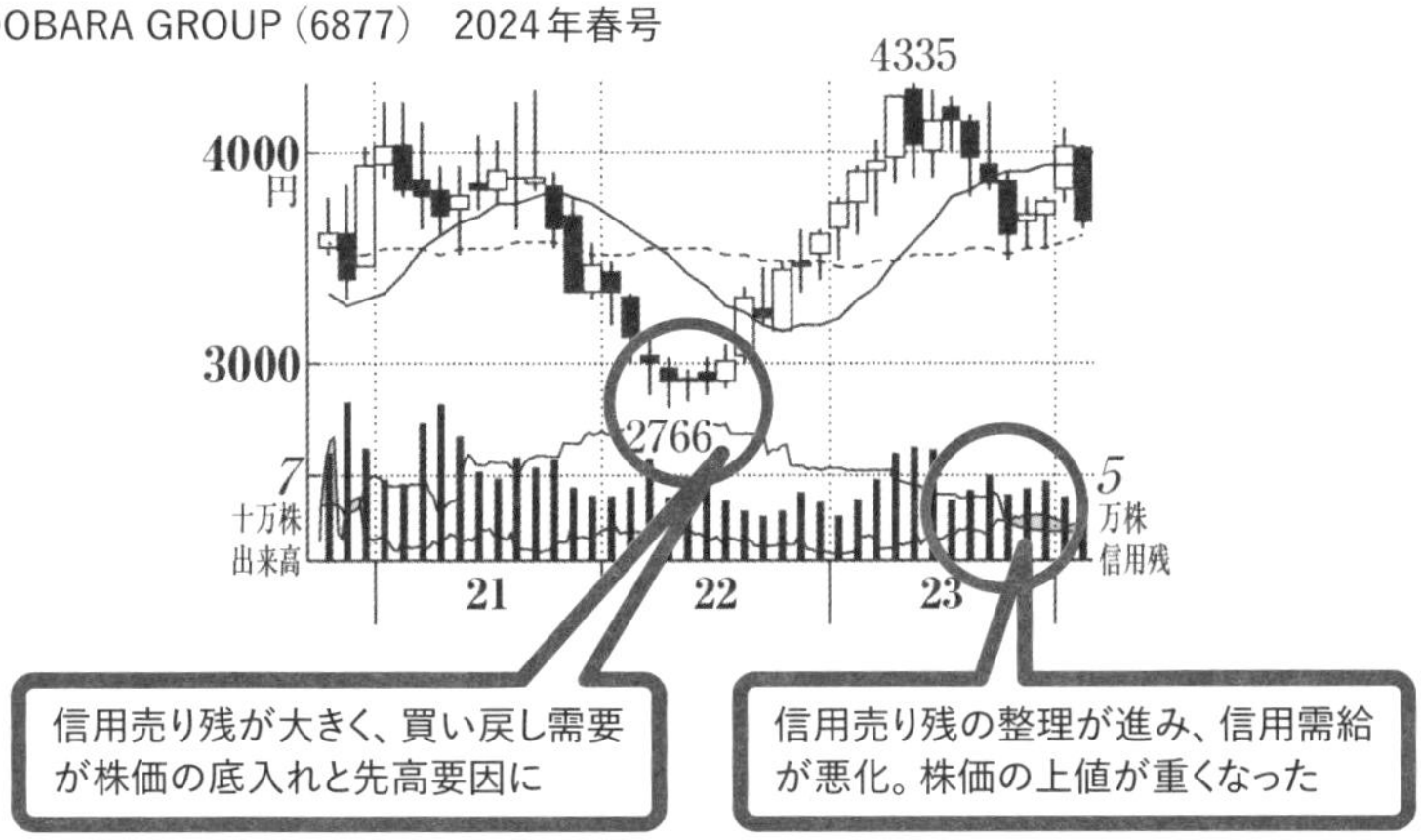

4335
4000円
3000
2766
7
十万株
出来高
5
万株
信用残
21
22
23
信用売り残が大きく、買い戻し需要が株価の底入れと先高要因に
信用売り残の整理が進み、信用需給が悪化。株価の上値が重くなった

自分だけのマイ会社四季報を作ろう

『会社四季報』は国内の上場企業約3900社をフルカバーしている点が強みです。一方、すべての銘柄に目を通せないという声もあります。そんなときに活用してほしいのが、『会社四季報オンライン』のウォッチリスト機能です。

気になる銘柄や購入した銘柄を登録して〝マイ会社四季報〟を作れば、**株価やチャート、指標、業績、決算発表日などを一覧で簡単にチェック・比較**することができます。取得価格や保有株数をメモする欄もあります。

ページ右上の「☆ウォッチ」ボタンから「銘柄追加」をクリックすると、新たに登録する銘柄を社名や証券コードから検索できます。登録したい銘柄が多い場合には、CSVファイルに打ち込んだデータを読み込ませると速いです。逆に、登録銘柄をCSVファイルにダウンロードすることもできます。銘柄は最大20グループ、1グループにつき最大100社まで登録できます。

気になる銘柄の誌面を一気にチェックできる

『会社四季報』発売直後に、気になる銘柄を効率的にチェックしたい場合は、**「誌面」タブ**が便利です。**個別銘柄ページを一つひとつ開くことなく、登録した銘柄の誌面を一気に見ることができます。**

左図は「チャート」タブで一覧できる東証33業種の「輸送用機器」の登録企業の週足チャートです。**並べて見ると、同じ業種でもチャートの形が違う**ことがわかります。複数銘柄のチャートを比較することで、どの銘柄がよいか判断するといった使い方もできます。

最新号のチェックが効率的にできる

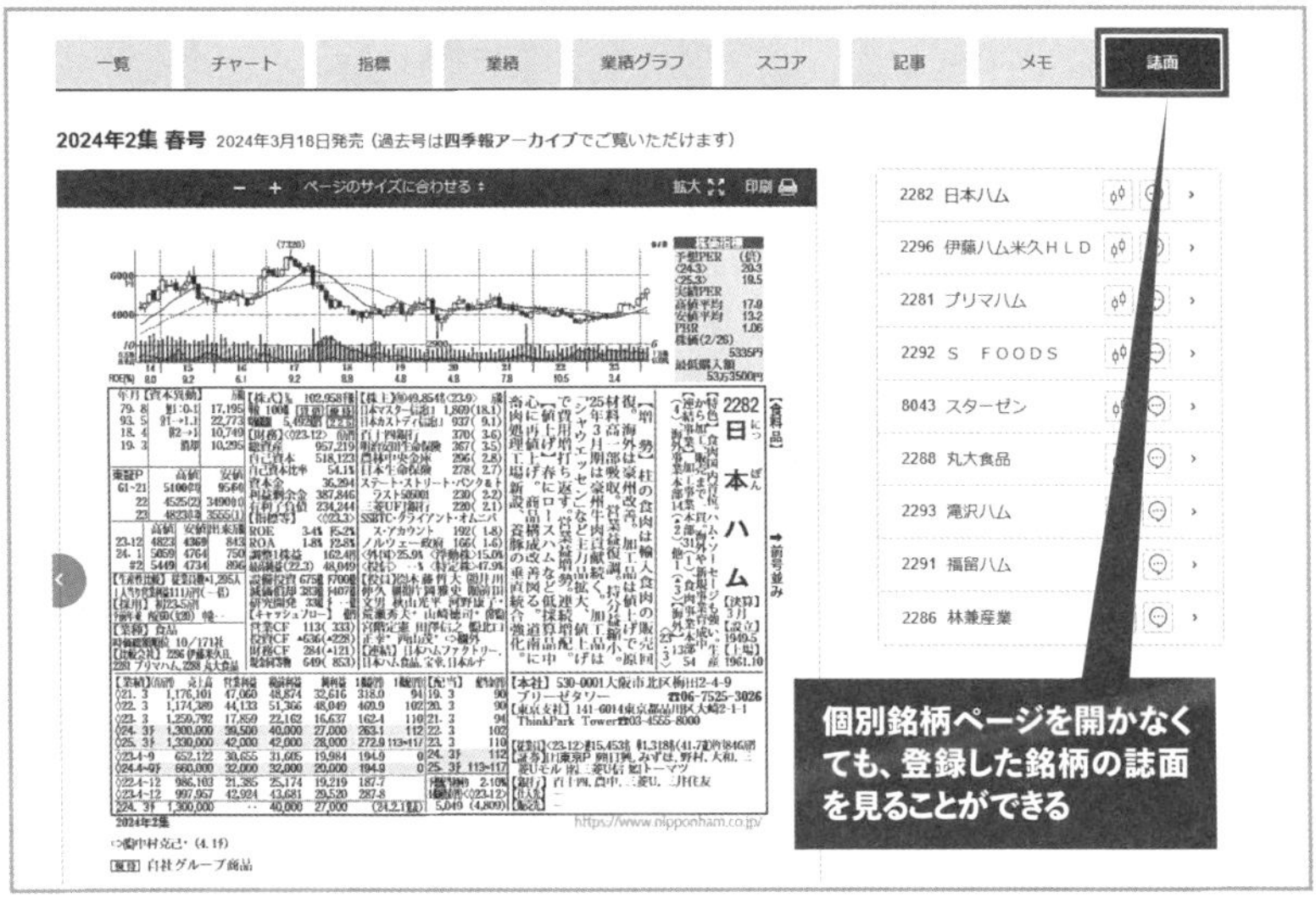

チャートを並べて比較できる

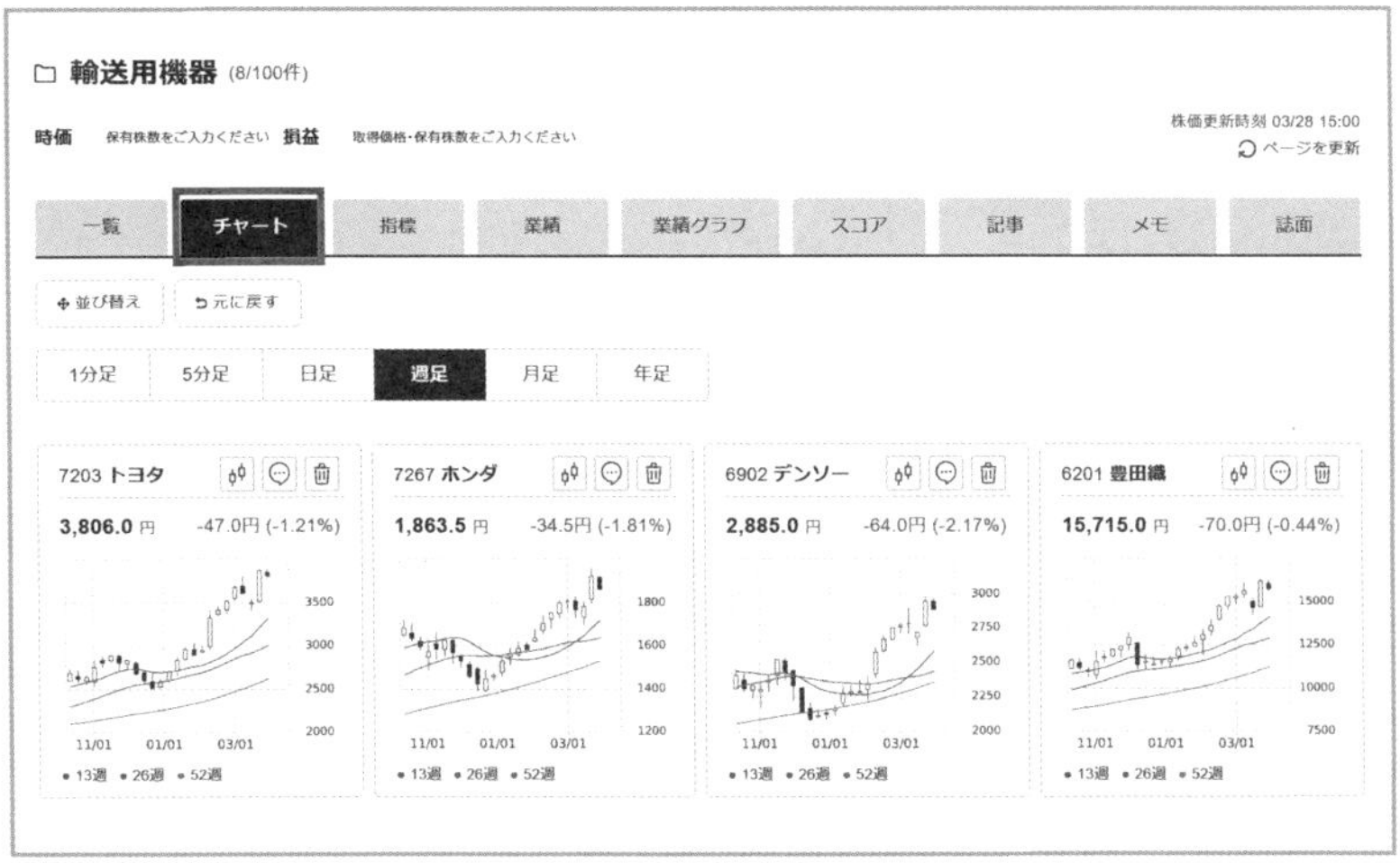

6 今号のポイントと業績展望で大局をつかもう

投資対象の上場会社を選んだり、売買のタイミングを探ったりする際に、当該企業のページと共にぜひ活用していただきたいのが、巻頭ページの今（春、夏、秋、新春）号のポイントです。

『会社四季報』に掲載されている個別企業の記事や業績予想には、記者が取材や決算短信などの業績関連資料を基に分析して得た、さまざまな情報が織り込まれています。こうした各企業に対する見方を市場全体や業種で集計することにより、景気はこれから上向くのか後退するのか、企業の設備投資や個人消費の動向はどうなるのかといった、足元の経済状況や今後の方向性が浮かび上がってきます。

「今号のポイント」では、上場企業全体の最新の業績動向や注目点、今後の見通しに関して解説しています。左ページに掲載した『会社四季報』２０２４年新春号のポイントを見てみましょう。見出しは「輸送用機器の業績回復が一段鮮明に　素材系も原燃料高の価格転嫁が進展」とあり、本文では、自動車産業を中心とする輸送用機器が半導体不足解消

操業度

工場などの生産設備における生産能力の最大値に対する実際の利用度。操業度が向上すると、製品１個当たりの固定費（生産数量にかかわらず発生する人件費や減価償却費などの費用）の低減につながる

輸送用機器

東証の33業種分類の１つで、トヨタ自動車（7203）やホンダ（7267）の完成車メーカーやデンソー(6902)などの自動車部品メーカーを主体とする。２輪を手がけるヤマハ発動機（7272）も含まれる

今号のポイントで上場企業の全体感を把握

新春号のポイント

輸送用機器の業績回復が一段鮮明に
素材系も原燃料高の価格転嫁が進展

四季報予想について

3月期決算会社の2024年3月期・第2四半期決算が出そろいました。会社四季報では業界担当記者が決算発表を受けて取材を行い、独自に今期および来期の業績予想を見直しました。3月期決算以外の会社も、直近の四半期決算を基に業績の進捗状況を確認し、予想数字を検証しています。

今期（23年10月期～24年9月期、対象3617社）の予想営業利益は、製造業が前期比12.8%増、非製造業はソフトバンクグループの業績改善影響も大きく、同17.6%の大幅増益見通し。金融を除く全産業では同14.8%の増益予想（6～7ページ「業種別業界展望」参照）。前号比では製造業、非製造業とも2.6%の上振れになっています。

業種別の営業利益予想を見ると、製造業では自動車産業を中心とする輸送用機器（56.9%増）の好調さが顕著。半導体不足解消による操業度回復や原材料高の価格転嫁が進み、さらに円安の進展が業績の押し上げ要因に。トヨタやホンダ、日産、デンソー、アイシン、ＳＵＢＡＲＵ、マツダなど自動車関連の大手は軒並み大幅増益見通しで、その多くは前号よりも増益幅が上振れています。

その他の製造業では、パルプ・紙（100.4%増）、ガラス・土石製品（41.0%増）、ゴム製品（26.5%増）といった業種の増益率の高さが目を引きます。いずれも原燃料高を受けた価格転嫁の進展などが主な背景です。

非製造業では、急激な燃料高騰に見舞われた電気・ガスの業績が料金への転嫁などで急改善。また、コロナが明けて人の外出・移動が活発になり、さらに訪日客の急増も重なって、空運（64.9%増）やＪＲ・私鉄などの陸運業（33.9%増）、ホテル、レジャーなどサービス業（18.3%増）も今期の業績改善が顕著です。

今号の業績予想が前提としている為替レートは、1ドル145円前後、1ユーロ155円前後。会社側の想定レートと四季報の前提レートが異なる場合には、為替感応度を考慮して四季報が独自に業績予想に反映することがあります。

特集：ＤＯＥ、増減配回数

今号では個別会社ページの【業績】欄の上にある特集欄で、【ＤＯＥ】と【増減配回数】、【四半期進捗率】を掲載しています。【ＤＯＥ】は直近本決算期末の株主資本に対する配当比率である株主資本配当率（ＤＯＥ）の前期実績と、前期を含む過去３期の平均値を確認できます。

増減配回数は過去10期の「増配」「減配」「据え置き」「無配」の回数。四半期進捗率は会社発表の通期営業益予想に対する、直近四半期累計の進捗率を確認できます。

市場別集計

決算実績および業績予想を市場別に集計したのが下表です。プライム市場の営業利益は15.1%、スタンダード市場は9.4%、それぞれ前期より増える見込み。新興市場は売上、営業利益とも大幅に伸び、前期黒字化した純利益も大幅に伸びる見通しです。

市場別業績集計表（前期比増減率） （単位：%）

	決算期	合計（3617社）	東P名P（1567社）	東S名M（1500社）	新興市場（521社）
売上高	前期（実）	15.8	16.1	9.0	18.2
	今期（予）	3.5	3.4	5.0	16.3
	来期（予）	3.2	3.1	5.1	15.8
営業利益	前期（実）	13.8	13.4	21.1	64.0
	今期（予）	15.0	15.1	9.4	63.9
	来期（予）	8.4	8.0	14.5	72.7
経常利益	前期（実）	4.0	3.6	16.2	38.0
	今期（予）	12.7	12.9	6.0	68.9
	来期（予）	6.3	6.0	10.1	63.4
純利益	前期（実）	3.8	3.3	20.2	黒字化
	今期（予）	13.9	13.7	11.8	2,133.3
	来期（予）	4.6	4.4	6.3	94.4

（注）営業利益は銀行・保険を含まない

業種別業績展望（6～7ページ）

銀行、証券、保険、その他金融を除く29業種のうち、今期が営業増益見通しは19業種。内訳は製造業が10業種、非製造業が９業種。前号比では石油・石炭製品、輸送用機器、電気・ガス、鉱業など16業種が上振れになっています。

一方、29業種中10業種が前期比で営業減益見込み。高騰した運賃市況の軟化が響く海運をはじめ、非鉄金属、倉庫・運輸関連業、鉱業、化学、精密機器などが減益組。前号比では13業種で今期予想が下振れになっています。

新春号のポイント—3

2024年1集

による操業度回復や円安効果を背景に、多くの企業で前号（この場合『会社四季報』２０２３年秋号を指します）よりも増益幅が拡大したことや、パルプ・紙などの素材メーカーが原燃料高を受けた価格転嫁の進展などで高い増益率を達成する見込みであることなど、今号で注目される業種動向についてまとめています。

また、今号の業績予想は１ドル＝１４５円前後、１ユーロ＝１５５円前後を前提にしていることも記しています。輸出比率が高いなど円安がプラスに働く企業の業績欄で「会社為替前提は保守的」などと記述している場合は、会社側の業績予想がこれよりも円高の為替レートを前提にしている、つまり会社予想に対して実際の業績が上振れる余地があることを示しています。

▼上場市場別に業績動向をチェックしよう

市場全体や業界の動向を示す今号のポイントを踏まえたうえで、気になった会社の記事や業績予想を分析すれば投資妙味や売買タイミングが、よりはっきり見えてくるでしょう。

注目企業が属する業種の動向も確認

業種	集計社数	売上高 今期予想合計額（億円）	前号比増減率（%）	前期比増減率（%） 前期実績	今期予想	来期予想	営業利益 今期予想合計額（億円）	前号比増減率（%）	前期比増減率（%） 前期実績	今期予想	来期予想
食料品	117	302,693	(0.5)	11.3	6.1	4.3	23,719	(5.0)	10.0	16.3	6.6
繊維製品	47	61,025	(▲0.8)	10.7	3.0	4.8	2,745	(▲5.0)	▲8.2	13.6	21.9
パルプ・紙	24	59,199	(▲1.6)	11.7	4.8	3.0	2,272	(▲8.2)	▲55.7	100.4	10.6
化学	201	450,505	(▲2.0)	12.0	▲0.7	5.5	34,254	(▲5.7)	▲6.9	▲10.1	29.5
医薬品	71	146,622	(4.0)	14.4	6.0	3.0	17,328	(▲9.9)	13.0	▲8.4	11.6
石油・石炭製品	10	262,952	(3.5)	36.7	▲7.7	▲2.8	8,491	(34.7)	▲50.6	14.7	▲9.6
ゴム製品	17	77,865	(1.1)	23.6	7.2	4.8	7,780	(2.6)	2.1	26.5	10.5
ガラス・土石製品	52	83,472	(▲0.7)	15.0	4.0	3.9	6,723	(4.4)	▲32.7	41.0	15.2
鉄鋼	37	204,964	(▲0.7)	18.1	5.8	6.5	14,067	(0.9)	▲5.1	▲4.0	16.6
非鉄金属	32	131,808	(1.9)	10.5	1.8	4.2	5,125	(▲2.2)	▲12.6	▲20.8	23.3
金属製品	92	90,311	(0.5)	14.0	4.0	4.0	4,449	(0.1)	6.0	1.6	18.9
機械	215	383,056	(0.8)	15.5	5.7	4.4	35,760	(▲3.0)	18.3	11.3	12.9
電気機器	229	880,100	(0.1)	12.5	0.1	2.5	75,361	(▲2.8)	6.9	▲1.6	11.3
輸送用機器	79	1,281,465	(5.6)	19.8	16.7	3.6	100,472	(16.0)	5.8	56.9	6.1
精密機器	48	66,695	(1.4)	10.1	6.2	4.2	8,133	(▲8.3)	10.5	▲9.0	15.0
その他製品	104	115,102	(0.4)	6.2	2.5	2.9	11,931	(▲0.8)	▲7.8	3.4	▲0.0
製造業	1375	4,597,838	(1.8)	16.0	5.6	3.5	358,617	(2.6)	0.5	12.8	11.3

こうした分析をより詳しく表したものが、各社の決算データと今・来期の業績予想数字を集計した**「市場別業績集計表」**と、今号のポイントとは別ページに掲載している**「業種別業績展望」**です。どちらも、『会社四季報』が全上場会社について今期、来期と独自の2期予想を行っているからこそできる、オリジナルの情報です。

市場別業績集計表では、「東証プライム・名証プレミア市場（東P名P）」、「東証スタンダード・名証メイン市場（東S名M）」、「新興市場」という3つの切り口で、前期の売上高と利益の増減率や、今・来期予想の増減率を集計しており、本文でコンパクトな解説を加えています。海外年金基金などの機関投資家は、巨額の資金を運用する必要があるため、投資対象は東証プライム市場に上場している時価総額の大きい有名企業に偏る傾向があります。これに対して個人投資家は値動きがよく、成長期待の大きい東証グロース市場を中心とする新興市場の銘柄に、より多くの関心を向けています。

市場別業績集計表では、好業績なのは新興市場の会社か、あるいは東証プライム市場に上場している大企業かといった形で、上場市場別の業績動向が一目でわかるようになっています。例えば、189ページに掲載した新春号の集計表では、「東P名P」の今期営業利益予想が前期比15・1％増なのに対し、「新興市場」は63・9％増となっており、東証グロース上場企業のほうがより高い利益成長を期待できることがわかります。

一方、**業種別業績展望**では、東証の33業種分類に基づいて業績動向を集計しています。業種ごとに売上高、営業利益、経常利益、純利益の前号に比べた増減率と、3期分（前期実績と今期および来期予想）の前期比増減率を掲載しており、どの業種が成長・拡大基調にあるのか、あるいはどの業種の収益が縮小傾向にあるのかを確認することができます。

▼林の状況を確認したうえで木を選ぶ

全産業のほか、製造業、非製造業、金融業といった切り口でも集計しているので、業種別に加えて、より大きな視点で業績の動向を確認できます。その会社の属する業種全体の業績見通しが好調であれば、背景に大きな需要があったり、経済構造が転換する中で、その業界に追い風が吹いていたりする可能性も考えられます。業種別業績展望から増益率の高い、**業績好転の度合いが大きい業種をチェックして、そこから有望銘柄をピックアップしていくのも1つの方法です**。いわば、全産業という森の状況を確認したうえで業種という林の良しあしに注目し、個別会社の木を選んでいく銘柄選別に役立ちます。

190ページに掲載した今号（『会社四季報』2024年新春号）の業種別業種展望表を見ると、製造業の今期予想集計は前号（『会社四季報』2023年秋号）の時点に比べて、売上高で1・8％、営業利益で2・6％増額されています。さらに業種別で見ると輸送用機器

東証33業種

証券コード協議会が定めている業種分類の1つ。10種の大分類と、33種の中分類がある中で、中分類は東証33業種と呼ばれ、『会社四季報』以外でも幅広く利用されている

が売上高5・6%、営業利益16・0%の増額となっており、前述した今号のポイントで示したとおり、製造業の中でも輸送用機器の業績回復が鮮明であることがこの表から読み取れます。今期予想も売上高が前期比16・7%増、営業利益が56・9%増と、製造業全体（それぞれ5・6%増、12・8%増）を上回っています。

輸送用機器の好調ぶりに注目したならば、その中でも特に業績成長が期待されるのはどこなのか、個別会社のページで確認しながら投資対象を検討していくことができます。また、業界全体が停滞気味であるのに、その会社だけが高い成長率を維持している場合は、何がその原動力となっているのかを意識して業績記事を見ていくと、同業他社にはない強い商材や技術を持っていたり、新たな事業領域が軌道に乗り始めたなどの違いが見つかるでしょう。逆に、業界全体が好調なのに、その会社だけが停滞・苦戦している場合には、事業戦略に問題を抱えている可能性も考えられます。

業種別業績展望では業種ごとに、PBR（株価純資産倍率）、今期予想・来期予想ベースの2種類のPER（株価収益率）といった代表的な株価指標も掲載しています。注目する業種と会社の業績動向と株価指標、株価の動きを毎号、継続的にチェックしていけば、経済全体や他の業界との関連性、株価の動きなどその業種に対する理解が深まり、投資対象の売買タイミングの精度向上につなげていけるのではないでしょうか。

7 新規公開、新興株に投資するならココに注意

未上場の会社が株式を証券市場に上場することを**ＩＰＯ（Initial Public Offering：新規株式公開）**といいます。ＩＰＯでは、新株を発行し、株式市場から資金調達を行う公募増資や、オーナーなど既存株主が保有株式を売却する売り出しが行われます。近年は毎年100社近い会社が上場してきます。『会社四季報』は上場直後の会社であっても、独自の調査・取材を踏まえて個別企業ページに掲載しているほか、**発売後の上場予定会社については、巻末の「最新上場会社」に事業内容や経営成績などの基本情報**をまとめています。

▼新興株はハイリスク・ハイリターン

会社がＩＰＯを決めると、主幹事の証券会社は機関投資家に意見を聞き、購入を希望する投資家に対して提示する株価の範囲を決めます。この価格帯を**仮条件価格**と呼び、この価格に基づいて、証券会社は、投資家から購入希望株数と価格の申し込みを受け付けます。これを**ブックビルディング**と呼びます。その後、投資家の予約状況などを考慮したうえで

主幹事の証券会社

企業が新規公開時や上場後に新株や社債の発行を行う際に、引受業務を行う幹事証券会社のうち、引受数量が多く、新規公開に関する業務で中心的な役割を果たす会社のこと。新規公開では、公開時の引き受けに加えて、公開に至るまでの財務や事業内容の審査、株価設定などの支援や助言も行う

公開価格が決定します。申し込みが多数の場合は、原則として抽選で割り当てを決めます。

ＩＰＯでは、最初に付く価格（初値）が公開価格を上回り、短期間で利益を手にできるケースもあります。一方、事業内容から成長があまり期待できなかったり、市場からの吸収金額が大きく需給が締まらない場合、あるいは株式市場全体が低調だったりすると、初値が公開価格を下回り、いきなり含み損を抱えることもあります。また、上場して間もない銘柄は公開価格や初値をいったん下回ると、なかなか株価が戻らないことがよくあります。

上場したての会社は、業績や財務の安定性に欠けることも確かです。新興企業への投資は、ＩＰＯ時、上場後ともハイリスク・ハイリターンである点に注意が必要です。そのため、事業内容や業績動向、成長性への十分な理解や確認が不可欠。会社が投資家に向けて上場前に開示する**目論見書**を幹事証券会社のホームページで確認するか、ほぼ同じ内容の**新規上場申請のための有価証券報告書**を取引所のホームページで閲覧してみてください。

上場前に投資していたベンチャーキャピタルが、利益確定などを目的に持ち株を売却することがあります。株価形成の需給面への配慮から、上場後数カ月間は持ち株を売却しない約束をする「ロックアップ」を導入する会社もありますが、その期間明けは売りに回る可能性があります。ロックアップは「公開価格の何倍以上の価格が付いたら解除される」という例外規定が付いている場合もありますので、目論見書のチェックが大切です。

業績や財務の安定性に欠ける

新興株は赤字であったり、黒字でも利益水準が低い会社も多く、PER（株価収益率）が使いづらい面がある。そこで使われることが多いのがPSR（株価売上高倍率、Price to Sales Ratio）という指標で、時価総額を売上高で割って求められる。PERと同様に倍率の低いほうが割安となる

市場からの吸収金額

投資家が公募株と売り出し株を購入することで、市場全体から吸い取られる資金の総額。資金吸収額が大きいと需給が締まらず、上場直後の上値が重くなりやすい。一方、資金吸収額が小さいと需給が逼迫し、投機的な資金も呼び込んで上場直後に急騰するものの、その後下落が続くパターンも多い

四季報で気になった銘柄はすぐに買います

DAIBOUCHOUさん　専業投資家

『会社四季報』は株式投資を始めた2000年から購読しています。ハンドルネームは投資していたサミー（現セガサミーホールディングス［6460］）の業績欄の見出しが【大膨張】だったのが気に入って付けました。

投資スタイルは割安成長株狙いです。『会社四季報』では売上高や利益が伸びているかどうかをまず確認します。売り上げが横ばいでも利益が伸びていればよしとします。主にPERが割安の成長企業を探します。PBR1倍割れ銘柄はたくさんありすぎて、あれこれ調べ始めると読み切れなくなるので。

PERが割安だったら業績欄のコメントを見たり、倒産のおそれはないか、と自己資本比率などの財務指標をチェックします。気になった銘柄はその会社の決算説明資料などを調べたりして深掘りしていきます。

株価チャートで現在の株価の位置も確認します。しばらく上昇が続いているならまだ上値余地がありそうか。下落してきたなら、なぜ下がったのか、下げ止まるメドはいつだろうか、などを検討します。

だいぼうちょう
2000年5月に200万円を元手に株式投資をスタートし、6年で資産10億円に到達。X（@DAIBOUCHO）もフォロワー多数

株価の動きはその会社に対する投資家の評価の変遷なので、過去の株価推移を見て今はどのくらいの位置にいるのかを確認することは大事です。こうした業績や株価を時系列で見ていくには『会社四季報オンライン』が便利ですね。

理解できない会社には投資しません

新規上場銘柄も、上場前の情報はあまり見ていなくて、『会社四季報』の個別企業ページに掲載されてからしっかりチェックします。上場後にいったん下落したり、全体相場が悪いときは割安な評価で上場するケースが多いので、そのくらいのタイミングで投資するのがちょうどいいですね。

上場直後の銘柄も割安で業績成長していることが前提ですが、事業内容が理解できるものに限っています。生成ＡＩや難しい技術を活用するビジネスを展開する企業が増えていますが、そういう銘柄にはあまり投資していません。

1号当たり5銘柄くらいは新たな投資先が見つかり、気になった銘柄はすぐに１００株だけ買って忘れないようにしています。いろいろな銘柄を持つのが好きなので、今は３００銘柄以上保有していて、超分散投資です。

『会社四季報』は保有銘柄のメンテナンスにも活用しています。来期も増収増益だと思っていた銘柄の業績が悪化する予想だった場合、業績欄のコメントに自信をもって反論できなければ売ることもあります。３カ月ごとに発売されるので、保有銘柄を見直すにはちょうどいい頻度です。

業績成長の源泉はヒト、モノ、カネです。『会社四季報』には従業員数や平均年収、工場や生産設備計画、財務指標や自己資本比率、キャッシュフローといった成長の源泉を示す情報が詰まっています。『会社四季報』をしっかり読めば、ＳＮＳなどで話題になっていない〝お宝銘柄〟を見つけるチャンスが広がるはずです。

第6章

お宝株を見つけるウラ技

1 【特色】を使った銘柄選びのつぼ

ここで少し銘柄選びのコツについてお話ししましょう。まずは【特色】欄を使った方法です。**【特色】は人間で言えば自己紹介**です。何年生まれで、職業は何々、得意技は何々といったことがコンパクトにまとめられています。中には「NHKの営業代行から出発」（コレック〔6578〕）「別子銅山の植林事業が源流」（住友林業〔1911〕）など誕生の経緯に触れたものや、セイヒョー（2872）の「新潟市の製氷業から出発。現在は森永乳業向けOEM製品やオリジナルのアイスクリーム中心」や2024年12月に社名がSUMINOEになる住江織物（3501）「国会の赤じゅうたんを納入する名門繊維企業」のように「なるほど、そうだったのか！」と思わずひざをたたいてしまう銘柄もあります。

この**【特色】でとりわけ重要なのが、その会社の業界内での地位や、国内あるいは世界市場におけるシェアやポジション**です。『会社四季報』2024年新春号で「首位」というキーワードを探すと、365銘柄あります。さらにハードルを上げて「世界首位」では「塩化ビニル樹脂、半導体シリコンウエハで世界首位」（信越化学工業〔4063〕）、「フォ

「首位」というキーワードを探す

『会社四季報オンライン』では検索機能を使えば、あるキーワードを含む銘柄を簡単に探せる

トレジストで世界首位級」（東京応化工業［4186］）など56社、同じ意味の「世界トップ」が8社、「世界一」も2社。事実上の世界一を意味する「世界シェア5割以上」まで含めると全部で80社以上になります。

もしその会社のトップシェアを握る製品やサービスが成長市場だったり今後の有望分野だったらしめたもの。今後も継続的にウォッチしていく価値は十分あるでしょう。また、キーワードを「独占」「断トツ」などと工夫すると、「中古車オークション会場の運営で断トツ」（ユー・エス・エス［4732］）「EUV（極端紫外線）光源品は独占」（レーザーテック［6920］）など面白い銘柄が見つかるかもしれません。

▼トップ企業だけが持つ「伝家の宝刀」とは

ではなぜ「首位」がそれほど重要なのでしょうか。理由の1つは、トップ企業は報道関係者や証券アナリストが頻繁に出入りしているため、リポートやメディアに取り上げられる機会が多く、株価材料が豊富に提供されているという点。そして**もう1つ重要なのは、他社にはない値上げという強力な武器を持っている点です。この伝家の宝刀こそ業界トップ企業がプライスリーダーと呼ばれるゆえんです。**

『会社四季報』2024年新春号には「値上げ」という言葉や同様の意味の「価格改定」

「価格見直し」という言葉が657銘柄に登場します。度重なる値上げでわれわれの感覚も麻痺していますが、本来、値上げというのは企業にとってシェアを失いかねない最後の選択であり、伝家の宝刀です。これをいの一番に抜けるのはトップ企業の特権なのです。もし2番手以下の企業が先に値上げしようものなら、トップ企業は強固な財務力に物を言わせて価格を据え置き、あるいは逆に値下げしてシェアを一気に奪いにかかるでしょう。

2022年秋以降に本格化した値上げラッシュでも、業界最大手が先行しました。例えばハンバーガーチェーンで最大手の日本マクドナルドホールディングス（2702）の4回の値上げに対し、「ケンタッキーフライドチキン」を展開する日本KFCホールディングス（9873）は3回、モスフードサービス（8153）は2回にとどまっています。

▼株式市場は値上げが大好き！

ここで知っておかなければならないことは、**消費者目線では値上げは大敵ですが、株式市場では値上げは大歓迎、株価は値上げが大好物という事実です**。値上げした企業は業績が劇的に改善するからです。

例えば、パンの国内最大手である山崎製パン（2212）。2021年8月、同社が卵などの原料高を理由に一部和菓子や洋菓子製品の7％値上げを発表すると翌日の株価は東証

1部（当時）値上がり率で3位にランクイン。その後も小麦粉の高騰を理由に数度にわたり値上げしています。値上げしても買い控えが起きにくい食品業界では値上げ効果は実に顕著で2022年12月期は前期比20%の営業増益、2023年12月期は第3四半期時点で実に74%の営業増益を記録、12月21日には通期業績を上方修正し、6年ぶりに最高益を更新しました。業界トップ企業は主力事業の赤字化は是が非でも避けたいという意思が強く、これはあくまで経験則ですが事業利益率が1%を切るところまで追い詰められると、いよいよ伝家の宝刀を抜く傾向にあるようです。**投資家としては減益だの増益だのと表面的な数字の増減に惑わされず、利益率の動きを追うことのほうがはるかに大事なのです。**

ちなみに**株式市場は「値下げ」が大嫌い**です。販売計画が未達なのではといった懸念や、価格競争激化で利益率が先細る懸念が頭をもたげるからです。米テスラは中国勢との競争で値下げ表明するたびに株価が下落、春節を控えた2024年1月の中国で米アップルが最新機種iPhone15の異例の値引きを発表するや株価が下落したのは象徴的な例でしょう。

トップ企業だからこそ積極的な値上げも可能

●山崎製パン（2212）

【業績】(百万円)	売上高	営業利益	経常利益	純利益	1株益(円)	1株配(円)
連18.12	1,059,442	24,343	26,629	13,534	62.2	20
連19.12	1,061,152	24,824	27,621	13,858	63.8	20
連20.12	1,014,741	17,438	19,734	6,956	32.0	22
連21.12	1,052,972	18,359	21,382	10,378	48.6	22
連22.12	1,077,009	22,032	26,127	12,368	59.1	22
連23.12予	1,148,000	27,000	31,000	15,000	72.8	22
連24.12予	1,200,000	29,000	33,000	16,300	79.1	22~23
連22.1~6	528,252	14,381	17,111	9,023	43.0	0
連23.1~6予	560,000	15,200	17,500	9,200	44.7	0
会23.12予	1,108,000	27,000	31,000	15,000	（23.2.14発表）	

2023年春号

2023年3月の春号刊行後の4月末に食パンなどの値上げを発表、6月刊行の夏号では予想営業利益を独自増額している

【業績】(百万円)	売上高	営業利益	経常利益	純利益	1株益(円)	1株配(円)
連20.12	1,014,741	17,438	19,734	6,956	32.0	22
連21.12	1,052,972	18,359	21,382	10,378	48.6	22
連22.12	1,077,009	22,032	26,127	12,368	59.1	22
連23.12予	1,145,000	29,500	33,500	16,300	79.1	22
連24.12予	1,200,000	31,500	35,500	17,100	83.0	22~24
連22.1~6	528,252	14,381	17,111	9,023	43.0	0
連23.1~6予	562,000	17,500	19,000	10,000	48.6	0
連22.1~3	259,727	6,945	7,653	3,920	18.6	
連23.1~3	276,839	9,335	9,669	5,483	26.5	
会23.12予	1,108,000	27,000	31,000	15,000	（23.2.14発表）	

2023年夏号

●日本マクドナルドホールディングス（2702）

2702 日本マクドナルドホールディングス 【決算】12月 【設立】1971.5 【上場】2001.7

【特色】外食の国内大手。世界的ハンバーガーチェーン。米国本社の影響大きい。FC店比率は約7割

【連結事業】直営店販売68、フランチャイズ収入32 〈23・12〉

【連続最高益】店舗数横ばい（前期15増）。再三の価格改定で客単価好伸。「ゴジラ」コラボ等販促投下で客数は出足堅調、既存店の活況[illegible]えず。賃上げによる人件費増や輸入食材高騰こなし、最高純益。増配か。

【S&[illegible]】今期約100出店予定（前期86）。[illegible]も、運[illegible]率化狙う店舗建て替えなどの閉店も同[illegible]予定。レジ袋有料化を4月から長崎の[illegible]で先行導入、全国展開を検討。

2022年以降、2024年1月までに全国店舗で4度の値上げを実施、業績にもプラス効果が出た

【業績】(百万円)	売上高	営業利益	経常利益	純利益	1株益(円)	1株配(円)
連19.12	281,763	28,018	27,487	16,885	127.0	33
連20.12	288,332	31,290	31,425	20,186	151.8	36
連21.12	317,695	34,518	33,618	23,945	180.1	39
連22.12	352,300	33,807	32,813	19,937	150.0	39
連23.12	381,989	40,877	40,734	25,163	189.3	42
連24.12予	406,000	45,500	44,500	27,000	203.1	42~46
連25.12予	430,000	48,500	47,500	28,500	214.4	42~50
連23.1~6	182,460	18,011	17,980	11,370	85.5	0
連24.1~6予	195,000	22,000	21,500	13,000	97.8	0
会24.12予	406,000	45,500	44,500	27,000	（24.2.8発表）	

2024年春号

2 利益の源泉は何か、思い込みは命取り

基本的なようで、実は銘柄選びではまりやすい落とし穴の1つが利益の源泉は何かという点。その会社の儲け頭を勘違いしていることが意外に多いのです。

「企業の寿命30年説」というのをご存じでしょうか。これは、技術革新や社会構造の変化などにより、企業が繁栄を謳歌できるのはせいぜい30年ということをいっています。この寿命を少しでも延ばそうと企業は構造改革や製品開発に必死です。かつて「日本合成ゴム」を名乗っていたJSR（2024年6月上場廃止）は祖業のエラストマー（合成ゴム）事業を2022年に売却、オリンパス（7733）も経営資源を医療分野に集中させるため、やはり100年を超える祖業の科学事業と決別しました。銘柄選びでは、過去の知識や思い込みにとらわれず現在の利益の源泉を改めて確認することが重要です。

「トーヨーカネツ（6369）は何の会社？」。投資家にこう尋ねると、結構な確率で「石油やLNGタンクの工事会社」という答えが自信満々に返ってきますが、これは間違い。【連結事業】欄を確認すればわかるように、現在の柱は売上高の6割を占める物流システ

ム事業です。倉庫内での仕分け、ピッキング、搬送などマテハンの設計からメンテナンスまでを一貫して手がけていて、とりわけ空港の自動手荷物預けシステムやぐるぐる回るあの手荷物搬送システムでは国内トップシェア。ＬＮＧタンクなどのプラント事業はいまや売上高全体の18％にすぎず、この銘柄をエネルギー関連株と考えたらやけどをするかもしれません。現在はむしろＥＣ関連株と捉えたほうが的確でしょう。

▼リサイクルのトップ企業に脱皮したゲオ

では、ゲオホールディングス（２６８１）はどうでしょう。【特色】欄には「映像レンタル大手」とあるのでそのようなイメージでしょうか。たしかに間違いではありません。ＤＶＤやＣＤレンタル市場は縮小傾向とはいえ、ゲオは業界トップです。が、同社にとってそれが利益の源泉かというと話は別。【連結事業】欄にあるように現在の主力事業は、子会社セカンドストリートが手がけるゲームやスマホ、衣料・雑貨などのリユース事業であり、これが全体の売り上げの半分強を占め、レンタル事業は1割弱にすぎません。

株価が上場来高値の２８４０円をつけたのは２００７年8月。ブルーレイディスクも再生できるゲーム機「プレイステーション３」が人気化していた時代です。その後、16年以上高値は更新されていませんが、２０２３年9月には高値にあと１０５円と迫る２７３５

マテハン
マテリアルハンドリングの略称で、資材や部品などの移送や搬送に使われる物流機器や設備を指す円まで買われました。リユース事業の成長が評価された結果なのですが、実は【特色】欄のある変化に気づいていれば、この株価上昇の波に便乗できたかもしれません。下図はゲオＨＤの『会社四季報』２０２１年秋号と２０２２年新春号の【特色】欄です。２０２１年秋号までは「レンタル・新品販売と総合リユースが２本柱」と書かれていたのですが、次の新春号からは「店舗型リユース首位」と紹介されるようになっていたのです。

株価は２０２２年後半から急上昇を開始しました。背景にあったのは、２０２２年からの値上げラッシュです。娯楽関連株、巣ごもり関連株から生活防衛関連株に衣替えしたゲオＨＤ株は、節約志向の高まりを背景にハードオフコーポレーション（２６７４）やトレジャー・ファクトリー（３０９３）などと一緒に値を伸ばしていったのです。

▼何で儲けているか、どこで儲けているか

ここまでは主力事業を売り上げで見てきましたが、利益の源泉と

【特色】欄で株価評価一変の兆しを捉える

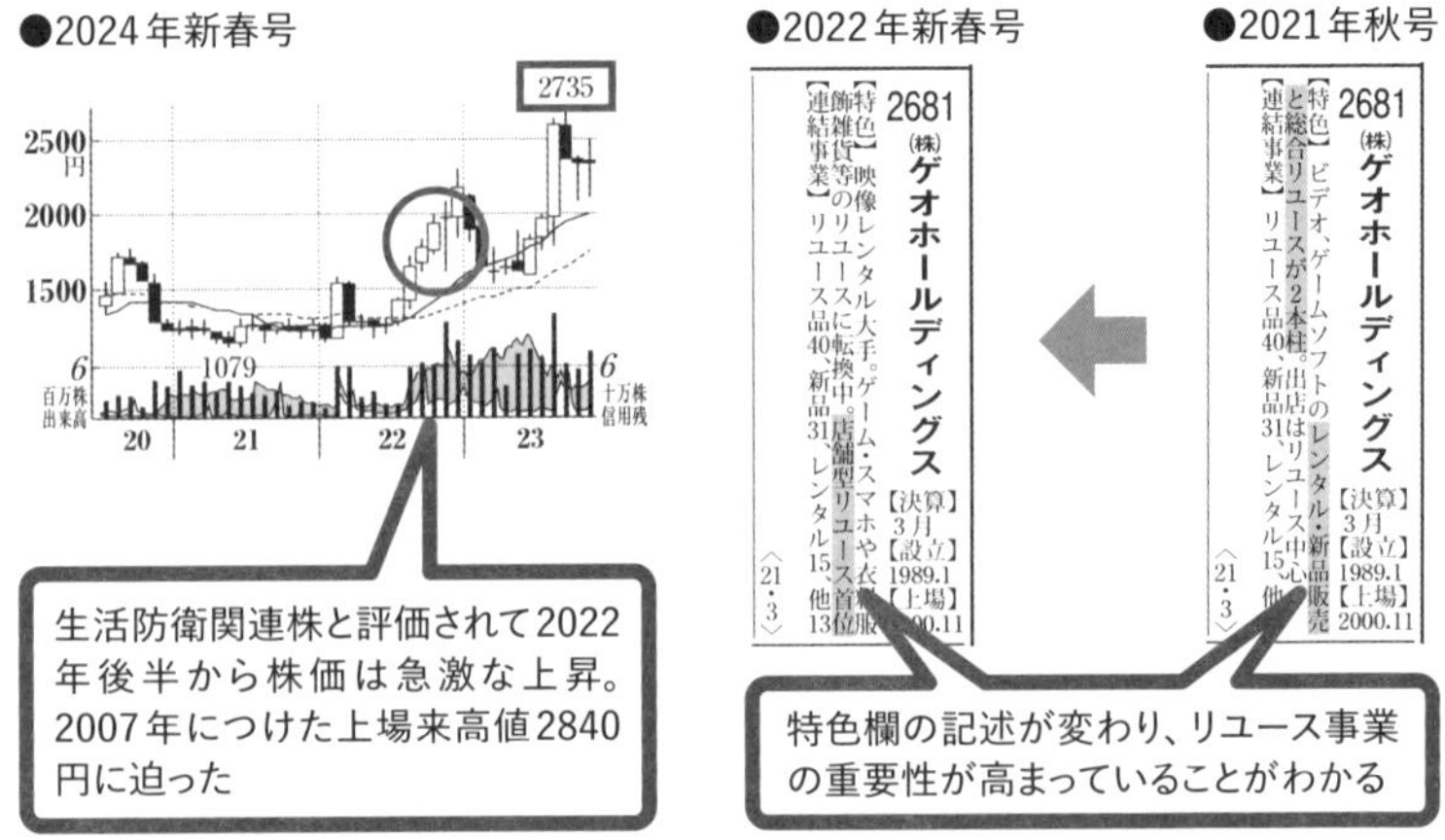

●2024年新春号
2735
2500円
2000
1500
1079
6百万株出来高
6十万株信用残
20
21
22
23
●2022年新春号
2681 (株)ゲオホールディングス
【特色】映像レンタル大手。ゲーム・スマホや衣料・雑貨等のリユースに転換中。店舗型リユース首位
【連結事業】リユース品40、新品31、レンタル15、他13〈21・3〉
【決算】3月【設立】1989.1【上場】2000.11
●2021年秋号
2681 (株)ゲオホールディングス
【特色】ビデオ、ゲームソフトのレンタル・新品販売と総合リユースが2本柱。出店はリユース中心
【連結事業】リユース品40、新品31、レンタル15、他〈21・3〉
【決算】3月【設立】1989.1【上場】2000.11
生活防衛関連株と評価されて2022年後半から株価は急激な上昇。2007年につけた上場来高値2840円に迫った
特色欄の記述が変わり、リユース事業の重要性が高まっていることがわかる

なると、表面的な売り上げではなく利益を稼ぎ出しているのはどの事業かまで切り込む必要が出てきます。ここで注目するのは『会社四季報』【連結事業】欄のカッコ内の数字です。

下図右は育児用品で国内トップのピジョン（７９５６）２０２４年新春号の誌面です。【連結事業】欄に「日本36（4）、中国36（30）」とあり、売上高では日本と中国が互角であることがわかります。しかし利益はどうでしょう。国内は利益率が４％と低いのに対し、中国は30％と7・5倍以上ですから驚きです。売り上げと利益率で掛け算をすると、日本１１４対中国１０８０ですから、中国で稼ぐ利益の大きさがわかります。足元の業績は、東京電力福島第一原子力発電所の処理水放出などの影響で中国での売り上げが急減し、大打撃を受けていますが、それでも材料欄に「シェア意識し、販促活動は極端に緩めず」とあるのは、利益の源泉である中国事業を死守する必要があるからなのです。**市場テーマとしては中国関連株ですから、株価底入れには、停滞が続く中国景気の回復を待たねばならない**ということになります。

意外に思える事業が利益を牽引していることも

7956 **ピジョン**
【決算】12月【設立】1957.8【上場】1988.9
【特色】育児用品で国内トップ。哺乳瓶発祥。小物に強い。近年はベビーカーにも注力。中国で高シェア
【連結事業】日本36（4）、中国36（30）、シンガポール10（15）、ランシノ18（7）【海外】64〈22・12〉

主戦場は中国で、その事業状況が業績を左右することがわかる

1911 **住《すみ》友《とも》林《りん》業《ぎょう》**
【決算】12月【設立】1948.2【上場】1970.5
【特色】別子銅山の植林事業が源流。木材建材卸、注文住宅、米豪など海外住宅の3本柱。持分に熊谷組
【連結事業】木材建材15（5）、住宅・建築32（3）、海外住宅・不動産51（19）、資源環境1（6）、他1（8）【海外】55〈22・12〉

実は売上高営業利益率が19％と高い海外住宅・不動産が主力事業だ

2802 **味《あじ》の素《もと》**
【決算】3月【設立】1925.12【上場】1949.5
【特色】調味料最大手。アミノ酸技術で飼料・医薬等多角化。海外で家庭用食品を拡大。M＆Aに積極的
【連結事業】調味料・食品57（11）、冷凍食品20（0）、ヘルスケア等22（17）、他1（▲1）【海外】62〈23・3〉

電子材料も手がけるヘルスケア事業の売上高営業利益率が17％と高い

もう1つ、住友林業（1911）はどうでしょう。木の家がうたい文句の注文住宅メーカーと聞くと内需の景気敏感株と考えてしまいがちですが、実は同社の主戦場は米国とオーストラリアです。木材建材卸、注文住宅、海外住宅・不動産と3つの事業を手がけていますが、【連結事業】欄でわかるように、中軸は売上高の51％を占める海外事業で、利益率も19％と3事業の中で断トツに高いことがわかります。

もうお気づきでしょう、株価に影響を与えるのは、国内の景気指標ではなく、米国の新築一戸建て住宅販売件数や住宅ローン金利など海外の経済指標です。2024年1月24日の株式市場で同社の株価が取引開始と同時に大きく下げる事態が起きました。これは前日に発表された米国の同業大手の決算が住宅ローン金利の上昇の影響で市場予想に届かず株価が下落。米国で住宅事業を手がける住友林業にも連想売りが波及したためでした。

▼業績好調でもこんなときは激しく売られる

最後にもう1つ重要なことがあります。それは全体としては増益であっても、投資家が注目している事業（それがまさに利益の源泉であり成長ドライバーなのです）が不振だと、市場は激しい売りで反応する点です。味の素（2802）の2024年3月期第3四半期（4～12月期）決算は2月に発表され、販売単価の上昇で主力事業の調味料・食品が大きく

連想売り

株式市場である銘柄が何らかの出来事や悪材料をきっかけに売られたときに、同業種や関連業種にも売りが広がること。連想売りの対義語として、連想買いもある

伸び、純利益も前年同期比2％増となりましたが、翌日の株価はマドをあけて急落しています。これは同社の現在の成長ドライバーであり、投資家が熱い視線を注ぐ半導体向け電子材料が55％減と不振だったことが嫌気されたためです。

味の素の場合、【特色】欄に「ヘルスケア等22（17）」とある中に、電子材料が含まれています。具体的には、うま味調味料の副産物から開発したＡＢＦ（味の素ビルドアップフィルム）という中央演算処理装置（ＣＰＵ）に使われている層間絶縁材料で、パソコン向けシェアでほぼ１００％を占めています。株式市場から見ると味の素には2つの顔があり、1つは景気に左右されにくいディフェンシブ銘柄という顔、もう1つはここ数年で獲得した半導体関連のハイテク銘柄という顔があることを覚えておくとよいでしょう。

２０２４年3月期の業績予想を上方修正したソニーグループ（６７５８）株が大きく売られたのも同様の理由です。2月の上方修正を牽引したのは生命保険が好調だった金融事業や映像事業ですが、市場参加者が注目していたゲーム事業で「プレイステーション５」の年間販売計画を２５００万台から２１００万台前後に引き下げたことがネガティブインパクトとなったのでした。繰り返しになりますが、銘柄選びで重要なのは、**過去の知識にとらわれず現在の利益の源泉を改めて確認すること、そして市場テーマで「何関連株」になるのかをつねにひも付ける習慣をつけておく**ことなのです。

発売日前に情報を先取りできる

『会社四季報オンライン』でも人気の高いコンテンツが、一部の銘柄の業績予想や記事などを、**紙版の『会社四季報』発売前に先行配信する「四季報先取り」**です。

株式投資で成果を出すためには、ほかの人よりも早く情報収集することが不可欠です。『会社四季報』の独自予想は投資家にとって重要な情報の1つ。会社四季報記者が取材に基づいて会社予想から独自に増額し、その数値がサプライズであれば、株価が急騰することもあります。そうした銘柄を「四季報先取り」を活用して早く買っていれば、より大きな値幅を取れることになります。

例えば、2024年春号で営業利益予想を会社予想から72％も増額していた雪国まいたけ（1375）は、「四季報先取り」配信翌日にマドをあけて急伸。『会社四季報』発売後に会社が上方修正を発表し、大幅高で昨年来高値を更新しました。

編集部が最新号の独自増額銘柄を吟味

「四季報先取り」は3つに分かれています。最新号発売日の前月下旬から配信するのが「速報！サプライズ銘柄」。**最新号の原稿を編集部で吟味し、とくに有望な50銘柄を配信**しています。「サプライズ銘柄」の配信後には、**東洋経済が選んだ期待の成長株「東洋経済グロース100」**を、続いて、**日経225構成銘柄に東洋経済が選出した有力銘柄を加えた「主力株300」**を配信しています。

ただし「四季報先取り」の業績予想や記事は作成段階のものなので、後発事象等により最新号の内容と異なる場合があることには注意が必要です。

「四季報先取り」を活用しよう

3月18日(月)発売 2024年春号の情報を先取り

会社四季報オンラインだけのお宝銘柄情報「速報!サプライズ銘柄」や業績予想など、
株式投資に重要な情報を誌面発売前にいち早く先行配信します。

3種類の「四季報先取り」をチェックして先回り

速報!サプライズ銘柄	東洋経済グロース100	主力株300
2/25〜3/5(10日間)	3/6〜10(5日間)	3/11〜15(5日間)
毎日17時から5銘柄ずつ配信	毎日10 or 20銘柄ずつ配信	毎日60銘柄ずつ配信

雪国まいたけ (1375)

【特色】マイタケ、マッシュルーム軸にキノコ量産。外食・中食業者へ提案営業。神明HDと西日本開拓

【改　善】マイタケ数量減も、需給締まり単価上昇、利ザヤ改善。電力費想定以下。前号より一転、営業増益。減配幅縮小。25年3月期は新商材の高級マイタケが販路拡大。既存品も単価厳しいが数量堅調増。人件費、運送費増をこなす。連続営業増益。

【代替肉】24年中の実用化目指すキノコ素材の代替肉を目玉にTV情報番組の露出増やす。原料調達手法見直し、原価低減図る。

【業績】	売上高	営業利益	経常利益	純利益	1株益(円)	1株配当(円)
◇23.03	42,204	2,191	1,794	1,181	29.6	20
◇24.03予	**46,500**	**2,800**	**2,400**	**1,550**	**38.9**	**6〜8**
◇25.03予	**50,700**	**4,300**	**3,900**	**2,500**	**62.7**	**6〜10**
中23.09	18,806	1,069	864	559	14.0	1
中24.09予	20,800	1,700	1,500	950	23.8	3〜5
会24.03予	44,467	1,624	1,210	780		(23.11.09発表)

(『四季報』新春号と比較する)

3 最高益には3つのパターンがある

銘柄探しでは、その企業が成長過程のどの段階にいるのか把握することも重要です。過去の実績を最大5年分掲載する『会社四季報』の【業績】欄で増収増益が続いていると今が旬の会社に見えますが、本当にそうでしょうか。もっと昔にすごい最高益をたたき出していたかもしれません。それを知る手がかりが【指標等】欄にある最高純益です。

▼最高益更新3つのパターン

企業が最高益を更新するパターンには大きく分けて3つあります。1つ目は毎年のように連続して更新するパターン、2つ目は業界固有の景気サイクルや新製品の投入サイクルに合わせて数年おきに更新するパターン。そして3つ目が、最後に最高益を記録してから10年、あるいはもっと長い間鳴かず飛ばずだった企業が、突如復活してくるパターンです。

1番目の連続パターンは、最も多く見られる形です。2024年3月期決算発表が終了した段階での最長記録保持者は埼玉県を中心に食品スーパーを展開するヤオコー（827

【指標等】欄にある最高純益

『会社四季報』では最高益かどうかの基準を純利益に置いている。最高純益は会計方式を変更すると出直しになってしまうため、赤字が過去最高益になっているケースもある。また、純利益ベースなので土地売却益など巨額の特別利益が含まれている場合にも注意が必要だ

過去の実績を最大5年分掲載

第1四半期および第3四半期決算が発表された直後の号では3年分に減る

9）で、なんと**32年連続で最高益を更新**しています。ただ、連続最高益企業というのは、「来期もおそらく増益になるだろう」という市場の期待がすでに株価に織り込まれていること、加えて連続であるがゆえに業績変化率が少ないため、サプライズに欠け、短期投資ではあまり妙味ありとはいえません。**むしろ、会社側が発表した業績予想や、上方修正後の数字が市場予想に届かないと手ひどく売られるというマイナス面に注意が必要**となります。成績優秀な子供には次のテストでも当然に高得点を期待するはず。もし85点だったら褒めるでしょうか。優等生には優等生なりの高いハードルが控えているのです。

2番目は、半導体や、工作機械・産業用ロボットなど設備投資関連業界に多く見られるパターンです。製造業では主要企業の先陣を切って決算を発表することから市場での注目度が高い安川電機（6506）を例に見てみましょう。産業用ロボット市場の受注高推移を見ると、2018年に最初のピークをつけ、その後は米中貿易摩擦のあおりやコロナ禍で低迷し、次は2021、2022年に半

設備投資の波に呼応して最高益を更新

産業用ロボット市場は2022年の受注が過去最高。2023年2月期に最高益を記録
会計基準の変更を考慮しない場合、2023年2月期より前の最高益は2019年2月期となる

6506 (株)安《やす》川《かわ》電《でん》機《き》
【決算】2月 【設立】1915.7 【上場】1949.5

【特色】独自制御技術でサーボモーターとインバーター世界首位。産業用ロボットも累積台数世界有数
【連結事業】モーションコントロール46(13)、ロボット40(11)、システムエンジニアリング9(5)、他5(4)【海外】71 〈23・2〉

【小幅増益】インバーターは部品不足改善で受注残を着実消化、米国オイル・ガス関連の好調続く。ロボットは生産の高度化・自動化投資需要を享受。ただ遊休不動産売却益剥落等で小幅営業増益止まり。25年2月期は半導体関連需要復調。内製化も進展。
【内製化】ロボット用部品を内製する機械加工工場の建設完了、24年5月本格稼働計画。新型自律ロボットを23年12月市場投入。

年月【資本異動】 万株
69.12 有3:1 14,000
82. 8 公1200万株(522円) 19,231
82. 9 無1:0.1 21,156
15. 7 交換 26,302

東証P	高値	安値
49~21	6140(21)	19(50)
22	5790(1)	3985(10)
23.1~11	6859(6)	4065(1)

	高値	安値	出来万株
23. 9	5878	5280	2,765
10	5714	4839	4,357
#11	5820	4961	2,243

【DOE】4.8%(3期平均4.0%)
【増減配回数】増6 減1 据3 無0
【四半期進捗率】3期平均48.5% 今期47.2%(▲1.3pt)
【業種】電子部品・産業用電子機器 時価総額順位 9／243社
【比較会社】6503 三菱電機, 6954 ファナック, 6645 オムロン

【株式】
単位 100
時価総額
【財務】
総資産
自己資
自己資
資本金
利益剰
有利子
【指標等】
ROE 10.2%
ROA 7.9% 7.5%
調整1株益 197.9円
最高純益(23.2) 51,783
設備投資 276億 予380億
減価償却 196億 予210億
研究開発 187億 予190億
【キャッシュフロー】 億円
営業CF ▲22(492)
投資CF ▲196(▲241)
財務CF 71(▲224)
現金同等物 422(551)

ステートストリートBウエストトリーティ505234 509(1.9)
第一生命保険 419(1.5)
自社(自己株口) 412(1.5)
<外国>32.4% <浮動株> 5.8%
<投信>18.2% <特定株>49.2%
【役員】(会)小笠原浩 (社)小川昌寛 (取)村上周二 森川泰彦 (取監)中山裕二 ⇨巻末
【連結】米国安川, 欧州安川, 安川電機(中国)

【業績】(百万円)	売上高	営業利益	税前利益	純利益	1株益(円)
連19. 2	474,638	49,766	50,844	41,164	
連20. 2	410,957	22,339	23,361	14,449	
◊21. 2	389,712	27,180	27,172	18,927	72.4
◊22. 2	479,082	52,860	55,378	38,354	146.7
◊23. 2	555,955	68,301	71,134	51,783	198.1
◊24. 2予	580,000	70,000	72,700	51,300	196.2
◊25. 2予	610,000	79,500	82,200	58,000	221.8
◊23.3~8	288,978	33,062	34,543	24,228	92.7
◊24.3~8予	295,000	37,400	38,700	27,300	104.4
会24. 2予	580,000	70,000	72,700	51,300	(23.4.

市八幡西区黒崎城
☎093-645-8801
502
500, 中部, 九州
橋, 入間, 中間
224名(42.2歳)年862万円
野村, みずほ 副みずほ
みずほ, 三井住友信,
テクノス
三明

導体やＥＶ関連の旺盛な設備投資を追い風に過去最高を連続更新。安川電機の過去最高益も呼応する形で２０１９年２月期、２０２３年２月期に更新しています。ちなみに**こうした企業の株価は結果としての業績ではなく、先行きを左右する受注の伸びに左右されるため、受注動向は必須のチェック項目**です。２０２４年１月にレーザーテック（６９２０）は２０２４年３月期業績の上方修正と配当増額を発表しましたが、株価は下落しました。考えられる理由は２つ。１つは上方修正後の当期利益が市場予想を５%近く下回ったこと。もう１つは同時に公表した10～12月の半導体関連装置の受注が７～９月比で34%減と大きく落ち込んだためです。

３番目のパターンは久々に最高益の企業です。最も株価インパクトが大きく、投資妙味のあるパターンといっていいでしょう。２０２３年12月、中堅化学機械メーカーの巴工業（６３０９）が発表した２０２３年10月期決算は従来予想を上回り、続く２０２４年10月期は13期ぶりに最高益を見込んでいることが明らかになりました。そのときの株価の反応が下図です。翌日株価は一時ストップ高となり、その後も連騰したことがわかります。

久しぶりの最高益は株価へのインパクトが大

●巴工業（6309）の日足チャート

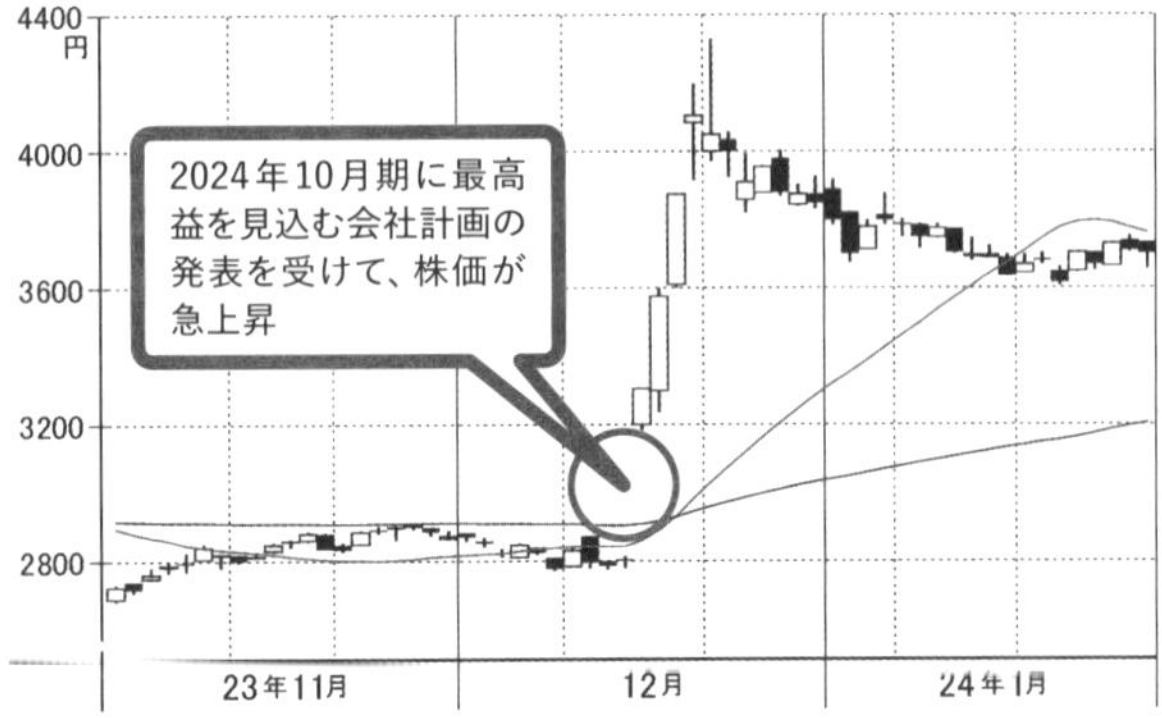
4400
円
4000
3600
3200
2800
2024年10月期に最高益を見込む会社計画の発表を受けて、株価が急上昇
23年11月
12月
24年1月

▼棚ぼた最高益を謳歌する海運会社と百貨店

久しぶり最高益のパターンはさらに2つに細分できます。1つは企業自体は昔とそう変わっていないのに社会の側に構造変化が起き、突如、猛烈な追い風が吹くパターン（棚ぼた型）。2つ目は構造改革に成功し、どん底から復活してくるパターン（自己改革型）です。

棚ぼたパターンは海運3社（日本郵船［9101］、商船三井［9104］、川崎汽船［9107］）が代表例でしょう。お荷物扱いだったコンテナ船事業を切り離し、3社共同出資で合弁会社を設立したのは2017年のこと。お荷物だったはずのコンテナ船会社が、コロナ禍による世界的な巣ごもり需要などで海運バブルともいえる市況高を謳歌し、2022年3月期から2年連続で2兆円を超える空前の利益を稼ぎ出しました。

商船三井は実に14年ぶりに最高益を更新。1000円前後だった株価は2022年3月には4000円近くまで急騰し、高利回りの配当まで享受できたのですから株主はたまりません。業績はピークアウトしましたが、株価は2024年2月まで高値更新が続きました。中東情勢の緊迫化で紅海を迂回し喜望峰経由にルート変更するなどの措置が長期化。航海日数が延びて船腹の需給が引き締まり、コンテナ船運賃が急上昇したためです。

足元の百貨店業界もこのパターンといっていいでしょう。2023年2月期に先陣を切

市場予想

証券アナリストによる企業業績の事前予想のこと。予想値の平均である「コンセンサス」を市場予想と呼ぶこともある

って髙島屋（８２３３）が16期ぶりに最高益を更新。阪神、阪急百貨店を抱えるエイチ・ツー・オー リテイリング（８２４２）も同３月期に５期ぶりに最高益を更新しました。背景にあるのは、２０１５～２０１８年に吹きまくったのと同じインバウンド旋風です。

▼赤字で買って最高益で売れ！

久しぶり最高益の２つ目のパターンは構造改革に成功し復活するパターンです。こちらの代表格は、ソニーグループ（６７５８）でしょう。前年に最高益をたたき出したばかりの同社が２００９年３月期にいきなり大赤字に転落。テレビ、デジタルカメラ、ゲーム、金融がすべて不振で、その後も５期の最終赤字を喫しています。

そのソニーが復活したのは２０１８年３月期。人員削減、不採算事業の売却、コンテンツビジネスの強化、世界トップシェアのイメージセンサー事業への経営資源の配分などのリストラを経て、純益ベースで10年ぶり、営業利益ベースだと実に20年ぶりに最高益を更新したのです。株価の上昇ぶりもすさまじく、２０１２年に７７２円まで売られた株価は

構造改革で久しぶりの最高益を実現、株価も20倍に

●ソニーグループ（6758）の月足チャート

16000円
12000
8000
4000
2022年1月には1万5725円と、底値の20倍に上昇
2012年11月には底値772円まで下落
13年 14年 15年 16年 17年 18年 19年 20年 21年 22年 23年

２０１８年９月に６９７３円、２０２２年１月には１万５７２５円と底値から20倍へと値を伸ばしたのです。これほどの短期間で超国際優良銘柄がダブルテンバガー（20倍株）を達成という例はほかにありません。**市場格言の「赤字で買って最高益で売れ」は本当だったのです。**

自己改革の例では、サイゼリヤ（７５８１）もそうです。同社が最高益を記録したのは２０１０年８月期の78億円で、２０２４年新春号の予想では２０２４年８月期は14年ぶりに更新する見通しでしたが、**まったくといっていいほど中身が違うのです。**直近の通期決算である２０２３年８月期の72億円の営業利益を分析すると、実は１０５５店舗を展開する国内事業は15億円近い赤字。稼ぎ頭は中国や台湾、シンガポールの中華圏で展開する４８５の店舗で84億円超を稼ぎ出しました。国内が値上げ一色となる中でサイゼリヤは価格を据え置き、庶民の味方的イメージがあるのですが、実は海外ではしっかり値上げ。ほぼすべての利益を国内で稼ぎ最高益を記録した２０１０年と今は、真逆の構図になっています。

久しぶりの最高益、事業の中身はガラッと変化

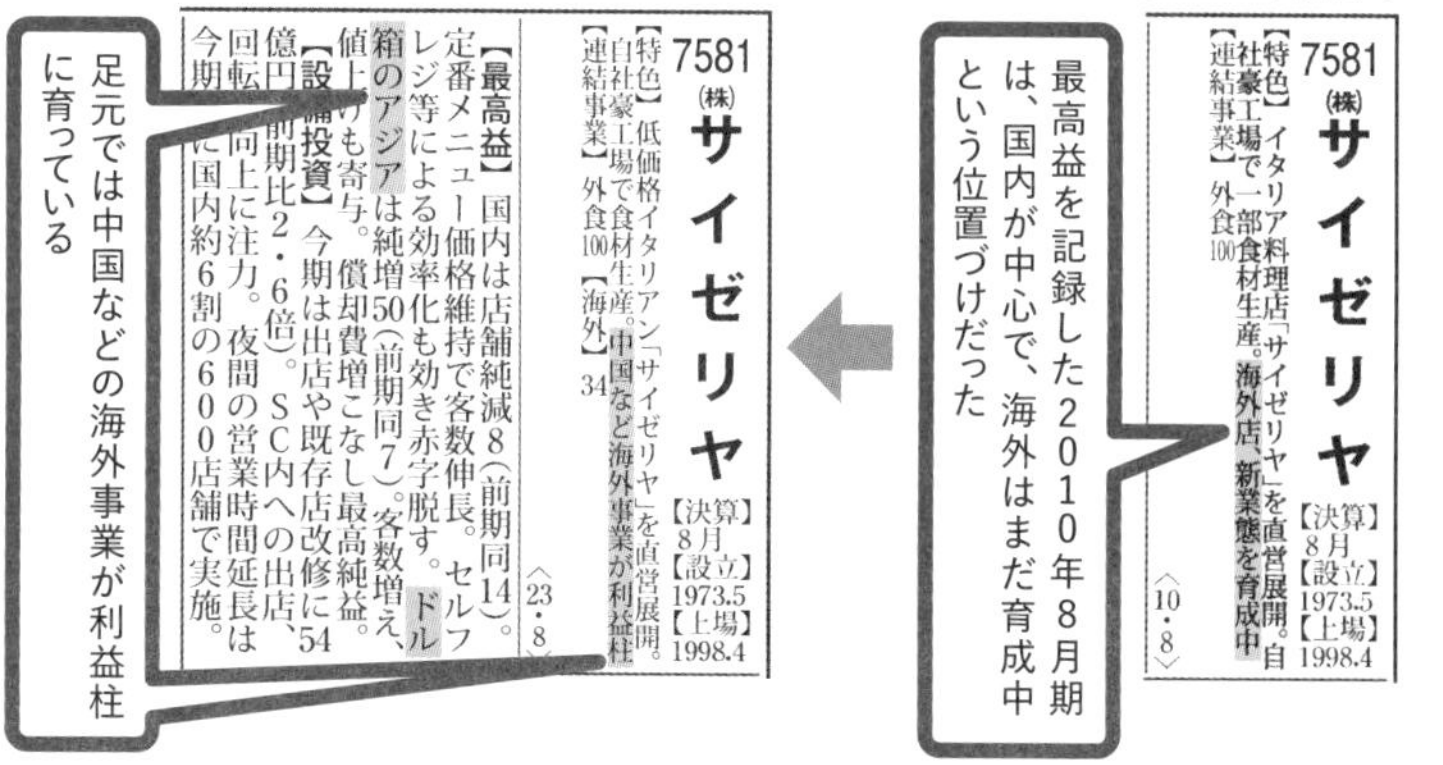
●2024年新春号

7581 (株)サイゼリヤ

【特色】低価格イタリアン「サイゼリヤ」を直営展開。自社豪工場で食材生産。中国など海外事業が利益柱

【連結事業】外食100【海外】34

【決算】8月【設立】1973.5【上場】1998.4

〈23・8〉

【最高益】国内は店舗純減8(前期同14)。定番メニュー価格維持で客数伸長。セルフレジ等による効率化も効き赤字脱す。ドル箱のアジアは純増50(前期同7)。客数増え、値上げも寄与。償却費増こなし最高純益。

【設備投資】今期は出店や既存店改修に54億円(前期比2・6倍)。SC内への出店、回転率向上に注力。夜間の営業時間延長は今期に国内約6割の600店舗で実施。

足元では中国などの海外事業が利益柱に育っている

●2011年新春号

7581 (株)サイゼリヤ

【特色】イタリア料理店「サイゼリヤ」を直営展開。自社豪工場で一部食材生産。海外店、新業態を育成中

【連結事業】外食100

【決算】8月【設立】1973.5【上場】1998.4

〈10・8〉

最高益を記録した2010年8月期は、国内が中心で、海外はまだ育成中という位置づけだった

4 利益で大切なのは質の良しあし

「人は見かけによらぬもの」ということわざがあります。人の本当の性格や能力は、見た目の印象や外見では判断できないことの例えですが、似たようなことは企業の利益についてもいえるという意外でしょうか。これは悪意ある粉飾決算を指しているのではなく、会計ルールにのっとった正しい数字であっても**利益には質の良しあしがある**という話です。

第3章のキャッシュフローのページで解説したように、損益計算書（PL）上の利益と実際のおカネの流れは一致しません。ただ、会社に残る現金は本来、利益の増加に伴って増えるものでなければなりません。**勘定合って銭足らずの状態が続くと、次に向けた投資ができないばかりか、いずれ黒字倒産する**ことになります。これは大企業でも同じです。**活動に必要なキャッシュ（現金）は人の体に例えるなら血液です。**血流が良ければ元気に動き回れますが、血流が滞れば動けなくなるどころか場合によっては死んでしまうかもしれません。**利益を出しているのに現金が残らないのは何か問題がある**ことを示しています。

ＲＩＺＡＰグループ（２９２８）が、運動初心者向けちょいトレジム「ｃｈｏｃｏＺＡＰ

勘定合って銭足らず

ここでは利益が出ているのに、現金が不足していることを指す。例えば、ある居酒屋が1万円の代金についてツケ払いを承諾した場合、売上高は1万円で、そこから人件費などの経費を差し引いた残りが利益になるが、実際には現金は1円も入っていない

（チョコザップ）」を急ピッチで出店しています。2023年11月に会員数は100万人を突破、株価もこれをハヤして2024年3月には579円まで上昇しました。chocoZAPの運営開始（2022年7月）から1年3カ月で約2・5倍になった計算です。

しかし、もっと長期で見るとどうでしょう。2017年11月につけた上場来高値1545円からすればいまだ3分の1ほどの水準にすぎません。**実はここまで株価がつるべ落としになった原因は同社の利益の質の悪さにあったのです。**

減量ジム「ライザップ」のプログラムでスリムになった芸能人のビフォア・アフターのCMは社会現象となりました。このCMの影響で、札幌証券取引所アンビシャス市場に単独上場しているだけの銘柄が全国ブランド化し、株価も2017年4月の200円台からわずか半年ほどで7倍高となる急騰劇を演じました。

2018年3月期には2期連続で最高益を塗り替えています。

CM人気で話題となっていた時期だけに、絶好調といわれてすんなり納得してしまいそうですが、『会社四季報』をよく見ると、おか

2024年に株価急上昇のようでも、最高値ははるか上方に

●RIZAPグループ（2928）

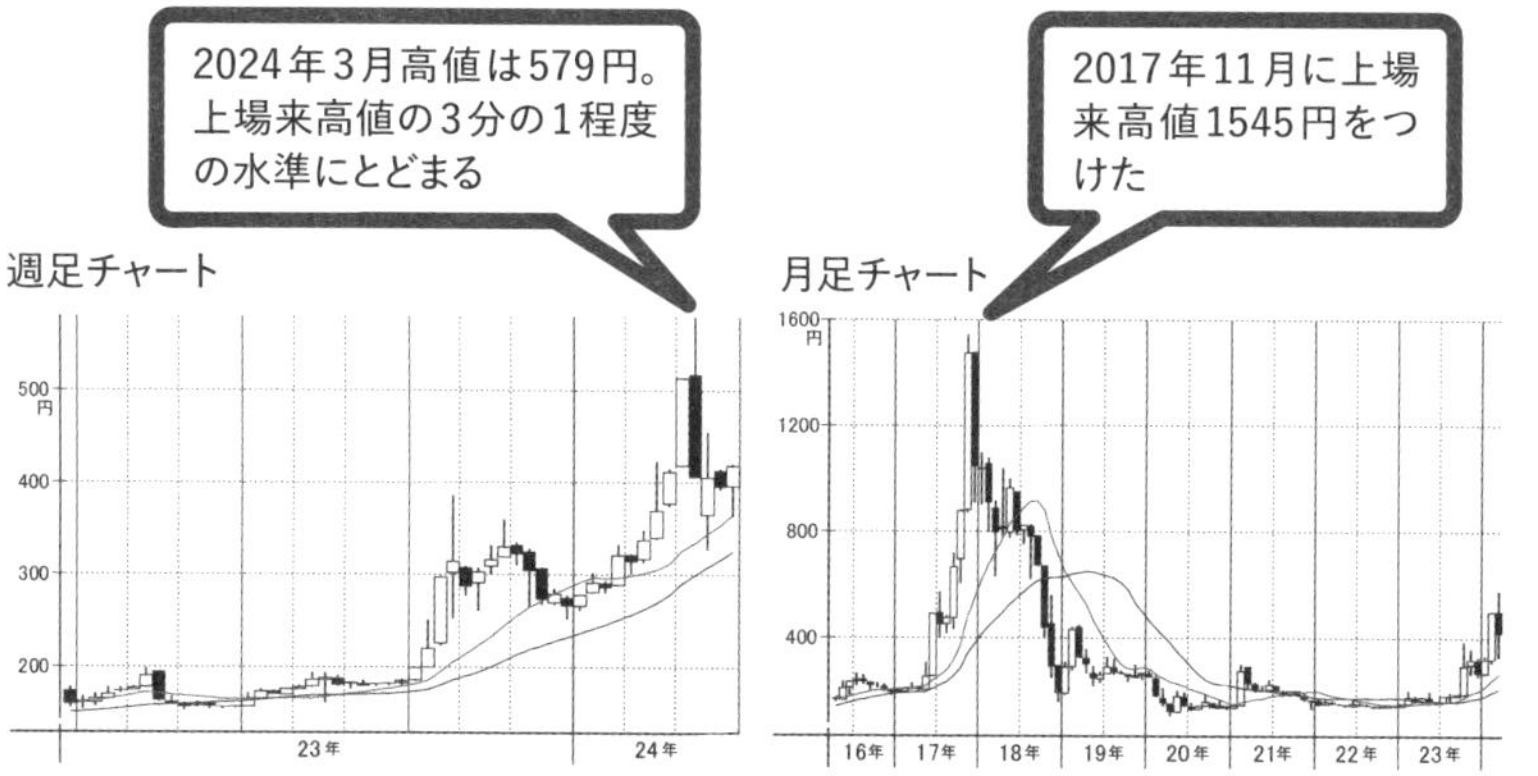

しな点があることに気づきませんか。そう、**キャッシュフローの数字と最高益の数字が2年連続であまりにもかけ離れているのです。**

まずは2017年3月期です。この期がスタートした時点では「健康コーポレーション」という社名でしたが、同年7月、社名をRIZAPグループに変更。若年女性向け衣料品ECの夢展望（3185）、体型補整下着のマルコ（現MRKホールディングス〈9980〉）を買収するなど従来から前のめりだったM&Aに拍車がかかり、6社を買収。**注意すべきはこの年から会計方式をのれん償却が不要なIFRS（国際会計基準）に変更している**ことです。この期の純利益はそれまでの最高益（2014年3月期26億9800万円）を大幅に更新する76億7800万円。ただ、営業キャッシュフローはわずか1億7500万円でした。

続く2018年3月期も中堅繊維問屋の堀田丸正（8105）、CDや書籍販売のワンダーコーポレーションなど9社を買収。純利益は92億5000万円と連続最高益でしたが、肝心の営業キャッシュフローは8700万円にすぎませんでした。

連続最高益なのに営業キャッシュフローはわずか

●2018年夏号

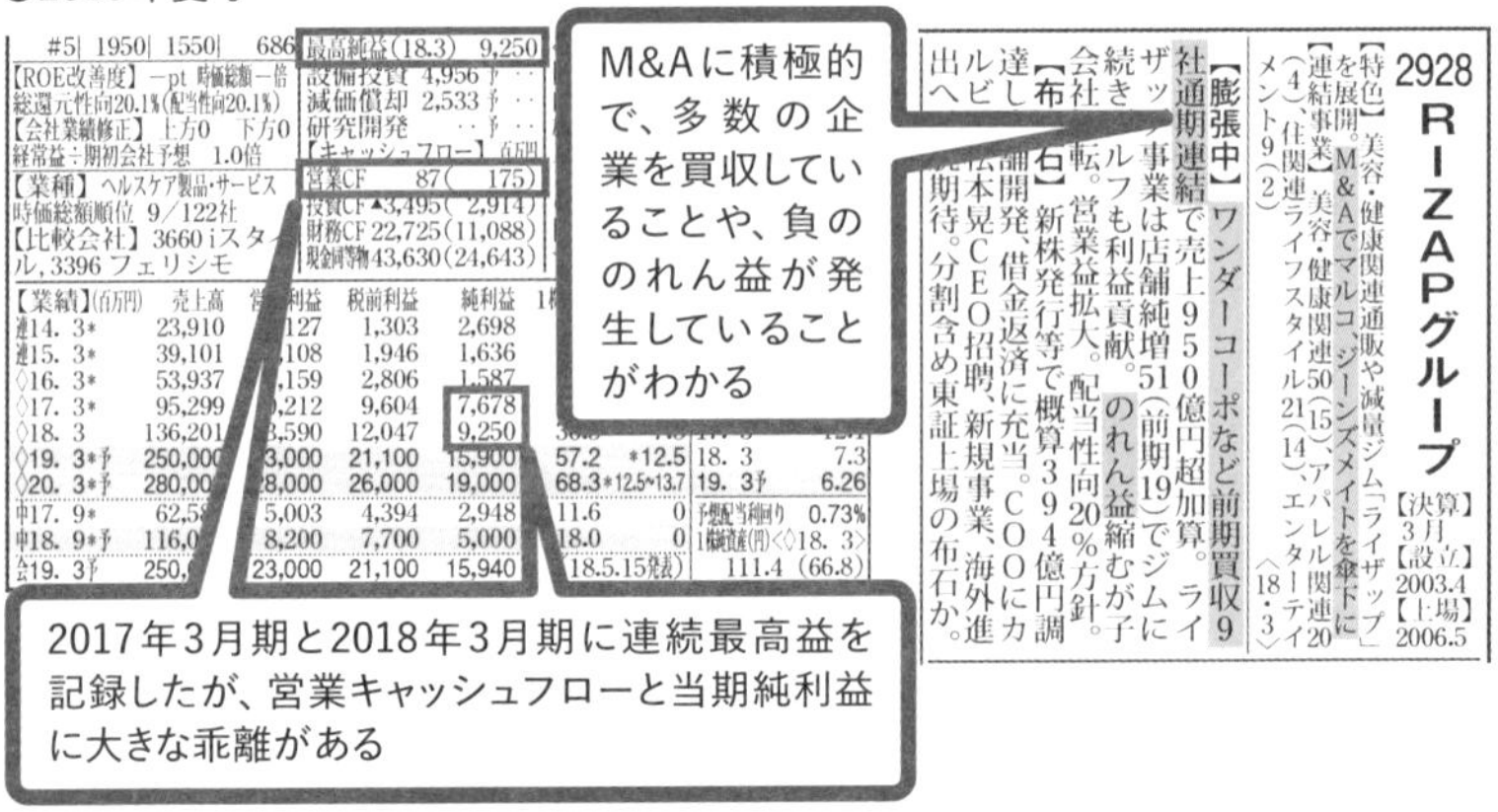

2928 RIZAPグループ
【決算】3月【設立】2003.4【上場】2006.5

【特色】美容・健康関連通販や減量ジム「ライザップ」を展開。M&Aでマルコ、ジーンズメイトを傘下に
【連結事業】美容・健康関連50(15)、アパレル関連20(4)、住関連ライフスタイル21(14)、エンターテイメント9(2)〈18・3〉

【膨張中】ワンダーコーポなど前期買収9社通期連結で売上950億円超加算。ライザップ事業は店舗純増51(前期19)でジムに続きゴルフも利益貢献。のれん益縮むが子会社好転。営業益拡大。配当性向20%方針。
【布石】新株発行等で概算394億円調達し店舗開発、借金返済に充当。COOにカルビー松本晃CEO招聘、新規事業、海外進出へ期待。分割含め東証上場の布石か。

#5| 1950| 1550| 686
【ROE改善度】—pt 時価総額—倍
総還元性向20.1%(配当性向20.1%)
【会社業績修正】上方0 下方0
経常益÷期初会社予想 1.0倍
【業種】ヘルスケア製品・サービス
時価総額順位 9／122社
【比較会社】3660 iスタイル,3396 フェリシモ

最高純益(18.3) 9,250
設備投資 4,956 予 ‥
減価償却 2,533 予 ‥
研究開発 ‥ 予 ‥
【キャッシュフロー】百万円
営業CF 87(175)
投資CF ▲3,495(2,914)
財務CF 22,725(11,088)
現金同等物43,630(24,643)

【業績】(百万円)	売上高	営業利益	税前利益	純利益	1株益	1株配
連14. 3*	23,910	[illegible]127	1,303	2,698		
連15. 3*	39,101	[illegible]108	1,946	1,636		
◇16. 3*	53,937	[illegible]159	2,806	1,587		
◇17. 3*	95,299	[illegible]212	9,604	7,678		
◇18. 3	136,201	[illegible]590	12,047	9,250		
◇19. 3*予	250,000	[illegible]3,000	21,100	15,900	57.2	*12.5
◇20. 3*予	280,000	28,000	26,000	19,000	68.3	*12.5~13.7
中17. 9*	62,5[illegible]	5,003	4,394	2,948	11.6	0
中18. 9*予	116,0[illegible]	8,200	7,700	5,000	18.0	0
会19. 3予	250,[illegible]	23,000	21,100	15,940	(18.5.15発表)	

18. 3 7.3
19. 3予 6.26
予想配当利回り 0.73%
1株純資産(円)<◇18. 3>
111.4 (66.8)

M&Aに積極的で、多数の企業を買収していることや、負ののれん益が発生していることがわかる
2017年3月期と2018年3月期に連続最高益を記録したが、営業キャッシュフローと当期純利益に大きな乖離がある

▼負ののれんにあったからくり

2年間の当期利益の合計が約170億円にも上るのに営業キャッシュフローは合計3億円に届きません。なぜこんなことが起きたのでしょうか。

からくりは負ののれん（益）です。のれんとはブランド力や信用力、顧客とのつながりなど見えない資産価値のことで、お店の軒先に掲げられたのれんに由来しているといわれます。企業を買収する場合、一般にはこうした見えない資産価値の分だけ純資産額より高くなるのが一般的ですが、**被買収企業が何か問題を抱えていると純資産額より低い金額でM&Aが成立する場合があり、そのとき発生する会計上の利益が負ののれんとなります。**

ＲＩＺＡＰグループは赤字会社を次々買収し、この負ののれんを計上して最高益をつくり上げていったのです。買収した企業の多くは、当時の『会社四季報』巻末「『企業の継続性』にリスクがある会社一覧」の常連で、ＲＩＺＡＰグループも最高益を更新したばかりの翌年にツケを払う形で突如大赤字に転落し、２０１９年夏号からは自らもリスク企業一覧に仲間入りしてしまいました。その後、税前利益で黒字を確保できたのは２０２２年３月期の１期のみ。「継続企業の前提に関する重要事象等」の記載がようやく解消されたのは２０２４年６月になってからでした。

IFRS（国際会計基準）に変更

のれん償却が不要となり、営業利益にも影響することから『会社四季報』は RIZAP グループについて 2016 年夏号から 2017 年春号までの 1 年間は毎号、業績欄の冒頭で「IFRS 移行でのれん償却なく利益底上げ」などと説明を加えるようにしていた

お得で自分好みの株主優待を探そう

株主優待は、株式投資の魅力の1つです。優待制度がある会社の株式を権利確定日に保有していると、お菓子や飲料などその会社の製品、スーパーや百貨店の買い物優待券、映画や劇場の招待券などさまざまなものが贈られます。『会社四季報』の巻末には株主優待一覧が掲載されています。

『会社四季報オンライン』では、サイトの「銘柄研究」にある「株主優待一覧」から各社の最新の株主優待をまとめて見ることができます（左図上）。一部の有料会員の場合、**優待権利確定時、優待内容カテゴリ、最低投資金額の条件で絞り込む**ことも可能です。例えば左図は、権利確定時が3月、最低投資金額10万円未満で自社商品が贈られる銘柄の一覧です。

ここでは、実質利回り、優待利回り、予想配当利回りも表示されます。**優待利回り**は、優待内容を金額に換算したうえで、それを株価で割って計算したものです。**予想配当利回り**は通常の配当の利回りで、**実質利回り**は、優待利回りと予想配当利回りを合計したものです。

優待利回りが10％を超えるような銘柄もありますが、使える場面などに制約がある場合もあります。使い勝手を考慮して選ぶようにするとよいでしょう。金額換算できる優待のみを計算対象としていることにも注意が必要です。

スクリーニングから「株主優待制度の有無」「株主優待利回り」などの条件を設定して銘柄を検索することもできます。また、**各社の優待内容の詳細については、個別銘柄ページにある株主優待のタブから見ることができます**（左図下）。

優待利回りの高い銘柄も簡単に探せる

株主優待一覧

最新の株主優待をすべて掲載。有料会員なら絞り込みも自由自在です

優待権利確定時: 3月 ／ 優待内容カテゴリ: 自社商品 ／ 最低投資金額: 10万未満

優待権利確定時、優待内容カテゴリ、最低投資金額の条件で絞り込むことも可能

全52件中1件から50件を表示しています。

コード	銘柄名	実質利回り(%)	優待利回り(%)	予想配当利回り(%)	現在値(円)	最低投資金額(円)	確定時	優待内容
7779	サイバーダイン	48.54	48.54	0.00	206.0			
9980	ＭＲＫＨＬＤ	43.96	43.10	0.86	116.0			
4765	ＳＢＩグロバルＡＭ	43.81	41.10	2.70	703.0			
8783	ＧＦＡ	25.64	25.64	0.00	39.0	3,900	3月	自社子会社ポイント
4344	ソースネクスト	16.89	16.89	0.00	148.0	14,800	3月 9月	株主優待ポイント
4650	ＳＤエンター	13.07	13.07	0.00	306.0	30,600	3月	買物割引券
6096	レアジョブ	12.24	10.83	1.40	923.0	92,300	3月	優待券

最新の四季報 ／ プロフィール ／ 業績予想 ／ 長期業績 ／ 株主優待 ／ 株価推移 ／ 誌面アーカイブ

株主優待情報

ご利用の際の注意点 ›

優待の内容	自社ポイント
権利確定時	3月
優待内容カテゴリ	娯楽レジャー　飲食券　金券
優待利回り	0.35%
配当＋優待利回り	2.48%

調査時点:2024年03月中旬判明分まで

優待内容詳細

会社HPの株主優待情報ページへ

ポイント付与

100株以上	1,000ポイント
300株以上	2,000ポイント
1,500株以上	4,000ポイント
3,000株以上	6,000ポイント
15,000株以上	10,000ポイント
30,000株以上	20,000ポイント

※ポイントに応じて自社グループ商品、サービス等複数から交換可。1ポイントで1円相当

5 売上高という不思議な数字の活用法

『会社四季報』の数字は時系列で見たり、前号と比較したり、一見、何の関係もなさそうなほかの数字と割ったり引いたりして初めて意味を持つようになります。予想利益も前期や3年前など過去の数字と比べないとよいのか悪いのか判断がつきませんし、あるいは【指標等】欄にある最高純益と比べないとその会社にとっての水準感がわかりません。第3章でも触れた同じ欄の設備投資と減価償却費の関係もそうです。設備投資額は原則として前期実績と今期計画が掲載されているので、増えるか減るかはいちべつすればわかりますが、それだけでは銘柄選びのポイントにはなりません。設備投資額も実は減価償却費と比べなくては、将来に向けて活発に投資している会社かどうかはわからないのです。

▼「売上高vs時価総額」でわかる市場の評価

そうした観点でぜひ押さえておきたいのは、売上高という数字です。株式投資では売上高より利益が重視されますが、『会社四季報』を読み進めていく際に売上高と他の数字を

時価総額

発行済み株式数は企業ごとに異なるため、株価だけでは企業価値の比較はできない。時価総額であれば世界中の企業と比較が可能になる

比較してみると、その会社の顔や評価が違った角度から見えて、がぜん面白くなることがあります。

その1つが時価総額との比較です。かつてある著名な経営者に「何か目標としている数字のようなものはありますか」と尋ねたとき、「時価総額がせめて売上高を上回ること」という答えが返ってきたことがあります。そのときは「?」と思いましたが、考えてみればもっともな話です。時価総額は発行済み株式数に株価(時価)を掛けて算出した数字で、いわばその会社の株式市場におけるお値段です。時価総額を増やすには株価を上げるしかありません。つまりこの経営者は、市場の評価が物足りないと感じていて、もっと株価を上げていきたいと言っているのです。

それにしてもなぜ売上高なのか。その答えは後にするとして、皆さんにお勧めしたいのは、時価総額と売上高を比較し、時価総額が勝っている(大きい)かどうかをチェックする作業です。

実際に『会社四季報』をめくって気になる企業の売上高(ここでは今期予想を使用)と時価総額を比べてみてください。時価総額が売上高より大きい銘柄を勝ちとすると、2024年新春号の時点では、自動車生産台数で世界一、時価総額で日本一のトヨタ自動車(7203)は売上高44兆円、時価総額45・1兆円で、ほぼ引き分け。時価総額2位の

時価総額で日本一のトヨタ自動車

トヨタ自動車の時価総額は2024年2月6日に2024年3月期の業績上方修正の発表を受けて日本企業で初めて50兆円を突破し、それから1カ月も経たない3月1日に60兆円を突破した

ソニーグループ（6758）は、売上高12・4兆円、時価総額16・1兆円で勝ち、東証の売買代金ランキングで連日トップを争うレーザーテック（6920）に至っては売上高0・2兆円、時価総額約2・8兆円で、14倍もの大差をつけての勝利です。

こうして並べると、ハイテク株や国際優良株ばかりに感じるかもしれませんがそんなことはありません。業務用厨房機器のホシザキ（6465）やインスタントラーメン「マルちゃん」の東洋水産（2875）の時価総額は売上高の約1・8倍、花や野菜の種苗で世界首位級のサカタのタネ（1377）、キッコーマン（2801）、ニトリホールディングス（9843）は2倍台、中古車オークション最大手のユー・エス・エス（4732）は7・8倍ですし、日本取引所グループ（8697）11・2倍、「東京ディズニーランド」のオリエンタルランド（4661）15・5倍と成熟分野にも勝ち組は多く、中には婦人下着のワコールホール

企業の売上高と時価総額を比べてみよう

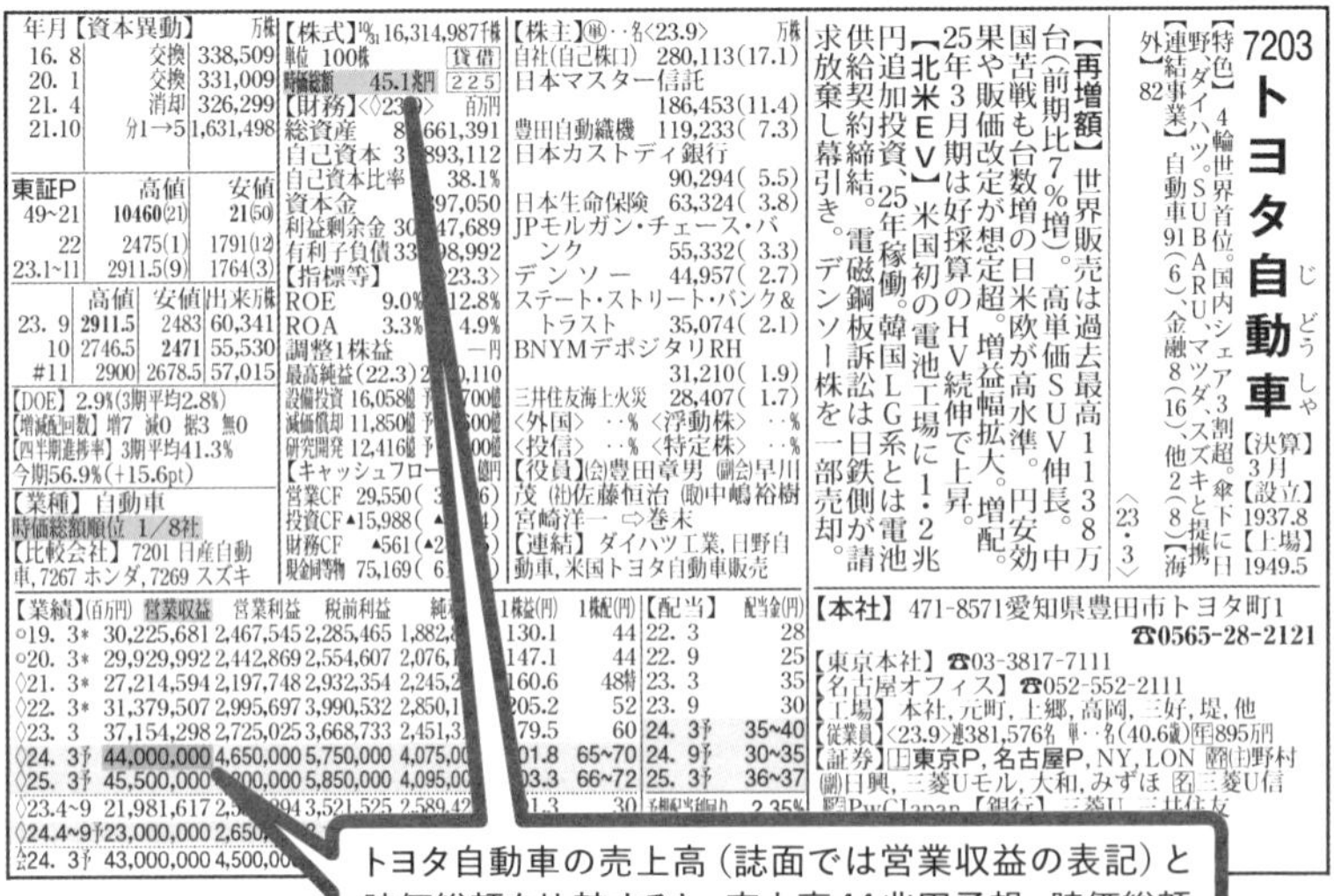
7203 トヨタ自動車《じどうしゃ》
【決算】3月 【設立】1937.8 【上場】1949.5
【特色】4輪世界首位。国内シェア3割超。傘下に日野、ダイハツ。SUBARU、マツダ、スズキと提携
【連結事業】自動車91(6)、金融8(16)、他2(8)【海外】82 〈23・3〉
【再増額】世界販売は過去最高1138万台(前期比7%増)。高単価SUV伸長。中国苦戦も台数増の日米欧が高水準。円安効果や販価改定が想定超。増益幅拡大。増配。25年3月期は好採算のHV続伸で上昇。
【北米EV】米国初の電池工場に1・2兆円追加投資、25年稼働。韓国LG系とは電池供給契約締結。電磁鋼板訴訟は日鉄側が請求放棄し幕引き。デンソー株を一部売却。
【本社】471-8571愛知県豊田市トヨタ町1 ☎0565-28-2121
【東京本社】☎03-3817-7111
【名古屋オフィス】☎052-552-2111
【工場】本社, 元町, 上郷, 高岡, 三好, 堤, 他
【従業員】〈23.9〉連381,576名 単‥名(40.6歳)年895万円
【証券】上東京P, 名古屋P, NY, LON 幹(主)野村 (副)日興, 三菱Uモル, 大和, みずほ 名三菱U信 監PwCJapan【銀行】三菱U, 三井住友

年月【資本異動】万株
16. 8 交換 338,509
20. 1 交換 331,009
21. 4 消却 326,299
21.10 分1→5 1,631,498
東証P 高値 安値
49~21 10460(21) 21(50)
22 2475(1) 1791(12)
23.1~11 2911.5(9) 1764(3)
高値 安値 出来万株
23. 9 2911.5 2483 60,341
10 2746.5 2471 55,530
#11 2900 2678.5 57,015
【DOE】2.9%(3期平均2.8%)
【増減配回数】増7 減0 据3 無0
【四半期進捗率】3期平均41.3% 今期56.9%(+15.6pt)
【業種】自動車 時価総額順位 1/8社
【比較会社】7201 日産自動車, 7267 ホンダ, 7269 スズキ

【株式】10/31 16,314,987千株 単位 100株 貸借 225
時価総額 45.1兆円
【財務】〈◇23.9〉百万円
総資産 8[illegible]661,391
自己資本 3[illegible]893,112
自己資本比率 38.1%
資本金 [illegible]97,050
利益剰余金 30[illegible]47,689
有利子負債 33[illegible]98,992
【指標等】〈◇23.3〉
ROE 9.0% 予12.8%
ROA 3.3% 予4.9%
調整1株益 ―円
最高純益(22.3) 2[illegible]0,110
設備投資 16,058億 予[illegible]700億
減価償却 11,850億 予[illegible]500億
研究開発 12,416億 予[illegible]00億
【キャッシュフロー】億円
営業CF 29,550(3[illegible]6)
投資CF ▲15,988(▲[illegible]4)
財務CF ▲561(▲2[illegible]5)
現金同等物 75,169(6[illegible])

【株主】単‥名〈23.9〉万株
自社(自己株口) 280,113(17.1)
日本マスター信託 186,453(11.4)
豊田自動織機 119,233(7.3)
日本カストディ銀行 90,294(5.5)
日本生命保険 63,324(3.8)
JPモルガン・チェース・バンク 55,332(3.3)
デンソー 44,957(2.7)
ステート・ストリート・バンク&トラスト 35,074(2.1)
BNYMデポジタリRH 31,210(1.9)
三井住友海上火災 28,407(1.7)
〈外国〉‥% 〈浮動株〉‥%
〈投信〉‥% 〈特定株〉‥%
【役員】(会)豊田章男 (副会)早川茂 (社)佐藤恒治 (取)中嶋裕樹 宮崎洋一 ⇨巻末
【連結】ダイハツ工業, 日野自動車, 米国トヨタ自動車販売

【業績】(百万円)	営業収益	営業利益	税前利益	純利益	1株益(円)	1株配(円)
○19. 3*	30,225,681	2,467,545	2,285,465	1,882,8[illegible]	130.1	44
○20. 3*	29,929,992	2,442,869	2,554,607	2,076,[illegible]	147.1	44
◇21. 3*	27,214,594	2,197,748	2,932,354	2,245,2[illegible]	160.6	48特
◇22. 3*	31,379,507	2,995,697	3,990,532	2,850,1[illegible]	[illegible]205.2	52
◇23. 3	37,154,298	2,725,025	3,668,733	2,451,3[illegible]	[illegible]79.5	60
◇24. 3予	44,000,000	4,650,000	5,750,000	4,075,0[illegible]	[illegible]01.8	65~70
◇25. 3予	45,500,000	[illegible]00,000	5,850,000	4,095,0[illegible]	[illegible]03.3	66~72
◇23.4~9	21,981,617	2,5[illegible]94	3,521,525	2,589,42[illegible]	[illegible]1.3	30
◇24.4~9予	23,000,000	2,650,[illegible]				
会24. 3予	43,000,000	4,500,00[illegible]				

【配当】	配当金(円)
22. 3	28
22. 9	25
23. 3	35
23. 9	30
24. 3予	35~40
24. 9予	30~35
25. 3予	36~37
予想配当利回り	2.35%

トヨタ自動車の売上高（誌面では営業収益の表記）と時価総額を比較すると、売上高44兆円予想、時価総額45.1兆円でおおむね同水準ということがわかる

ディングス（３５９１）のように連続赤字でも「勝ち」の例があります。

これらの銘柄に共通していえるのは、私見ではその会社の製品やサービスでないと代替が利かない、生活が不便になるなど何かオンリーワンを持つ企業が多いということです。そのような非代替性も背景に、前出の著名経営者は時価総額との比較で売上高を持ち出したのではないでしょうか。

時価総額を売上高で割った数字はＰＳＲ（株価売上高倍率）といい、本来はまだ利益が出ない新興企業同士を比較する指標ですが、『会社四季報』で活用するには、むしろＰＳＲ１倍を目安にして、それより多いか少ないかをチェックするとその銘柄に対する市場の評価がわかり、銘柄選びが楽しくなります。なお、この手法は売上高が１００億円以下の新興企業には有効に働きません。新興市場ではむしろＰＳＲ１倍割れ銘柄のほうが少数派なのでご注意ください。

東証プライム市場のPSR（株価売上高倍率）上位10社

順位	コード	銘柄名	PSR（倍）	今期予想売上高（億円）	時価総額（億円）	決算期
1	8035	東京エレクトロン	10.18	18,300	186,294	24年3月期
2	4519	中外製薬	8.22	10,700	87,932	24年12月期
3	7974	任天堂	6.13	16,400	100,453	24年3月期
4	4568	第一三共	5.71	15,800	90,186	24年3月期
5	4063	信越化学工業	5.45	24,000	130,750	24年3月期
6	9983	ファーストリテイリング	4.40	30,500	134,161	24年8月期
7	6981	村田製作所	3.54	16,200	57,386	24年3月期
8	6098	リクルートホールディングス	3.27	34,000	111,314	24年3月期
9	6723	ルネサスエレクトロニクス	3.27	15,300	50,020	24年12月期
10	8113	ユニ・チャーム	2.86	10,060	28,750	24年12月期

（注）東証プライム市場に上場する売上高1兆円以上の企業が対象。売上高は東洋経済予想で2024年4月12日時点、時価総額は同日終値で算出

6 株価指標と割安度

外資系運用会社のとあるファンドマネジャーは『会社四季報』が発売されると、３回読み通すそうです。まず【業績】を見て利益の伸びに目が留まった銘柄に付箋を貼っていく。2回目は【業績】記事と【材料】記事が面白いと思ったら付箋を貼る。最後に【チャート】と【株価指標】を見て割安だったら付箋を貼っていく。こうして付箋が３つ貼られた銘柄は「黙って買う」ということです。

さて、問題は3回目の「割安」という点です。何を見て割安と判断するのでしょうか。最もポピュラーなのはＰＥＲ（株価収益率）でしょう。**ＰＥＲは会社が1年間に稼ぐ利益と株価を比べた指標で、「株価÷1株当たり純利益」で算出**します。ある企業の予想１株当たり純利益（これを「ＥＰＳ（Earnings Per Share）」といいます）が１００円で、株価が１０００円ならＰＥＲは10倍、株価が２０００円ならＰＥＲは20倍となります。このＰＥＲという投資指標は何よりわかりやすさが特長ですが、１つ大きな欠点があります。

ＰＥＲと同じくポピュラーな指標にＰＢＲ（株価純資産倍率）がありますが、ＰＢＲには「1倍」という目安があるのに対し、**PERには何倍なら割安で、何倍なら割高になるかという、すべての銘柄に共通する絶対的目安がないのです。**

PERは成熟産業では低く、半導体やネット関連のハイテク企業、医薬品では高いという傾向はありますが、これは産業ごとの期待成長率から来る違いであって、同じ業界内の2つの株、例えばキッコーマン（2801）のPER34倍と、味の素（2802）の29倍を比べて、単純に味の素のほうがPERが低いから割安とはならないのです。

では、このPER、どう使えばよいのか。そのヒントが『会社四季報』の上段にある株価指標に記された各種PERの数字です。

〈24・3〉などと決算期の書かれた2つの

PERは成長性も含めて評価しよう

同じ食品業界の企業だが、PERを単純比較して味の素のほうが割安、とはならない。成長性の大小も併せて評価しよう

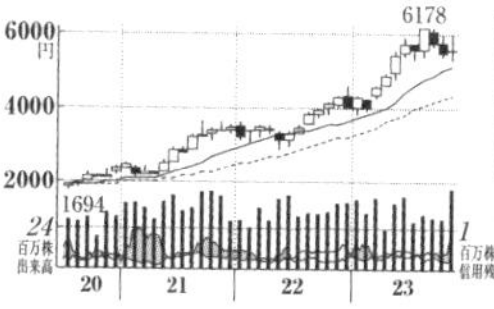

株価指標
予想PER（倍）
〈24.3〉 29.0
〈25.3〉 28.1
実績PER
高値平均 25.3
安値平均 15.8
PBR 3.57
株価（11/27） 5574円
最低購入額 55万7400円

2802 味《あじ》の素《もと》
【決算】3月
【設立】1925.12
【上場】1949.5

【特色】調味料最大手。アミノ酸技術で飼料・医薬等多角化。海外で家庭用食品を拡大。M&Aに積極的
【連結事業】調味料・食品57(11)、冷凍食品20(0)、ヘルスケア等22(17)、他1(▲1)【海外】62 〈23・3〉

【着実増】国内の調味料・食品は原料高、広告増あり鈍い。バイオファーマサービス、電子材料も在庫調整長引き大幅減。が、海外調味料はコスト増こなし好調。冷凍食品も構造改革効果。土地売却益もあり営業増益。25年3月期は電子材料の回復進む。
【加　速】米国遺伝子治療薬の受託製造企業を828億円で12月買収へ。ヘルスケア事業強化。冷食は商品絞り工場稼働高める。

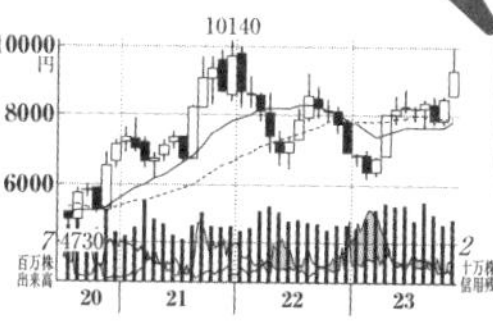

株価指標
予想PER（倍）
〈24.3〉 34.4
〈25.3〉 33.6
実績PER
高値平均 47.6
安値平均 28.8
PBR 3.79
株価（11/27） 9148円
最低購入額 91万4800円

2801 キッコーマン
【決算】3月
【設立】1917.12
【上場】1949.5

【特色】しょうゆ最大手でシェア約3割。北米が利益柱に成長。デルモンテ加工食品のアジア商標権所有
【連結事業】国内食料品製造・販売20(19)、国内他1(8)、海外食料品製造・販売23(5)、海外食料品卸売56(7)【海外】75 〈23・3〉

【最高益】海外は柱の北米でしょうゆ、食品卸とも数量拡大。国内は豆乳が後半回復、しょうゆ、調味料等で値上げ進展。前号より営業増益幅広がる。為替関連益。連続増配。25年3月期は北米中心に海外が業績牽引。
【集　約】デルモンテ長野工場を25年6月閉鎖。群馬工場に機能移管し生産性向上目指す。千葉の調味料新工場は24年春に稼働予定。配当性向を30%から35%へ引き上げ。

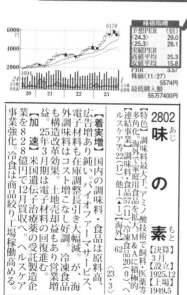

ＰＥＲは、上段が今期予想1株利益をベースにした今期予想ＰＥＲ、下段が来期予想ベースの来期予想ＰＥＲです。2つのＰＥＲを比べて来期のほうがグッと低くなっている銘柄は、来期業績が大幅によくなる（ＥＰＳが増える）銘柄です。今期から来期に関心が移るタイミングで、来期の躍進企業を探したいときはここを拾い読みしていくのも手です。

▼意外と知らない「ＰＥＲ」の本当の使い方

次に実績ＰＥＲの下に書かれた2つのＰＥＲについてです。実はここがポイントなのできちんと押さえておいてください。まず、**高値平均というのはある年（正確には事業年度）につけた最高株価をその年の実績1株利益で割ってＰＥＲを計算し、過去3期にわたって平均したものです。つまり、最高で何倍まで買い進まれたかの過去3期平均です。その下の安値平均は逆に最も売り込まれたとき（最安値をつけたとき）のＰＥＲの過去3期平均**を表しています。

海の魚には、比較的浅い大陸棚に棲む魚、水深200㍍以上の中深層に棲む魚など、それぞれに生息域があります。実は株にもそれぞれの居所があって、特別なニュースで突飛高でもしない限り、ＰＥＲで測ると一定のゾーンを往来しているのです。高値平均と安値平均の間がまさにそのゾーンであり、このゾーンの高さ（低さ）こそ市場の評価（期待度）

一定のゾーンを往来

仮に今期予想1株利益が100円で、毎年15％ずつ利益を伸ばす企業があり、今の株価は1000円で5年後に2000円まで上昇したとする。株価は2倍に上昇したが、1株利益も約200円＝〈100×（1＋0.15）の5乗〉に増えているのでPERは10倍のままで居所は変わっていないといっていいでしょう。優等生市場とされるプライム市場にはＰＥＲ30～50倍はもちろん10倍以下の株もたくさんあります。このゾーンは未来永劫一定というわけではなく、企業の稼ぐ力が向上して市場の評価が上がれば上方にシフトするし、また市場全体のムードが強気に傾けば高めに、弱気に傾けば下に振れることもあります。

さて、この指標の実戦的な使い方ですが、ＰＥＲの高値平均と安値平均の間のゾーンがその銘柄の居所ですから、**最高益更新が見込まれるなど業績は好調なのに安値平均を大きく下回っていれば割安と判断**し、打診買いを入れる。逆に**高値平均をオーバーシュートしていたら割高**と判断し、高値づかみを避けて押し目（一時的に下げる局面）を待つか、すでに保有している人であればいったん利益確定売りを考えるメドとするのです。

株式投資の基本は安く買って高く売ること。安いときに買うのであって、間違っても安い株を買ってはいけません。市場には万年割安株と呼ばれる銘柄がごろごろしています。あるファンドマネジャーは、２つの株のどちらかを選ぶとき、他の条件が同じならＰＥＲの高いほうを選ぶと断言します。それはＰＥＲが市場の評価を表しているからです。皆さんもＰＥＲの低い株を買うのではなくＰＥＲが低いときに買うことをお忘れなく。

創刊号からすべての四季報誌面が読める

たとえ会社が精緻に業績見通しを立てたとしても、状況は刻々と変わるものです。会社四季報記者は、取材を通じてそうした変化を読み取り、業績予想数字や記事に反映します。**過去号から予想数字や記事内容がどのように変化してきたのか経緯をチェック**することで、方向感がより明確になることがあります。

株価へのプラスのインパクトが大きいのは、前号で厳しかった記述が、市場環境の変化などによって明るい内容に変わったケースです。このような場合、**文面には「想定以上に好調」、「一転して営業増益」などの表現が出てくる**ことがあります。

『会社四季報オンライン』では、個別銘柄ページの「誌面アーカイブ」から**1936年の『会社四季報』創刊号以降のすべての誌面を読むことができます**（一部の有料会員のみ）。

右上には、その銘柄が最初に収録された年と、収録回数が表示されています。左図は創刊号の三菱重工業（7011）の誌面です。記事中には「二・二六事件前、増資と増配を見込んで」という記述があり、歴史的大事件の影響を受けて配当政策を見直した旨が書かれています。当時、同社の受注の半分程度は軍需関係品で占められていたこともわかります。

読み物としても面白いですが、投資に生かすことが可能です。例えば、原油価格が上昇したときに、オイルショック時のエネルギー関連銘柄の業績はどう変化したのかといったことを調べてみてもよいでしょう。さまざまな状況で過去の事例は参考にできそうです。

創刊号の三菱重工業の誌面

「拡大」を押せば全画面サイズにして見ることができる

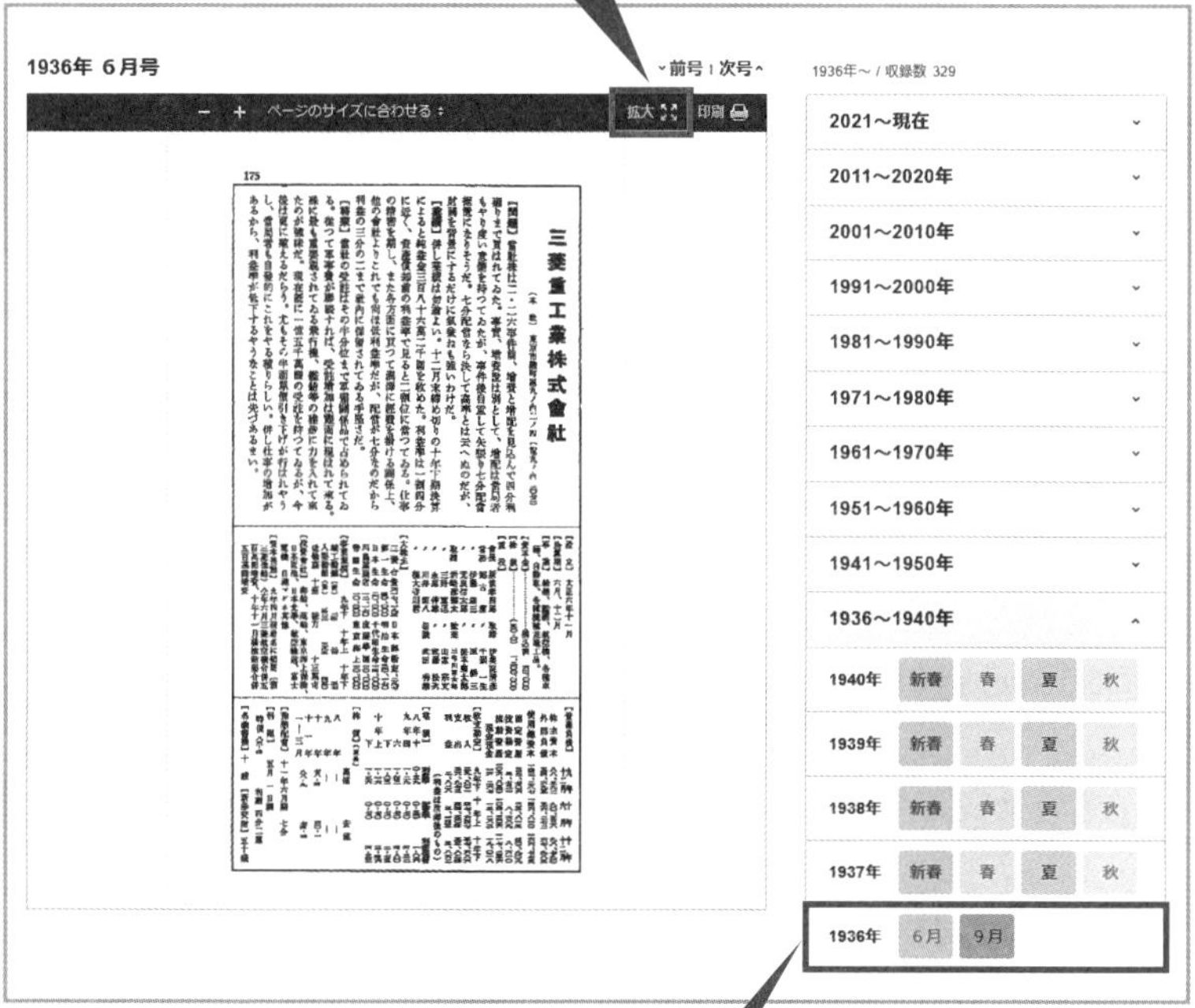

『会社四季報』創刊の1936年から企業の歩みをたどれる

7 物言う株主の海外投資家が存在感を高める

日本の株式市場はどんな投資家が動かしているのでしょうか。1990年代後半、日本市場は株式の持ち合いが大きく崩れ、代わって外国人投資家の持株比率が増えました。現状、**外国人投資家の株式保有比率は約3割、売買代金のシェアは約7割を占めています。国内相場を大きく動かす主役は外国人投資家なのです。**

外国人投資家とは、外国籍の個人投資家や、外国の法律により設立された法人を指し、海外に拠点を置く和製ファンドも含みます。ヘッジファンドから年金基金や投資信託までその顔ぶれは多彩です。運用資産の規模が大きいのは米国系の運用会社ですが、オイルマネーや外貨準備を原資とする政府系のファンドも巨額の資金を運用しています。これらの外国人投資家は、時価総額が大きい主力企業や国際競争力のある高収益会社を好んで投資し、運用手法は複数銘柄に分散して投資するポートフォリオ運用が基本です。こうした外国人投資家は、従来は投資先の経営や業績に不満があっても、声高に「物言う」のではなく、持ち株を減らしたり、売り切ったりするのが通例でした。

▼外国人投資家の保有状況や会社への提言をチェック

これに対して**ここ数年、存在感を高めているのが、会社に積極的な助言を行い、経営戦略を提言する物言う株主としての外国人投資家です。**政策保有株式が縮小し、純粋に投資収益率だけを基準に売買や議決権行使を行う投資家が増えたこと、2015年に東京証券取引所が企業統治の指針としてコーポレートガバナンス・コードを導入し、企業価値向上に向けて株主との建設的な対話を要請したことが背景にあります。対話が不調に終われば総会で株主提案を行い、中には会社側の同意なき買収である敵対的買収をいとわない投資家もあり、「アクティビスト」ともいいます。

代表的なところではオアシス・マネジメントやサード・ポイント、エリオット・マネジメント、バリューアクト・キャピタル、3Dインベストメント・パートナーズなどが挙げられます。**これらの投資家は、ソニーグループ（6758）やセブン&アイ・ホールディングス（3382）、リクルートホールディングス（6098）の株主**

材料欄や株主欄で物言う株主の動向を確かめよう

●ソフトバンクグループ（9984）2020年春号

【要　求】米エリオットがアリババ株売却による200億ドル自己株買い要求、孫社長はアリババ株売却に慎重。米4位の携帯子会社と同3位のTモバイルUSが合併へ。国内携帯子会社株担保に0・5兆円調達。

●セブン&アイHD（3382）2022年春号

【売却へ】不振続く百貨店のそごう・西武の売却に向け入札進める。大株主の米ファンドが非中核リストラし、コンビニへの集中を要求。ガバナンス体制脆弱との指摘も。

●サッポロHD（2501）2024年新春号

【株主】㊢59,498名〈23.6〉　万株
日本マスター信託口　1,247(15.8)
日本カストディ信託口　320(4.0)
日本カストディ信託口(みずほ信)　244(3.0)
3D・オポチュニティ・マスター・ファンド　240(3.0)
日本生命保険　223(2.8)
明治安田生命保険　223(2.8)
農林中央金庫　187(2.3)
丸　紅　164(2.0)
みずほ信信託口(みずほ銀)　159(2.0)
大成建設　140(1.7)
〈外国〉20.7%　〈浮動株〉20.7%
〈投信〉12.1%　〈特定株〉41.0%
【役員】㈳尾賀真城 ㈿松出義忠 ㈷佐藤雅志 松風里栄子 M.クラグストン* 庄司哲也* 内山俊弘* 種橋牧夫* ㈷㈼溝上俊男 ⇨巻末
【連結】サッポロビール,ポッカサッポロ,サッポロライオン,サッポロ不動産開発

【株主】欄で持株比率などを確認

●リクルートHD（6098）2024年新春号

【決　済】「Airペイ　QR」は海外決済ブランド8種追加。訪日外国人の利便性向上。米バリューアクトが当社株1%取得、インディード等資産価値向上に向け対話。

重要度の高い動きは材料欄に掲載

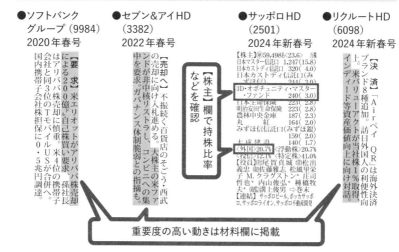

総会での提案などで、日本を代表する企業の経営にも影響を与えうる実力があります。

『会社四季報』では物言う投資家が株主に登場し、また意見を表明した際にはその重要度に応じて記事で触れるようにしています。経営陣の言い分と投資家の主張のどちらが企業価値、株価の上昇につながるかなど、ぜひ記事を手がかりに調べてみてください。

『会社四季報』では、【株主】に〈外国〉として、外国人投資家の持株数が発行済み株式数に占める比率（外国人持株比率）を掲載しており、こちらも要注目です。

237ページの図表では、2024年新春号において2年前との比較で外国人持株比率が上昇した会社をランキングしました。1位のレーサム（8890）は香港ファンドがTOBで株式の過半を取得しています。3位のロイヤルホテル（9713）ではカナダ系不動産会社が筆頭株主になり、4位のNCホールディングス（6236）では大株主の外国人投資家が総会に提案した配当増額案が可決されました。**特に中小型株では、外国人投資家との応対が経営方針の大転換や経営権をめぐる攻防に発展することも多いだけに、主力株以上に外国人の持ち株動向や会社の開示情報、市場のニュースへの目配りが欠かせません。**

外国人投資家に次ぐ市場の重要プレイヤーが国内の機関投資家です。機関投資家とは銀行や保険会社、年金基金、投資信託など個人などから集めた資金を分散投資する大口の投資家を指し、株式保有の比率は約3割と外国人投資家に肩を並べる水準にあります。外国

外国人持株比率

『会社四季報』では【株主】に〈外国〉として外国人持株比率を示している。株主欄は原則として本決算期末または第2四半期決算期末における株主名簿上位10位までを掲載、外国人持株比率も同様に年2回データを更新している

人投資家ほど頻繁な売買は行わず、運用スタンスは安全かつ長期での高利回り確保を重視する傾向にあります。

▼投資信託の保有比率をチェック

機関投資家の中で特に注目したいのが投資信託の動向です。バブル崩壊以降、株式保有に抑制的な規制が導入された銀行と保険会社の保有比率が低下する中、投信は着実にシェアを伸ばしています。政府の「資産運用立国」宣言を機に各社は運用力の強化に力を入れており、新NISA開始も追い風となって、今後も保有シェアの増加が期待できそうです。

投信の中には、中小型株に特化したファンドもあり、外国人投資家と比べて経営者への面談など情報へのアクセスという点では地の利があります。【株式】欄の〈投信〉では、投信に組み入れられている株式の比率を掲載しています。成長企業や将来の優良企業をいち早く発掘するうえで、よい手がかりとなるでしょう。

2年前比で外国人持株比率が上昇した会社（24年新春号）

順位	コード	社名	2期前からの増加ポイント	外国人投資家の持株比率（%）	
				24年新春号	22年新春号
1	8890	レーサム	64.8	72.0	7.2
2	7522	ワタミ	45.6	48.7	3.1
3	9713	ロイヤルホテル	32.6	33.1	0.5
4	6236	NCホールディングス	32.4	51.1	18.7
5	6740	ジャパンディスプレイ	32.0	79.8	47.8
6	6577	ベストワンドットコム	25.3	26.9	1.6
7	1890	東洋建設	23.3	47.6	24.3
8	4347	ブロードメディア	21.8	26.1	4.3
9	6590	芝浦メカトロニクス	21.7	37.1	15.4
10	3989	シェアリングテクノロジー	20.3	23.9	3.6

外国人投資家の持株比率が増えた上位には時価総額で中堅規模の会社が並んだ。経営方針が大きく転換したり、経営権をめぐる争いに発展するケースもある

（注）直近の外国人持ち株比率は2023年12月の本決算および第2四半期末時点で、そこから2年前時点の外国人持ち株比率との比較。債務超過、2023年12月1日時点で時価総額10億円未満の会社は除外

8 東証が進めるPBR改革とは？

東京証券取引所は2023年3月にプライム市場およびスタンダード市場の全上場会社を対象に「資本コストや株価を意識した経営」に取り組むよう要請を行い、株価を引き上げる具体策の開示と実行を求めました。要請の時点では、プライム市場の約半数、スタンダード市場の約6割の会社がROE（自己資本利益率）8％未満でPBR（株価純資産倍率）1倍割れでした。

PBR1倍割れとは、株価が低くて時価総額が会社の純資産より少ない状態です。視点を変えれば、会社が稼ぐ力を示すROEが株主の期待利回り（株主資本コスト）に届かず、株主から預かった資本の価値が毀損されると市場がみていることになります。経営者にPBR向上への意識改革と具体策を求めるのは世界的にも異例で、**東証の危機意識の強さがうかがえます。**

2024年1月からは、東証のWebサイトで開示を行った企業の一覧表の公表が始まりました。「PBR1倍割れは失格」といった見方が強まったこともあり、2023年12

東証の危機意識の強さ

東証による2022年12月の市場区分見直しのフォローアップ会議資料では、TOPIX500採用企業のPBR1倍割れが43％、ROE8％未満は40％。これに対して米国のS＆P500ではPBR1倍割れ5％、ROE8％未満14％と大差だった月末までにプライム上場企業の4割と、すでに多くの企業が対応策を示しています。対策として目立つのが大幅な増配や自社株買いです。日本の企業が総じて資金をため込みすぎなのは確かですが、資金の使い道でまず優先されるのは成長に向けた設備や研究開発、人への投資、事業ポートフォリオの見直しです。東証も「自社株買いや増配のみの対応や一過性の対応を期待するものではありません」とクギを刺しています。

今回の要請は全社に向けたものですが、PBRが1倍を超えている企業では、自社には関係ないと誤解しているのか、対応・開示が遅れていました。企業価値向上は不断の取り組みであり、1倍を超える企業は当然さらに上を目指してほしいという要請です。

東証のPBR改革は市場関係者や投資家からポジティブな評価を集めており、とりわけ勢いづいているのが内外の物言う投資家です。東証は「上場企業の意識改革と行動変容を引き出す鍵は投資家のエンゲージメント」と位置づけており、積極的な企業価値向上への提言活動などにお墨付きを与えた格好です。

トヨタグループが持ち合い株の売却を進めたり、ニデック（6594）による事前に同意のないTOBが成立したりという従来にない動きも広がってきました。総花的な事業ポートフォリオ、親子上場、株式の相互持ち合いなど課題を抱えた企業はまだ数多くあります。**経営者の意識改革には時間がかかるだけに、息の長い相場テーマとして注目**できます。

多くの企業が対応策を示しています

ただし、対策の第一歩である自社の資本コストの的確な把握に関し、具体的な数値を示す企業はごく一部であるなど、開示内容には改善の余地がある。生命保険協会による調査の2022年度版では、資本コストに対するROE水準の見方について、「ROEが上回っている」と回答したのは企業では55％だったが、投資家ではわずか4％だった。企業にはこのギャップを縮める投資家との対話が求められる

『会社四季報プロ500』を使いこなそう

国内の全上場企業が掲載されていることは、『会社四季報』の最大の魅力です。ただ、株式投資の初心者や時間がない方にとっては、約3900社ある上場企業から有望銘柄を見つけるのは、ハードルが高いと感じることもあるかもしれません。

そんな方にお薦めなのが、『会社四季報』の姉妹誌である『会社四季報プロ500』です。業績や株価動向、テーマ性などから注目の500銘柄を厳選。『会社四季報』の業績予想はもちろん、銘柄特性や株価の見通しなど、投資に役立つ記事を掲載しています。また、過去の値動きやその背景となった要因をまとめた株価チャートや、成長性や割安度が一目でわかるレーダーチャート、売上高・営業利益の推移グラフなど、『会社四季報』にはないビジュアルデータも豊富に掲載しています。

さらに、株式市場で注目されている相場テーマを毎号ピックアップし、そのテーマに関連する銘柄のリストや解説記事を掲載。NISA（少額投資非課税制度）を活用した投資のノウハウなど、特集企画も盛りだくさんとなっています。

記者が注目する期待材料を要チェック

厳選した500社の中でも読者の関心が高いのが、各社1ページを使って分析する「本命銘柄」。このページだけに掲載している「会社四季報記者のチェックポイント」の欄では、企業の新しい取り組みなど、『会社四季報』の担当記者が取材を通じて注目した中長期の期待材料が解説されています。タイパよく有望銘柄を探したい方はプロ500を活用してみてはいかがでしょうか。

第6章 お宝株を見つけるウラ技

読者の関心が高い「本命銘柄」は情報が充実

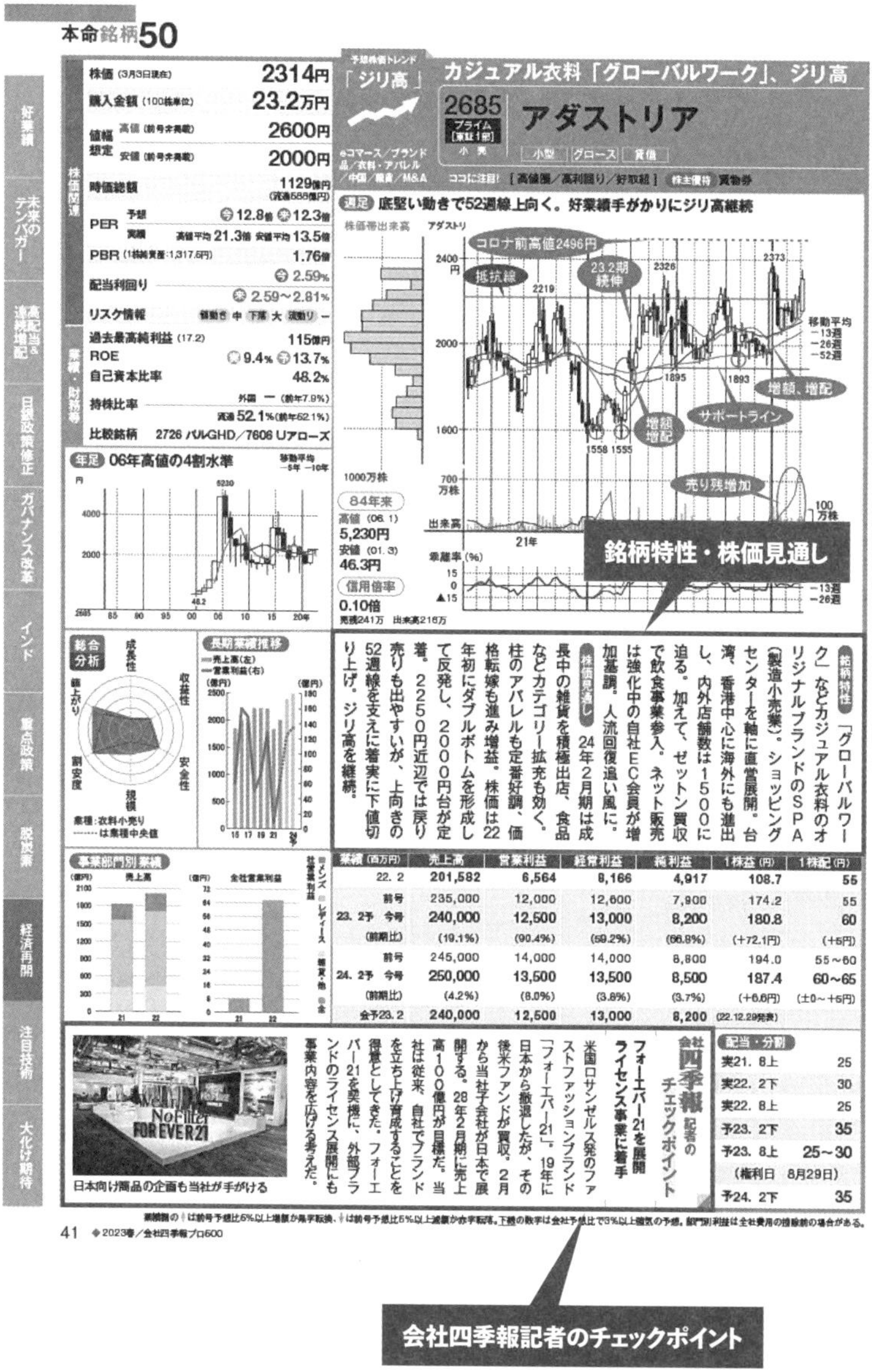

本命銘柄50

株価関連		
株価（3月3日現在）		2314円
購入金額（100株単位）		23.2万円
値幅想定	高値（前号非掲載）	2600円
	安値（前号非掲載）	2000円
時価総額		1129億円（流通588億円）
PER	予想	今12.8倍 来12.3倍
	実績	高値平均 21.3倍 安値平均 13.5倍
PBR（1株純資産:1,317.6円）		1.76倍
配当利回り		今 2.59%
		来 2.59～2.81%
リスク情報		値動き 中 下落 大 流動り ―
過去最高純利益（17.2）		115億円
ROE		前 9.4% 今 13.7%
自己資本比率		48.2%
持株比率		外国 ―（前年7.9%）
		流通 52.1%（前年52.1%）
比較銘柄		2726 パルGHD／7606 Uアローズ

予想株価トレンド「ジリ高」

カジュアル衣料「グローバルワーク」、ジリ高

2685 プライム［東証1部］ 小売

アダストリア

小型 グロース 貸借

eコマース／ブランド品／衣料・アパレル／中国／飲食／M&A

ココに注目！［高値圏／高利回り／好収益］ 株主優待 買物券

週足 底堅い動きで52週線上向く。好業績手がかりにジリ高継続

銘柄特性 「グローバルワーク」などカジュアル衣料のオリジナルブランドのSPA（製造小売業）。ショッピングセンターを軸に直営展開。台湾、香港中心に海外にも進出し、内外店舗数は1500に迫る。加えて、ゼットン買収で飲食事業参入。ネット販売は強化中の自社EC会員が増加基調。人流回復追い風に。

株価見通し 24年2月期は成長中の雑貨を積極出店、食品などカテゴリー拡充も効く。柱のアパレルも定番好調、価格転嫁も進み増益。株価は22年初にダブルボトムを形成して反発し、2000円台が定着。2250円近辺では戻り売りも出やすいが、上向きの52週線を支えに着実に下値切り上げ。ジリ高を継続。

業績（百万円）	売上高	営業利益	経常利益	純利益	1株益（円）	1株配（円）
22. 2	201,582	6,564	8,166	4,917	108.7	55
前号	235,000	12,000	12,600	7,900	174.2	55
23. 2予 今号	240,000	12,500	13,000	8,200	180.8	60
（前期比）	(19.1%)	(90.4%)	(59.2%)	(66.8%)	(+72.1円)	(+5円)
前号	245,000	14,000	14,000	8,800	194.0	55～60
24. 2予 今号	250,000	13,500	13,500	8,500	187.4	60～65
（前期比）	(4.2%)	(8.0%)	(3.8%)	(3.7%)	(+6.6円)	(±0～+5円)
会予23. 2	240,000	12,500	13,000	8,200	(22.12.29発表)	

会社四季報 記者のチェックポイント

フォーエバー21を展開 ライセンス事業に着手

米国ロサンゼルス発のファストファッションブランド「フォーエバー21」。19年に日本から撤退したが、その後米ファンドが買収。2月から当社子会社が日本で展開する。28年2月期に売上高100億円が目標だ。当社は従来、自社でブランドを立ち上げ育成することを得意としてきた。フォーエバー21を契機に、外部ブランドのライセンス展開にも事業内容を広げる考えだ。

日本向け商品の企画も当社が手がける

配当・分割	
実21. 8上	25
実22. 2下	30
実22. 8上	25
予23. 2下	35
予23. 8上	25～30
（権利日 8月29日）	
予24. 2下	35

業績欄の↑は前号予想比5%以上増額か黒字転換、↓は前号予想比5%以上減額か赤字転落。下線の数字は会社予想比で3%以上強気の予想。部門別利益は全社費用の控除前の場合がある。

41 ◆2023春／会社四季報プロ500

第7章

『米国会社四季報』活用術

1

12ブロックで読み解く『米国会社四季報』攻略法

アップル（AAPL）やグーグル（アルファベット［GOOGL］）など、世界を席巻するGAFAM（2社に加えて、メタ・プラットフォームズ［META］、アマゾン・ドットコム［AMZN］、マイクロソフト［MSFT］の計5社）が上場する米国市場。そんな米国銘柄について、基礎情報や業績などをまとめたのが『米国会社四季報』です。4月（春夏号）と10月（秋冬号）の年2回刊行で、『会社四季報』の体裁に倣い、銘柄の特色と財務情報をコンパクトに掲載。大型株から新興株、ETF（上場投資信託）まで計1000銘柄を収録しています。そんな**『米国会社四季報』の読み方のポイントを紹介**します。実際の誌面ページを見てみましょう。各銘柄ページはA～L欄の12ブロックに分けられます。A欄は社名やティッカーコード（日本株の証券コードに相当するアルファベット）、創業年、上場年、決算期などを、B欄は本社所在地や上場市場、従業員数などを載せています。

注目したいのがC欄です。企業概況では事業内容や規模、特色、最新の注力事業などを、業績概況では直近の業績動向や見通しをまとめています。各業界に精通した米国会社四季

米国株をA～Lの12ブロックで読み解こう

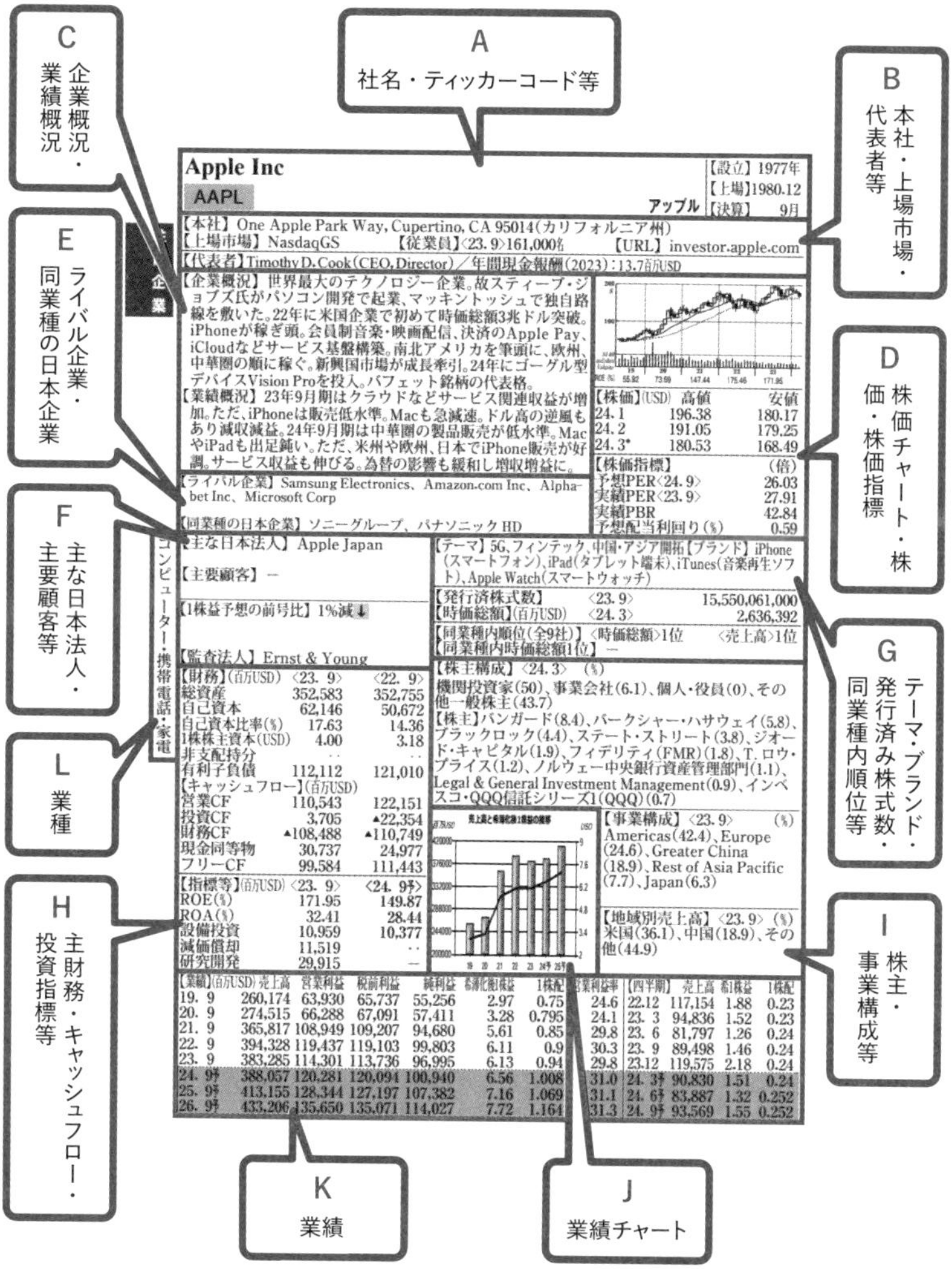

報記者が独自に調査して執筆しています。C欄を読めば、銘柄の特徴を把握できます。

D欄の株価チャートでは、直近60カ月分の月足と移動平均線、出来高を掲載。下の株価は、直近3カ月の月次の高値・安値を、株価指標にはPERやPBR、予想配当利回りを記しています。E欄はライバル企業と、同業種の日本企業。F欄には1株益予想の前号比増減率があり、この半年で銘柄への見方がどう変わったかを確認できます。

G欄には投資の手がかりとなる相場テーマや各社の主要製品ブランド名を載せています。また発行済み株式数、時価総額、同業種内順位もわかります。**H欄は財務のデータ欄。総資産や自己資本比率、有利子負債、キャッシュフロー、収益性を示すROEやROAに加えて設備投資や研究開発費の状況などがまとまっています**。I欄では株主構成やセグメント、地域ごとの売上高比率、J欄では業績のトレンドが一目でわかるよう業績推移をグラフで示しています。**K欄では売上高、営業利益などの業績について、実績を予想と併せて載せています**。業績は通期に加え四半期の数値もあります。L欄は業種を示しています。

▼編集部直伝、お宝銘柄発見術

見方の次はお宝銘柄を探すコツを紹介します。まずは巻頭の特集ランキング。時価総額や増収率、低PER、配当利回りなど独自集計したものを載せています。定番から成長株までさまざまな銘柄が入っているので、どんな銘柄があるか把握するのに役立ちます。一部を253~255ページに掲載したので、参考にしてください。

次に**F欄の【1株益予想の前号比】**です。上向きの矢印が付いていれば足元で勢いが出てきており、お宝銘柄に化けるかもしれません。冊子を手に取り、F欄だけに注目してページをめくっていけば、効率的に成長株が探せます。気になる銘柄があれば、K欄の左列の売上高の推移を見て、売り上げ面でも伸びているかを確かめましょう。

K欄の右側を見て銘柄を探す方法もあります。毎年増配が続いているか、1株益が着実に増えているかをチェックしましょう。

また**I欄でバフェット銘柄を見つける方法もあります**。伝説の投資家ウォーレン・バフェット氏が率いるバークシャー・ハサウェイ（BRK.B）が大株主の欄に記載されているかがヒントです。日本の総合商社株のように、同社が大株主の銘柄はバフェット銘柄と呼ばれ割安株の代表例とされています。主な銘柄としてはアップル、大手銀行のバンク・オブ・アメリカ（BAC）、クレジットカード発行のアメリカン・エキスプレス（AXP）、飲料のコカ・コーラ（KO）、石油のシェブロン（CVX）、食品のクラフト・ハインツ（KHC）などが挙げられます。

2

これで丸わかり！　超入門、米国株の基本のキ

米国株ならではの日本株とは違う特徴があります。どんな点が違うのでしょうか。米国株を知るうえで必要な基本知識を、5つのQ&A形式でまとめました。

Q1．米国株はどこで買えますか。

A．国際分散投資への関心の高まりから、**米国株を扱う日本の証券会社が増えて**います。大手ネット証券では5000以上もの銘柄を扱う会社もあります。日本株投資で口座を持っている証券会社で米国株を扱っているか、まずは確認してみましょう。

米国株を買うには外国株の取引口座が必要です。証券会社によっては総合口座開設と同時に外国株口座も自動で開設されるところがあり、その場合は追加の手続きが必要ありません。確定申告が不要、または簡易な確定申告が可能となる特定口座にも対応しています。

Q2．日経平均のような代表的な株価指数を教えてください。

A．**主に3つあります。ダウ平均株価、ナスダック総合指数、S&P500です。**ダウ平均は米国を代表する30銘柄を指数化したもの。世界最大級の半導体メーカーであるインテ

ル（INTC）やITサービス世界大手のIBM（IBM）などが現在の構成銘柄です。ナスダック総合指数はGAFAMに代表されるハイテク、IT企業を対象にしています。S&P500はニューヨーク証券取引所やナスダックなどから代表的な500社を指数化しています。

Q3．日本株と大きく違う点はどこですか。

A．まず大きく違うのは、**1株単位で買える**点です。例えばアップルは210・62ドル（2024年6月末時点）、アマゾン・ドットコムは193・25ドル（同）と、ほとんどの銘柄が数千〜数万円で購入できます。一方、売買単位が100株の日本の場合、有名銘柄には約100万円単位もの資金が必要なことも。例えばユニクロを展開するファーストリテイリング（9983）は、最低購入金額が405万6000円（同）です。「ユニクロの服は買えても、ファーストリテイリングの株は買えない」と言われるゆえんです。米国株であれば「新型iPho

米国株投資の主なポイントを押さえておこう

主な購入場所	ネット証券など日本の証券会社
主な株式指数	ダウ平均株価、ナスダック総合指数、S&P 500など
証券コード	ティッカーコードと呼ばれるアルファベット
株式売買単位	1株から
市場取引時間	日本時間の23時半～翌6時（サマータイム時は22時半～翌5時）
手数料	売買時と為替交換時にかかる
値幅制限	なし。日本のようにストップ高、ストップ安がない
決算期	主に12月期
配当	年4回が中心
特定口座の利用	可能
投資商品	主に①個別株②米国上場ETF③東証上場の米国株ETF、④投資信託
新NISAやiDeCoの利用	成長投資枠で①、②、③、④が、積み立て投資枠で③と④が、iDeCoで④が投資可能
配当への課税	米国にて10%が源泉徴収されるも、確定申告で取り戻せる

neを買えなくても、アップル株は買える」といえるでしょう。

配当も特徴です。**四半期ごとの年4回配当を出す会社がほとんど**です。日本のように年に1回や2回とは違い、配当に積極的な銘柄が多いためです。決算期は12月が中心です。

時差があるため取引時間も異なります。日本時間の23時半〜翌6時（サマータイム時は22時半〜翌5時）が米国現地での取引時間です。日本の深夜帯になるため、取引時間中に短期で売買する日本の投資家は少なく、長期投資が多い傾向があります。

日本株では証券コードがありますが、米国株では**ティッカーコード**と呼ばれるアルファベットを各銘柄に割り当てています。先ほどから社名の後に記している英字です。

Q4．初心者にお薦めの米国株はありますか？

A．米国株投資は主に①個別株、②米国上場ETF（上場投資信託）、③東証上場の米国株ETF、④投資信託の4つの方法があります。①の個別株は6000以上もの企業が上場しており、GAFAMのような有名企業に直接投資できる魅力があります。初心者で銘柄が選別できないという場合、②のETFという方法もあります。ダウ平均やS&P500に連動するものから、成長株、バイオやAIといったテーマ別など、ETF大国の米国では3000銘柄が取引されています。③は東証に上場する米国株ETFで、S&P500やナスダック100指数（ナスダック上場の主要100銘柄が対象）などがあります。

非課税制度のｉＤｅＣｏ、新ＮＩＳＡを米国株でも使い倒したいなら④の投資信託も候補になります。**新ＮＩＳＡの成長投資枠は①、②、③、④が、積み立て投資枠は③と④**が、ｉＤｅＣｏは④のみ適用です。

Ｑ５．米国株ならではの注意点はありますか？

Ａ．日本のような値幅制限がないことです。日本の株式市場では株価の急騰、急落時には投資家保護のためストップ高やストップ安といった株価を一定の範囲に抑える仕組みが機能します。しかし米国ではストップ高、ストップ安がなく、決算発表日などに１日で株価が大きく動く場合があります。大きく儲けられる一方で大きく損をする可能性もある点に注意しましょう。

為替リスクにも要注意です。売買時の為替によっては利益や損失が大きく変動します。また、米国株では売買手数料に加え、購入時、売却時に為替手数料がかかります。

二重課税にも気をつけましょう。例えば米国上場ＥＴＦの配当金が分配されると、米国で10％分の税が源泉徴収され、さらに日本で20・315％分が課税されます。ただし、米国の課税分については確定申告の「外国税額控除」の制度を利用すれば取り戻せます。またＮＩＳＡをうまく活用すれば、日本での課税分を非課税にできます（外国税額控除は適用外）。

3 ランキングで大発見！　米国・お宝銘柄の探し方

米国市場に上場する約６０００の銘柄から、効率的に有望な会社をどのように発見すればよいのでしょうか。その**ヒントとなるのが「ランキング」です。**『米国会社四季報』の「巻頭特集ランキング」の中でも注目度の高い２つを掲載しました。

まず２５３ページの**「時価総額」ランキング**を見てみましょう（２０２４年６月末時点）。世界を牽引する名だたる企業が並んでいます。トップは世界最大のソフトウェア開発会社のマイクロソフト。時価総額は３兆３５１６億ドル（約５３０兆円）と、日本トップのトヨタ自動車（７２０３、約52兆円）の約10倍もあります。マイクロソフトは２０２４年１月にアップルを抜くなどして、世界1位となっています。生成ＡＩのチャットＧＰＴを開発する米ベンチャー企業「オープンＡＩ」と業務・資本提携しており、投資家からの注目が集まっています。

上位にはＧＡＦＡＭ（アルファベット、アップル、メタ・プラットフォームズ、アマゾン・ドットコム、マイクロソフト）や、マグニフィセント７（ＧＡＦＡＭ＋エヌビディア〈ＮＶＤＡ〉

米国株「時価総額」ランキング

順位	日本語社名	ティッカーコード	時価総額(億ドル)	予想売上高(億ドル)	増収率	予想純利益(億ドル)	増益率	予想PER
1	マイクロソフト	MSFT	33,516	244,922	15.58	88,121	21.78	37.88
2	アップル	AAPL	32,059	386,975	0.96	101,429	4.57	31.94
3	エヌビディア	NVDA	31,018	120,538	97.86	67,305	126.16	45.6
4	アルファベット	GOOGL	22,829	346,596	12.75	93,982	27.36	24.06
5	アマゾン・ドットコム	AMZN	19,392	638,380	11.06	48,495	59.39	42.52
6	メタ・プラットフォームズ	META	12,952	158,823	17.73	52,596	34.52	24.94
7	バークシャー・ハサウェイ	BRK.B	8,882	327,875	−10.04	27,719	−71.19	21.13
8	イーライリリー・アンド・カンパニー	LLY	8,597	43,042	26.13	12,432	137.24	65.74
9	TSMC	TSM	7,669	85,165	20.88	32,153	17.66	27.38
10	ブロードコム	AVGO	7,358	51,420	43.56	22,990	63.26	33.8
11	テスラ	TSLA	5,975	98,113	1.39	8,840	−41.06	77.63
12	JPモルガン・チェース	JPM	5,688	167,951	12.88	47,339	−4.47	12.11
13	ビザ	V	5,473	35,930	10.04	20,214	17.03	26.39
14	ウォルマート	WMT	5,423	676,634	4.4	19,680	26.88	27.84
15	エクソンモービル	XOM	5,131	353,496	5.62	39,480	9.64	12.51
16	ノボ・ノルディスク	NVO	5,015	42,099	22.43	15,263	23.2	41.34
17	ユナイテッドヘルス・グループ	UNH	4,459	398,442	7.22	25,417	13.57	18.45
18	マスターカード	MA	4,236	27,852	10.98	13,283	18.66	30.84
19	ASMLホールディング	ASML	4,075	29,867	−1.79	8,018	−7.32	49.69
20	プロクター・アンド・ギャンブル	PG	3,938	84,365	2.88	16,178	10.41	25.17
21	オラクル	ORCL	3,825	57,913	9.35	17,714	69.24	22.6
22	コストコ・ホールセール	COST	3,793	254,898	5.2	7,229	14.9	52.12
23	ジョンソン・エンド・ジョンソン	JNJ	3,542	88,459	3.88	25,825	−26.53	13.76
24	メルク	MRK	3,367	64,246	6.87	22,034	5936.9	14.33
25	ホーム・デポ	HD	3,355	154,277	1.05	15,159	0.11	22.53
26	バンク・オブ・アメリカ	BAC	3,080	102,049	8.35	25,815	−2.64	12.24
27	アッヴィ	ABBV	3,015	55,225	1.67	19,984	310.95	15.25
28	シェブロン	CVX	2,920	201,230	2.19	23,850	11.61	12.15
29	ネットフリックス	NFLX	2,897	38,719	14.82	8,086	49.54	36.63
30	コカ・コーラ	KO	2,750	45,697	−0.12	12,194	13.82	22.55
31	アドバンスト・マイクロ・デバイセズ	AMD	2,590	25,620	12.96	5,743	572.57	46.24
32	アストラゼネカ	AZN	2,467	51,956	13.42	12,596	111.52	19.34
33	SAP	SAP	2,396	36,357	5.57	5,534	−18.3	41.52
34	アドビ	ADBE	2,360	21,463	10.59	8,177	50.65	30.56
35	ノバルティス	NVS	2,352	49,253	5.56	14,202	−4.36	14.61
36	セールスフォース	CRM	2,343	37,844	8.57	9,784	136.56	25.97
37	ペプシコ	PEP	2,301	94,443	3.25	11,194	23.37	20.2
38	クアルコム	QCOM	2,260	38,420	7.26	11,174	54.51	20.05
39	シェル	SHEL	2,253	322,195	1.76	26,343	36.08	8.5
40	サーモ・フィッシャー・サイエンティフィック	TMO	2,124	42,975	0.28	8,326	38.9	25.46
41	リンデ	LIN	2,121	33,599	2.27	7,408	19.51	28.32
42	TモバイルUS	TMUS	2,082	80,099	1.96	10,472	25.92	19.58
43	アクセンチュア	ACN	2,064	64,856	1.16	7,699	12.05	25.41
44	ウェルズ・ファーゴ	WFC	1,994	81,538	5.62	17,846	−6.77	11.71
〃	ピンドゥオドゥオ	PDD	1,944	57,496	64.8	17,289	104.43	11.05
46	アプライド・マテリアルズ	AMAT	1,940	26,944	1.61	7,005	2.18	28.14
47	シスコシステムズ	CSCO	1,909	53,697	−5.79	15,049	19.32	12.82
48	ダナハー	DHR	1,882	23,876	−0.06	5,723	20.13	32.84
49	ウォルト・ディズニー	DIS	1,863	91,387	2.8	8,783	273.12	20.91
50	マクドナルド	MCD	1,855	26,610	4.38	8,806	3.98	20.9

（注）2024年6月末時点。予想は2024年度

とテスラ〈ＴＳＬＡ〉）など、皆さんも一度は聞いたことがある企業名が見つけられます。ほかにもクレジットカードの世界最大手のビザ（Ｖ）、金融大手のＪＰモルガン・チェース（ＪＰＭ）、小売りチェーン世界最大のウォルマート（ＷＭＴ）など、**各業界で世界トップの企業が上場しているのが米国市場の強み**です。

次に２５５ページの**「連続増配年数」ランキング**を見てみましょう。

日本ですと連続増配銘柄として花王（４４５２）の34年連続増配（実績ベース）が、年数トップです。一方、米国のトップはアメリカン・ステーツ・ウォーター（ＡＷＲ）の69年。現時点で、花王の倍以上の期間増配を継続していることになります。

ランキングには50年以上連続増配の銘柄が44もあります。日用品世界最大手のプロクター・アンド・ギャンブル（ＰＧ）は67年、粘着製品「ポスト・イット」で有名なスリーエム（ＭＭＭ）は64年、ヘルスケア大手のジョンソン・エンド・ジョンソン（ＪＮＪ）と飲料大手のコカ・コーラは61年、ペプシコ（ＰＥＰ）は51年です。株主還元に積極的な米国企業だけに、名だたる企業が連続増配を続けています。

歴史に裏打ちされた事業基盤と業績の安定性に加えて配当も増え続けるとなれば、**新ＮＩＳＡのような長期投資にもってこい**の銘柄といえそうです。米国市場では、25年以上の連続増配銘柄を対象とした配当貴族指数という株価指数もあります。

米国株「連続増配年数」ランキング

順位	社名	ティッカーコード	連続増配年数	予想配当利回り(%)	自己資本比率(%)	予想売上高(億ドル)	増収率	予想純利益(億ドル)	増益率	予想PER
1	アメリカン・ステーツ・ウォーター	AWR	69	2.46	34.6	5.7	−4.03	1.13	−9.54	24.11
2	ノースウェスト・ナチュラル・ホールディング	NWN	68	5.42	26.4	12.0	−0.02	0.92	−1.36	15.8
〃	ドーバー	DOV	68	1.15	45.0	86.2	2	12.32	16.61	19.84
4	ジェニュイン・パーツ	GPC	67	2.89	24.5	238.1	3	13.79	4.76	13.96
〃	プロクター・アンド・ギャンブル	PG	67	2.32	38.7	843.7	3	161.78	10.41	25.17
〃	エマソン・エレクトリック	EMR	67	1.84	48.4	175.6	16	31.51	−76.16	20.16
〃	パーカー・ハネフィン	PH	67	1.19	34.5	198.3	4	32.37	55.44	20.36
8	スリーエム	MMM	64	3.22	9.5	235.4	−28	39.87	−157	14.26
9	シンシナティ・ファイナンシャル	CINF	63	2.74	36.9	104.5	4	10.06	−45.4	18.63
10	ロウズ・カンパニーズ	LOW	62	2.08	−36.0	844.7	−2	69.48	−10.06	18.05
11	ジョンソン・エンド・ジョンソン	JNJ	61	3.39	41.0	884.6	4	258.25	−26.53	13.76
〃	コカ・コーラ	KO	61	3.05	26.6	457.0	0	121.94	13.82	22.55
〃	ランカスター・コロニー	LANC	61	1.88	77.5	18.8	3	1.65	48.93	31.02
14	イリノイ・ツール・ワークス	ITW	60	2.39	19.4	163.6	1.59	30.89	4.47	22.78
〃	コルゲート・パルモリーブ	CL	60	2.09	3.7	202.1	3.86	29	26.12	27.5
〃	ノードソン	NDSN	60	1.19	49.5	26.5	0.88	5.38	10.55	24.38
17	ホーメルフーズ	HRL	57	3.69	57.5	121.5	0.36	8.76	10.45	19.07
〃	ABMインダストリーズ	ABM	57	1.78	36.5	82.0	1.26	2.19	−12.56	14.56
19	スタンレー・ブラック＆デッカー	SWK	56	4.08	38.3	154.6	−2.03	6.03	−294.41	20.02
〃	SJWグループ	SJW	56	2.95	28.4	7.0	5	0.9	6.02	19.68
〃	カリフォルニア・ウォーター・サービス・グループ	CWT	56	2.31	31.0	10.0	26	1.87	260.3	15.34
〃	ステパン	SCL	56	1.81	51.5	23.0	−0.91	0.64	59.19	30.04
23	アルトリア・グループ	MO	54	8.81	−9.2	206.9	−16	87.87	8.09	8.93
〃	シスコ	SYY	54	2.83	8.8	789.0	3.37	21.58	21.96	16.63
〃	H．B．フラー	FUL	54	1.08	37.2	36.1	3	2.43	68.37	17.77
26	ブラック・ヒルズ	BKH	53	4.8	33.4	23.0	−1	2.73	4.36	13.92
〃	ナショナル・フュエル・ガス	NFG	53	3.6	35.8	23.7	9	4.57	−4.04	11.12
〃	MSAセーフティー	MSA	53	1	44.6	18.6	4	3.06	422.6	24.24
〃	ユニバーサル	UVV	53	—	48.9	—	—	—	—	—
30	ターゲット	TGT	52	3	24.3	1,068.2	−1	43.21	4.44	15.83
〃	PPGインダストリーズ	PPG	52	2.1	36.2	184.9	1	19.65	54.76	14.93
〃	アボット・ラボラトリーズ	ABT	52	2.1	52.7	417.4	4	80	40.44	22.48
〃	ベクトン・ディッキンソン	BDX	52	1.64	48.9	202.3	4.43	37.95	155.75	17.91
〃	WWグレインジャー	GWW	52	0.9	38.2	174.0	6	19.28	5.46	23
〃	テナントカンパニー	TNC	52	—	51.8	12.8	3	1.29	17.99	14.9
〃	レゲット・アンド・プラット	LEG	52	—	28.8	44.5	−5.84	1.55	−213.55	10.1
37	キンバリークラーク	KMB	51	3.52	5.3	204.1	0	24.08	36.53	19.39
〃	ペプシコ	PEP	51	3.23	18.4	944.4	3.25	111.94	23.37	20.2
〃	ニューコア	NUE	51	1.37	59.3	312.4	−10	27.17	−39.94	14.09
40	ユナイテッド・バンクシェアーズ	UBSI	50	4.59	15.9	10.3	1.11	3.51	−3.96	12.44
〃	テレフォン・アンド・データ・システムズ	TDS	50	3.7	37.4	50.8	−2	−0.1	−97.99	—
〃	アーチャー・ダニエルズ・ミッドランド	ADM	50	3.27	44.2	903.2	−4	27.31	−21.57	11.0
〃	ウォルマート	WMT	50	1.22	33.2	6,766.3	4.4	196.8	26.88	27.84
〃	S＆Pグローバル	SPGI	50	0.82	56.4	134.5	8	44.38	69.04	31.48
45	コンソリデーテッド・エジソン	ED	49	3.72	31.9	152.4	3.96	18.42	−26.84	16.82
〃	オートマチック・データ・プロセシング	ADP	49	2.17	6.9	191.8	6	37.7	10.51	26.08
〃	RPMインターナショナル	RPM	49	1.69	31.6	73.4	1	6.35	32.66	21.69
48	MGEエナジー	MGEE	48	2.34	42.6	7.1	2.36	1.33	13.53	20.25
〃	RLI	RLI	48	1.68	27.3	15.9	5	2.67	−12.1	24.27
50	マクドナルド	MCD	47	2.63	−8.4	266.1	4.38	88.06	3.98	20.9

（注）連結増配年数は2024年3月時点、その他は同6月末時点。予想は2024年度

『会社四季報オンライン 米国株』の特長とは？

2023年4月から始まった『会社四季報オンライン 米国株』。オンラインならではの、検索や情報更新の速さが特長です。

掲載銘柄数は1020社で始まり、2024年には**約3000社にまで増えました**。大型株から新興株まで、幅広くカバーしています。

業績予想が週次で更新

業績予想を含むデータ更新も強みです。業績予想などは週次で更新します。また**通期決算については実績5期・予想3期、四半期業績についても実績5四半期、予想4四半期を掲載しています**。紙版の『米国会社四季報』では通期の実績3期・予想2期、四半期が実績3四半期、予想2四半期が大半ですので、より長期の情報を確認できます。

適時開示や会社HPへのリンク機能、グラフを使ったデータの視覚化のほか、ライバル会社・同業種の日本企業へのリンク機能も備えています。知りたい銘柄について、米国企業同士での比較、同業種の国内銘柄との比較が簡単にできます。

ベーシックプラン（月額1000円・税別）は100銘柄、プレミアムプラン（月額5000円・税別）は約3000銘柄のデータを閲覧できます。

また**米国株関連のニュースや記事も日々アップしています**。米国マーケットへの理解が深まるほか、思わぬ個別株の発見にもつながります。

紙面ならではの一覧性に優れた『米国会社四季報』と、オンラインの即時性に優れた『会社四季報オンライン 米国株』の双方を活用すると、一段と効率よく、充実した銘柄選びができるでしょう。

大型株から成長株まで約3000銘柄をカバー

ウォルト・ディズニー・	テスラ・	エクソン・モービル・	シェブロン・	ボーイング・	バークシャー・ハサウェイ・	JPモルガン・チェース・
96.65	181.06	101.55	152.33	206.63	390.76	174.50
−0.48 (−0.49%)	−6.85 (−3.65%)	−0.42 (−0.41%)	+0.09 (+0.06%)	−2.75 (−1.31%)	+0.01 (0.00%)	−0.23 (−0.13%)

TradingView提供の本日の市場

米国株一覧　主なアメリカ上場銘柄を厳選。検索や並べ替えも自由自在です（初期表示は時価総額順）

ティッカー・社名・株主・ブランドなどで絞り込む　ADR

全2968件中1件から50件を表示しています。

ティッカー	銘柄名	市場	業種	時価総額（百万ドル）	売上高（百万ドル）	純利益（百万ドル）	希薄化後1株益(ドル)	1株配（ドル）
MSFT	マイクロソフト	NasdaqGS	ソフトウェア・ＩＴサービス	3,002,113	211,915	72,361	9.68	2.72
AAPL	アップル	NasdaqGS	コンピューター・携帯電話・家電	2,975,178	383,285	96,995	6.13	0.94
GOOGL	アルファベット	NasdaqGS	ソフトウェア・ＩＴサービス	1,913,936	282,836	59,972	4.56	—
AMZN	アマゾン・ドットコム	NasdaqGS	小売り	1,644,350	513,983	-2,722	-0.27	—
NVDA	エヌビディア	NasdaqGS	半導体・半導体設備	1,507,465	26,974	4,368	1.74	0.16
META	メタ・プラットフォームズ	NasdaqGS	ソフトウェア・ＩＴサービス	1,012,885	116,609	23,200	8.59	—
BRK.B	バークシャー・ハサウェイ	NYSE	消費財コングロマリット	837,178	302,089	-22,819	-10.36	—
LLY	イーライリリー・アンド・カンパニー	NYSE	医薬	606,844	28,541	6,244	6.9	3.92

今期、来期、来々期までの3期予想を掲載

業績　更新日：2024/01/29

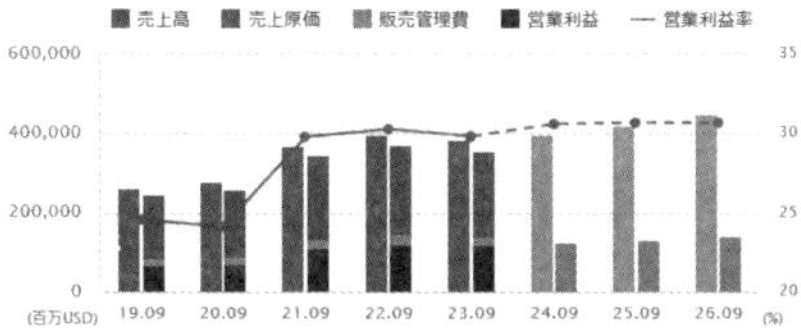

	売上高	営業利益	税前利益	純利益	基本1株益	希薄化後1株益	1株配
19.9	260,174	63,930	65,737	55,256	2.99	2.97	0.75
20.9	274,515	66,288	67,091	57,411	3.31	3.28	0.795
21.9	365,817	108,949	109,207	94,680	5.67	5.61	0.85
22.9	394,328	119,437	119,103	99,803	6.15	6.11	0.9
23.9	383,285	114,301	113,736	96,995	6.16	6.13	0.94
24.9予	**396,217**	**121,216**	**120,640**	**101,261**	**—**	**6.59**	**1.008**
25.9予	**418,555**	**128,479**	**127,956**	**107,580**	**—**	**7.18**	**1.066**
26.9予	**445,581**	**136,746**	**136,297**	**114,740**	**—**	**7.82**	**1.15**

単位は百万ドル、1株当たりはドル

TradingView提供のAAPLのテクニカル分析

株価指標　基準日：2024/01/29

時価総額	2,975,178百万ドル
予想PER 24.9	29.22倍
実績PER 23.9	27.91倍
実績PBR 23.9	42.84倍
予想配当利回り 24.9	0.52%

月間高値 / 安値

23.11	高値 192.93ドル / 安値 170.12ドル
23.12	高値 199.62ドル / 安値 187.45ドル
24.1	高値 196.38ドル / 安値 180.17ドル

株式 23.9	15,550,061,000株
上場	1980.12
設立	1977年
本社	One Apple Park Way, Cupertino, CA 95014（カリフォルニア州）

（注）2024年春夏号のアップル

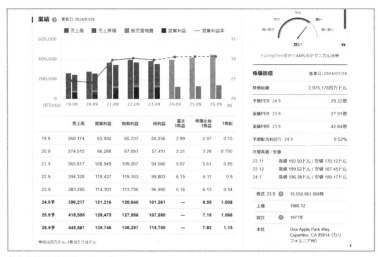

会社四季報公式ガイドブック　改訂版

2024年 9 月 24 日　第 1 刷発行
2024年 10 月 18 日　第 2 刷発行

編　者――会社四季報編集部
発行者――田北浩章
発行所――東洋経済新報社
〒103-8345　東京都中央区日本橋本石町 1-2-1
電話＝東洋経済コールセンター 03(6386)1040
https://toyokeizai.net/

装　丁…………橋爪朋世
D T P…………アイランドコレクション
印刷・製本……丸井工文社
編集担当………髙橋由里

Printed in Japan　　ISBN 978-4-492-73373-8